历史气候变化对中国经济影响创新研究

王 力 孙 芳 周舒佳 著

吉林科学技术出版社

图书在版编目（CIP）数据

历史气候变化对中国经济影响创新研究 / 王力，
孙芳，周舒佳著． —— 长春：吉林科学技术出版社，
2020.10
ISBN 978-7-5578-7855-9

Ⅰ．①历… Ⅱ．①王… ②孙… ③周… Ⅲ．①历史
气候－气候变化－影响－中国经济－经济发展－研究 Ⅳ．
①F124

中国版本图书馆CIP数据核字（2020）第214854号

历史气候变化对中国经济影响创新研究
LISHI QIHOU BIANHUADUI ZHONGGUO JINGJI YINGXIANG CHUANGXIN YANJIU

著　　　者	王　力　孙　芳　周舒佳
出 版 人	李　梁
责 任 编 辑	穆思蒙
封 面 设 计	舒小波
制　　　版	安徽立通传媒有限公司
幅 面 尺 寸	185 mm×260 mm
开　　　本	16
印　　　张	11.5
字　　　数	250 千字
页　　　数	184
印　　　数	1-1500 册
版　　　次	2020 年 10 月第 1 版
印　　　次	2021 年 5 月第 2 次印刷

出　　　版	吉林科学技术出版社
发　　　行	吉林科学技术出版社
地　　　址	长春市福祉大路 5788 号
邮　　　编	130018
发行部电话／传真	0431-81629529　81629530　81629531
	81629532　81629533　81629534
储运部电话	0431-86059116
编辑部电话	0431-81629518
印　　　刷	保定市铭泰达印刷有限公司
书　　　号	ISBN 978-7-5578-7855-9
定　　　价	50.00 元

前　言

　　有关气候对人类社会发展影响的科学研究，可以追溯到 20 世纪初期。但在相当长的时期内，相关思想和认识被视为地理环境决定论而受到批判和否定。近几十年来，国内外大量研究成果均揭示出历史上的人口数量增减和迁徙、经济波动、社会治乱变化，乃至朝代更替等社会兴衰事件与气候变化存在密切而复杂的对应关系。气候变化对经济社会的影响不是简单的因果关系，而是自然和社会两大系统多种因素在多时空尺度上相互耦合、共同作用的结果。但由于记录过去气候变化影响与人类响应之间相互作用过程的代用资料难以获得，历史时期社会事件发生原因的多解性、社会对气候变化响应过程的复杂性，以及过去气候变化重建结果的不确定性等原因，至今有关历史气候变化影响人类社会的机制研究仍十分薄弱，在科学认识上还有很多不确定性因素和分歧。

　　历史是认识现在和探索未来的钥匙。尽管由于社会的发展，过去环境变化对社会经济影响的许多结果已不可能重现，但历史事件所揭示的人类对气候变化影响的响应过程与机制，对当今人类社会应对全球气候变化的重大挑战仍具有一定意义。在面对全球气候变暖这一全球性环境问题威胁时，了解过去的气候变化如何影响当时的人类社会发展这一问题，有助于更好地认识今天的全球气候问题，并为妥善应对未来气候变化、保障社会经济可持续发展提供历史相似型和经验借鉴。过去全球变化（PAGES）研究的主题之一就是要通过认识过去人类—气候—生态系统在多时空尺度上的相互作用机制与过程，增强对当代气候变化影响与人类社会适应的理解。

　　中国作为世界四大文明古国之一，中国人类活动与人地相互作用历史悠久，以农为本的中国传统社会受到环境演变，特别是气候变化的强烈影响，中国东部典型的季风气候，以及随之而来的周期性冷暖波动、突发性极端事件（主要为旱、涝灾害等），深刻地影响了生产、生活资源的数量和分布，并引发人类对其进行适应。在中国丰富的历史文献记录中，对历史上频繁发生的重大气候事件及对人类社会的强烈影响均有详细的记载，从我国丰富史料中能够发掘到气候变化影响与人类响应过程的信息。相对于国外同类研究而言，我国在资料方面具有明显的优势，可为深入开展历史气候变化影响与适应研究提供便利的条件。我国的历史气候变化影响研究可追溯到 20 世纪 20～30 年代，在近百年的发展过程中，虽然研究工作存在高潮与低潮阶段，但对气候变化如何影响中国社会经济发展的认识是在不断深化的。近年来随着全球变暖及可能影响问题的日益关注，国内对于历史时期气候变化的影响与适应研究日趋活跃，成为中国在全球变化研究中的一个特色领域。

由于编写时间和水平有限，尽管编者尽心尽力，反复推敲核实，但难免有疏漏及不妥之处，恳请广大读者批评指正，以便做进一步的修改和完善。

目　录

第一章 历史气候变化对我国社会经济影响概述

第一节 中国历史气候变化的时间界定与内涵外延

本书所称中国历史气候变化,特指自我国大一统的秦王朝开始,直至20世纪70年代为止的整个历史时期,在当今中国领土和地理范围内发生的所有气候变化现象,包括气温、降水、降雪、自然灾害等的变化与波动情况。与此相对应的另一个概念就是我们所谓的"中国当代气候变化"——一般而言,主要是指过去30~50年时间内发生在中国领土和地理范围内的所有气候变化现象。

研究我国自秦代以来所有历史时期的气候变化,那么,我们最好就将之命名为中国历史气候变化。值得注意的是,如果我们按照研究者讨论问题时,一件事情发生与否来定义过去、现在和未来的话,那么,只要是讨论问题时已经发生过的事情,均属于过去或者历史的时间范畴,而只要是还未发生的事情,那就属于未来,而只有当下正在发生的事情才属于现代或者当代。

除了这一时间概念上的界定之外,事实上,一旦我们讨论到气候变化,必不可少地还涉及其内涵和外延问题。政府间气候变化专门委员会(Interg-overnmental Panel on Climate Change,IPCC)在定义"气候"时这样说道,"所谓气候,通常是指总体的或者平均的天气状况(average weather),或者更具体地来看,是指较长时间内,通常是几十年内[一般而言,世界气象组织(World Meterological Organization,WMO)定义为30年]以一系列天气指标的均值以及变化值来描述的天气状况。所谓的数量指标,通常而言是指地表变量,比如温度、降雨、刮风、下雪等。但从广义的角度看,所谓气候,是指气候系统的状态。"类似的是,在谈到"气候变化"这一词汇时,气候变化专门委员会同时提供了两种版本的定义。首先是联合国气候变化框架协议(Framework Convention on Climate Change,UN,FCCC)中界定的"气候变化"—除了在较长时间内所观察到的自然气候变化之外,还包括由于直接或者间接由人类活动所导致的全球大气和天气改变。其次,它还提供了气候变化专门委员会所定义的以及常用的"气候变化"概念—气候变化是指起因于气候系统内部的变化或者气候系统组成部分之间相互作用的变化,或者起因于自然原因或者人类活动原因所导致的外部压力变化等；在此基础上所形成的可观测到的气候指标或者记录的变化。为了更加清楚地界定"气候变化"的定义，气候变化专门委员会还进一步阐述，总体上来说，要分清楚到底是哪一种原因导致了这些气候变化，恐怕是非常困难的。因此，IPCC所报告的未来气候变化的报告、推断等，一般而言仅仅考虑温室气体以及其他人类相关因素对气候变化的影响。

参照了以上有关气候、气候变化的定义后，我们将下文所谓的"气候变化"定义为，不仅包括由于自然原因、或者气候系统内部组成成分的变化所导致的气候变化，而且还包括由于人类活动所导致的气候系统在较长时期内的显著变化。这些变化到底将以什么样的指标进行衡量呢？很显然，气温、降雨、刮风、下雪、旱涝灾害等都可以是衡量气候变化的相关量化指标。

从外延的角度来看，这一气候变化概念囊括了下文所说的历史气候变化与当代气候变化。如果要从导致气候变化原因的角度，对气候变化进行简单分类的话，历史气候变化，可能在更大程度上是由于自然原因，在较小程度上是由于人类原因所导致的。但随着时间由远古、古代到近代的变化，很显然，自然性原因所扮演的作用在不断弱化。相反，人类活动的影响却变得越来越大，以至于到了当代，我们毫无疑问地一致认为，当代的气候变化，在其主要的意义上，都是指由于人类活动所导致的气候变化。因为无论我们采用什么样的指标来衡量，一个不可否认的事实是，人类活动本身不仅完全改变了地球，而且也改变了气候系统本身。在清楚了有关气候变化的内涵与外延后，我们就可以将关注的重心放在气候变化所造成的各种政治经济学影响上。

综上所述，我们绘制了如图1-1所示的历史气候变化的外延关系图。从该图中我们可以清楚地看出，中国历史上的气候其实通常包含两个部分：一个是容易觉察的、相对短期的、比较严重的气候变化。通常这种气候变化是以自然灾害的形式表现出来，比如：洪灾、旱灾、风灾、冰雹、地震、山林火灾等；另一个部分是不容易觉察的、相对长期的、缓慢变化的气候变化，比如：温度的缓慢上升往往为人们所忽视；降雨的逐年增多人们虽然意识到了，并没有采取足够或者及时的反应来应对；森林植被越来越少，人们对此往往置若罔闻，或者虽然意识到严重性，却无动于衷或无力应对，等等。很显然，在这两个部分之间是存在着相互转化的可能性的。比如，当降雨变得严重，并影响到农业生产以及人们生活时，它就转变为洪灾；当刮风强度超过一定程度，它便转变为风灾；当冰雹过大并造成重大损害时便成为冰雹灾害。相反，洪灾、风灾与冰雹灾害等也可以减轻为没有重大危害的降雨、刮风与小冰雹。很显然，正是由于其外延的这种不断变化以及相互之间的随时随地的转化，因此，人类可能只会关注其中一个部分而忘记另一个部分。

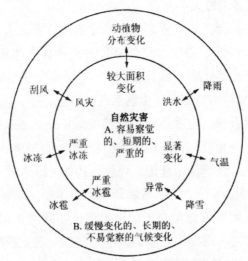

图 1-1　历史气候变化的外延关系图

第二节　忘记历史气候变化的危险所在

在一次有关部门组织的研讨会上发言时，一位学者提出了一个尖锐疑问："我们眼前明明摆了那么多的当代数据和问题，为什么要去研究那些（数据并不是很充分），而且还远离了今天的历史问题？还有，这样的研究对于改革开放的今天到底还有多大的借鉴意义？"的确如此，如果只从研究的难度、数据的可获性以及方便程度来看的话，研究当下问题的确显得更加可行也更加具有现实意义，这一点无可否认。但要想说的是，如果全中国的经济学家都只研究和关注那些眼前和当下的问题，而不是长远的、也更具有长远意义的重要问题，只研究那些自己容易发表成果、更容易获得成果的问题，而不是具有重大意义、尽管难发表也更难获得成果的问题的话，那么，对一个国家和民族而言，恐怕这本身就是一个非常危险也更值得深思的问题。

第一，短视误国误民，读史使人明智。唐太宗曾言："以铜为镜，可以正衣冠；以古为镜，可以知兴替；以人为镜，可以明得失。"《资治通鉴》的主题更是"鉴往世之兴衰，考古今之得失"。如果大家都只关注眼前问题的研究，而忽视对过去问题的研究，这样，人们就会在认识上、记忆上逐渐淡忘历史与现实之间的内在和本质联系。于是，在未来的某一时刻人们也就有更大的概率继续犯那些曾经犯过的错误。在动物世界中，有关对过去的记忆常常是通过基因或者本能的形式在代际遗传的。人类与动物世界有所不同的是，人类世界具有认识、记录和研究历史的能力，因此，假若人类也和动物一样仅仅借助基因或者本能来传承对过去的记忆，恐怕这不能不说是一种文明的悲哀，甚至是一种生理上的退化。对整个人类的生存概率来说，很显然，研究历史、关注历史，让人类抱有历史情怀，这将大大地提高整个人类的生存概率。从另一方面来看，恐怕这也是人类社会之所以区别于动物世界的最大不同。

第二，从人类经济、社会、制度复杂系统演化的角度看，人类经济社会中的每一个个体，包括个人、企业、组织、制度本身就是过去痕迹在个体层面的一个累积。例如，现代高速火车所用的铁路衡量标准，源于两千多年前马车所使用的车轮尺度（2008：3）。现代电脑键盘的 QWERTY 结构也带有历史偶然性的痕迹。你、我、生物与植物，都是历史基因的延续。在经济学看来，这就是路径依赖（path dependence）。在制度、社会、组织、个体的长期演化中，毫无疑问，路径依赖将扮演重要作用。有关这一点，还有一个非常深刻的经济学例子值得经济学家谨记，那就是约翰·梅纳德·凯恩斯在 1933 年关于马尔萨斯的论文中写的一段话——"如果马尔萨斯，而不是李嘉图成为 19 世纪经济学前进的起点的话，那么，我们可以想象今天的世界将比实际的更加丰富多彩"。凯恩斯这段话的意思表明，他对过去一百多年过度强调的经济学一般化研究表现出了某种程度上的遗憾。然而，正如著名的经济史学家霍奇逊所认为的那样，凯恩斯尽管已经认识到这种强调理论一般化、忘却历史特征的重大错误，但他也犯了两个具有李嘉图主义色彩的"关键错误"：一个是他忽略了德国历史学派和该学派主张的可以取代李嘉图的简约主义（deductivsim）的理论。另一个错误是他的《就业、利息与货币通论》一书。书名中的"通"（general）就有忘记不同国家国情、历史，而大有一般化的意味。

如上的论述意味着，在经济学的研究中，忘记历史恐怕就是某种程度的背叛。我认为，这一点对于气候变化的研究来说，就更是如此。在漫长的历史时期，人类遭遇了无数次的气候变化及其所带来的经济系统、社会系统的缓慢变化、冲击、破坏甚至灾难，但人类似乎并没有从这些冲击和灾难中汲取有益的经验与教训，以至于这样的问题在世界各国重复上演。贾雷德·戴蒙德在《崩溃：社会如何选择成败兴亡》一书中记载的兴衰成败，其中绝大多数是忘却历史的真实结果。如今，看看这些令人惨痛的教训，这不能不令人感到很大程度的惋惜和遗憾。

第三，从经济学的观点看，眼前的问题往往可能是相对短期的问题，或者可能只是某一个相对具体的问题，即便是一个相对长期的问题，它至多是这个长期问题的一个时间截面，而远不是它的整体与全貌。这样的话，经济学家就眼前问题给出的各种政策建议，在短期内看可能是有效的，但若放在长期视野内看却可能是有偏差甚至是非常错误的。

就拿气候变化这一现象来说，中国历史上的南北朝是一个相对寒冷的时期，当时的六月份经常降雨甚至降雪，风沙也比较大，于是北魏孝文帝从朝代安全的角度考虑就决定将国都从平城迁到了洛阳。同样，北宋建都于中原地带的开封，由于不断受到北方少数民族战乱的影响，南宋就被迫迁都于临安，这些举动从短期看都是非常理性的，也是某种程度上的无奈之举，因为不迁都，老百姓就难以安定的生产与生活，国家就难以国泰民安。可是从长远看，这却可能是不利于朝代的长治久安的。

以宋代迁都为例，首先，迁都传递给老百姓的印象是，国家只是被动地应对气候变化或者应对北方民族的南迁，而远没有积极主动地采取足够的军事、经济、政治政策来应对外部环境的变化。那么，作为个体的老百姓怎么可能以"小我"的力量来对抗这种大自然与外部环境的巨大变化呢？很显然，从长远看，迁都可能是对整个社会预期和信心的一种极大的打击。其次，它传递给北方民族的信息是，都城南迁意味着军事上的撤退，这给了北方民族乘胜追击甚至取汉族朝廷而代之的信心。从经济学的角度看，在经济发展的进程中，特别是紧要的关头，信心很可能比黄金显得更加重要。

第四，经济学的经典理论和现代信息经济学都表明，由于信息和知识在人际分布的不均等性质，所以，每个人、每一类人，无论普通个体还是专业学者，每个行为主体对个人所掌握的特定信息而言都拥有相对于他人的一定比较优势，但相对于浩渺与无限广阔的大自然来说，他们难道不是那个摸象的盲人之一吗？这就意味着，如果我们要弄清我们眼前复杂世界的本来面目以及背后的本质规律的话，就必须进行相互之间的知识分工：一方面，通过学者之间的知识分工，加深对特定领域规律的认识程度；另一方面，在知识分工的基础上，还必须通过综合、对比与交流、研讨甚至学术争鸣等方式，加深彼此对于现实世界整体的认识；否则，很可能就会陷入"盲人摸象"的逻辑陷阱和现实难题当中。

第三节　历史气候变化的政治经济学内涵

所谓历史气候变化的政治经济学，主要是指以历史时期的气候变化及其对一国经济、社会—诸如小农生产与生活、土壤、植被、水文的变迁，自然灾害、人口迁移、游牧民族与汉族之间的冲突与战争，国内战争，宏观经济波动，社会稳定，都城地理位置变迁，政府治理模式，等等—所带来的一连串影响和冲击为研究对象的学问。之所以称为历史气候变化的政治经济学，主要目的是区别于中国历史气候变化的历史地理学研究以及历史气候变化的有关自然科学研究。

中国历史气候变化的历史地理学是专门研究中国历史上气候变化的记载及相互之间的关系，以及中国历史气候变化在空间、地理上的表现形式及其演变的学科。目前在我国国内综合性大学普遍开设历史地理学这个专业和相应的学科，它是历史学一级学科中的二级学科子类，主要的研究对象是研究历史时期的地理环境及其演变规律的学科，它不仅是地理学科一个年轻的分支学科，而且与传统的地理学研究有着密切的关联关系。

历史气候变化的自然科学研究，主要是运用地理学、生物学、地质学等自然科学的方法，相对精确地测定和度量历史气候变化的程度、深度和广度，工作重点是古气候数据的重建以及量化处理等。比如，科学家利用冰核、树木年轮、圆柏年轮、孢子、碳元素测定等方法来重建古气候的相关数据，包括温度，降水、季风、旱涝、灾害等，来描述历史气候变化的基本情况和变化趋势。

为了清楚地显示历史气候变化的政治经济学研究与历史地理学以及自然科学相关研究的区别，图1-2给出了我们所归纳的历史气候变化政治经济学的大体研究内容以及与历史地理学、历史气候变化的自然科学研究之间的区别。

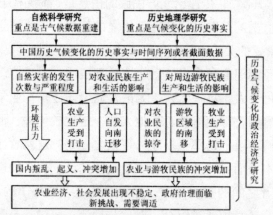

图1-2　历史气候变化的政治经济学研究及其差别

从图1-2中可以清楚地看出，历史气候变化的政治经济学的研究范围与历史地理学和历史气候变化的自然科学研究侧重点存在不同。历史地理学和历史气候变化的自然科学研究的成果，比如，古气候的重建数据，有关历史气候变化的历史记录，都是历史气候变化政治经济学的基本研究素材，但历史气候变化的政治经济学在此基础上更进一步，主要侧重于分析气候变化基础上的一系列经济、社会和政治影响及其在时间上的继起和相互关联关系，以及政府的治理模式、管理体制面临的挑战和调整。比如，在受到气候变化的冲击下，人类怎样作出应对，是自上而下、还是自下而上、是采取被动应对、还是主动应对的方式，它对中国历史、经济发展进程会产生什么样的影响，都是历史气候变化政治经济学应该研究的内容。

换句话说，历史气候变化的政治经济学主要是研究气候变化背景下的人类社会经济活动、制度、政策调整、社会互动等，重点在于考察历史气候变化背景下的政治经济学影响，而历史气候变化的历史地理学以及自然科学研究，则侧重其对人类活动的历史演进和空间变化的影响以及历史气候变化相关的科学证据。

第四节　历史气候变化政治经济学研究的优势与意义

通过以上论述，我们认为，研究中国历史气候变化的政治经济学将具有以下几个方面的优势与现实意义：

一，相对于有关气候变化的当代研究而言，中国历史气候变化的研究覆盖了自秦汉以来长达2000多年有文字记载的历史，其中不仅包含了大量有关中国农业经济社会发展、变化、转折、演变的丰富文字信息，而且也包含了大量与之相关的土地、人口、自然灾害、生产、消费、战争、制度、措施、自然环境变化等的长时间定量信息，这些信息对于研究中国农业经济的发展、变化，与之相关的生产、经济结构转变、政府治理模式转变，自然环境变迁与人类社会活动之间在长时间内的互动关系等重大问题都具有非常重要的意义。相对而言，有关当代气候变化研究的优点是当代人类的统计手段更加高明，数据覆盖信息更加全面，丰富，但其缺点是，短时间的数据分析难以透视和分析气候变化影响人类经济社会的整个动态过程，当然也难以对在此基础上所发生的相应的制度、政策的调适过程进行很好的考察研究。也不可能分析气候变化在长期内对自然灾害、人类社会稳定乃至王朝兴衰、制度变迁等重大政治经济学问题的影响。

二，中国历史气候变化的政治经济学研究隐含着与西方非常不同的发展逻辑和路径，这对于理解过去 2000 年间人类社会不同的发展和演进道路，对于理解气候变化的不同经济学研究与模型，以及当代不同国家针对气候变化的不同政策和措施等，都具有非常重要的借鉴和启示意义。

在历史上绝大多数时间内，我国都是由一个相对集权的中央政府统领全国，其中汉族文化居于主导地位，当然其中也融合了诸多少数民族的文化与制度基因。从整个经济结构角度看，我国历史上是以农业为主的经济结构，小农家庭构成社会主要的生产单位，在此基础上的小商人、地主、官僚构成社会的重要阶级。这和欧洲历史上文化多元，政治分割，地理相对隔绝，经济结构、文化、统治方式也相对支离破碎的文明特征形成了鲜明的对比。从气候变化政治经济学研究的对比来看，欧洲由于经济模式和文化的多元化，从长时间来看，我们很难看到一个系统的、全面的气候变化影响经济社会的政治经济学图景；相反，在中国历史气候变化的政治经济学研究中，我们不仅能看到气候变化对农业生产、植被和土壤变迁的影响，还能看到气候变化对游牧民族活动区域的影响、对移民的影响、对物价波动的影响、以及对中国都城地理位置兴衰变迁的影响，甚至从更加长远的角度来看，还能看到气候变化对中国经济重心在南北东西地理转移的影响，这些都是非常重要的政治经济学动态过程。

由于中国文明在整个历史时期的相对完整、统一，中国文字系统对于历史记载更全面丰富，这些都使得我们在研究历史气候变化的问题上，相对于欧洲其他国家，具有更大的比较优势。如果我们将西方气候变化的经济学版本主要归结为工业化基础上温室气体所导致的人为影响，中国历史气候变化的经济学版本则可以包含两个维度，一个就是针对历史气候变化的经济学研究，比如分析外生的气候变化、自然环境变化导致的对农业经济社会、人类生产、生活、消费、人口迁移、经济重心在地理空间上的转移，宏观经济波动以及整个农业社会稳定，王朝兴衰与都城在地理空间上的变迁等一系列动态的结果。另一个维度就是针对中国工业化进程对气候变化的经济学影响进行全面分析。比如，其中工业化进程是否对环境造成负面影响？这种影响到底有多大？

三，今天的全球气候变暖是地球上温室气体累积带来的一个直接后果，而这种后果又是叠加在地球气候系统本身特有的自然变化过程之上的。因此，从长远趋势来看，为了了解世界和我国今后气候变化的趋势，就非常有必要掌握气候变化的自然过程，而这个自然过程就是我们现在对之理解和研究还非常有限的"来者"。难道我们要坐等这个"来者"真实发生之后，再对它进行研究吗？可喜的是，中国历史气候变化的研究就提供了这样一个难得的机会，这不仅是因为中国历史气候变化的时间过程比较长，而且也因为中国历史气候变化的过程，在很大程度上是外生的气候变化与自然变化的过程，这主要是因为中国历史上一直是以农业为主的，今天所谓的"环境相对友好型"经济模式。不可否认的是，中国这个以农业为主的"环境相对友好型"的经济模式还是对环境的恶化以及历史气候变化本身产生了一定的作用，使之成为外生性兼具内生性的气候变化过程。但无论如何，中国历史气候变化的政治经济学研究是当今世界上有关过去气候变化的核心课题，也是历史上最为久远、时间跨度最长，历史记录保存最全的气候变化的研究之一。

从中国的实际情况看，"七五"期间，国家自然科学基金委和中国科学院联合支持了"中国气候与海面变化及其趋势和影响的初步研究"的重大项目，其中我国历史气候变化是四大课题之一。1989 年，国际地圈生物圈（IGBP）中国委员会第二次全委会讨论的主要议题之一就是"古气候与古环境的变化为现代气候和环境变化的背景应该受到重视"。"八五"期间有关中国历史气候变化的研究也是重要的课题之一。20 世纪 90 年代至今，有关中国历史气候变化的研究一直是国家自然科学基金委重点支持的专门领域。但有关研究多半是自然科学方面的研究，而较少有社会科学领域的研究。本研究就是从政治经济学的角度探讨中国历史气候变化的政治经济学，希望一方面借助这些自然科学的研究成果，同时在这些研究的基础上，分析和考察中国历史气候变化对经济、社会、政治等方面的政治经济学影响，为我国未来的气候变化经济学研究奠定相应的经济学与社会科学基础。

第二章　我国历史气候变化的政治经济学研究

第一节　文献综述的方法论基础

有关中国历史气候变化的研究有很多，但直接涉及中国历史气候变化之政治经济学的研究却并不多，主要的原因有两方面：

一，有关中国历史气候变化本身，大多数的证据仍然相对缺乏量化数据支持。这恐怕是由中国历史记载的性质所决定的—即我们的各种历史记述绝大多数都是文字描述性的，而不是数据统计性的。近年来，虽然历史学家、地理学家、气候科学家、自然科学家等获得了越来越多有关中国历史气候变化的量化数据序列，但相对于中国的漫长历史、广阔地域而言还显得非常之不足，因而，有关历史气候变化本身还需要更多的数据和研究支持。

二，当前有关中国历史气候变化本身的研究虽然十分丰富，但有关历史气候变化背后政治经济学影响的研究却不可避免地涉及多学科、多视野、多方法和诸多研究领域。比如，它可能涉及气候变化对自然灾害的影响，涉及对农业生产的影响，涉及对游牧民族生产和生活影响的研究，涉及汉族和游牧民族关系的研究，涉及中国经济重心转移的研究，也可能涉及中国政府管理体制的调整，政府管理对自然灾害应对体制的调整；从更长的时间段来看，它还可能涉及对一个国家、地区宏观经济以及社会稳定的影响等很多问题。可以说，这些问题中的每一个都需要中外学者进行长期、持续的跟踪研究，才能窥见历史气候变化对政治经济影响的真容。

综上所述，历史气候变化的政治经济学研究是建立在历史气候数据研究与政治经济学影响史料研究这两大基础之上的，因此，我将按照如下的几个部分来对这一领域的文献进行一个初步的综述。

第二节　我国历史地理学的相关研究

国内有关历史气候变化的研究，大多数是历史地理学家进行的。比如，相关学者满志敏系统介绍中国历史气候变化的研究成果。这些成果包括了气候资料数据问题的介绍、研究历史气候变化的条件均一性原理，物候资料的限制因子原理，气候冷暖以及影响的同步性原理，人类影响的差异性原理以及生物响应气候冷暖变化的不对称原理等五大原理。这正是作者赖以进行分析的整个理论基础。此外，该书还分别针对每个朝代的气候冷暖情况进行了专门研究，判断夏至明清时期各个朝代气候变化的基本特征；之后，又介绍了历史灾害资料的数据、东部不同地区旱涝演变的时间序列数据。最后，还介绍了历史气候变化对农业过渡带的影响、中世纪温暖期气候与华东沿海环境变化的关系、气候变化对动植物分布的影响、极端年份的气候状况等。

虽然这部著作对中国历朝历代的气候变化现状、特征、趋势、数据序列以及相关的影响进行了全面的研究，但就中国历史气候变化背后的政治经济学影响而言，内容就显得有所欠缺。例如，历史气候变化对政治、经济、社会等诸多方面的影响，这本著作只涉及游牧—农耕过渡带、动植物分布两个方面，对人口变迁、经济重心转移、宏观经济与社会稳定的影响基本没有太多提及。

当然除了满志敏之外，还有很多相关的著作或者研究，在此不一一赘述。

第三节　我国气候、灾害科学家的相关研究

除了历史地理学有关研究之外，还有一类非常宝贵而有意义的研究不可忽视，那就是有关气候、灾害的基础性研究工作。

在这一领域，中国地质学家竺可桢开了研究中国古代气候变化研究的先河。例如，1925 年，他在《科学》杂志上发表了《南宋时代气候之揣测》。1926 年，他发表了《中国历史上气候的变迁》的论文，专门讨论中国历史气候变迁的趋势及其在不同时代的变化情况。1936 年，他发表《前清北京之气象记录》，探讨了北京在清朝前期的气候、气象变迁。1972 年，他在《考古学报》发表了《中国近五千年来气候变迁的初步研究》，系统地研究了考古时期（约公元前 3000~ 公元前 1000 年）、物候时期（公元前 1100~ 公元1400 年）、方志时期（1400~1900 年）、仪器观测时期（从 1900 年开始）的中国气候变迁。牟重行以竺可桢的研究为基础，根据大量的历史资料，对中国近五千年气候变迁进行了详细地考证。

比较有代表性的是由施雅风任总主编的《中国气候与海面变化及其趋势和影响》丛书，共四卷，第一卷讨论了中国历史气候变化，第二卷讨论了中国海面变化，第三卷讨论了全球气候变暖，第四卷讨论了气候变化对西北华北水资源的影响。就历史气候变化的研究来看，他们的研究与历史地理学的研究形成了明显的互补关系。他们研究的优点是，更多地运用气候重建的数据来说明不同地区、不同时期的气候变化状况，而不仅仅是运用历史资料来证明气候变化。就历史气候变化的影响来看，则主要讨论了农牧过渡带、亚热带经济作物界线的迁徙、气候变化对农业的影响、气候带变迁对野生动物分布界线的影响、气候变化对中国生态和环境的影响。

与历史地理学有关研究相比，自然科学研究更加注重量化数据的搜集、历史气候序列的重建，在此基础上比较关注气候变化对自然、生态和环境的影响，而较少关注其对人类社会、经济、政治等问题的影响，这是由其学科视野所决定的。

在这一领域最具代表性的研究成果是，中央气象局气象科学研究院1981年主编的《中国近五百年旱涝分布图集》，该图集汇聚了上百位气象科学家的研究成果，最终获得1470~1970年五百年全国120个城市年度的旱涝分布等级数据以及降雨、气温等分布图。可以说，这是目前中国历史气候变化领域最具代表性也最有意义的研究工作。近年来，国内外科学家、经济学家基于此做出了很多应用研究。比较有代表性的应用包括Keller与Shiue和Jia。前者参照了中国南方地区120多个府的旱涝指数，对比了18世纪中国和西欧的市场发展。后者运用四个世纪267个府的旱涝灾害数据，探讨了这种气候灾害对这一时期农民起义发生率的影响。结果发现，旱灾灾害显著地影响了所在地区的农民起义发生率。玉米的引种在这一过程中起到了减少灾害影响，进而发挥了减少农民起义发生率的对冲作用。

第四节　我国历史气候变化的政治经济学基础性研究

有关历史气候变化的政治经济学研究，其实从很早的时候就开始了。例如，美国著名的地理学家亨廷顿在《亚洲的脉动》一书中认为，13世纪蒙古人的大规模向南向西向东的扩张主要是由于他们居住地气候干旱、牧场条件变坏所致。他在1915年出版的《文明与气候》(Civilization and Climate)一书中，更进一步提出人类文明只有在刺激性的气候条件下才能发展的学说。尽管亨廷顿是一名地理学家，但他的这一研究其实已经涉足历史气候变化的政治经济学研究本身了。

国内有关历史气候变化的政治经济学研究一开始并不是由经济学家所进行的，而是由少数具有更广泛研究兴趣的地理学家、历史学家、气候科学家所进行的。

比如，陈高傭和赵文林认为，历史上蒙古草原、中原地区游牧民族向南的迁移与中国当时的气候变化有一定联系，但他们并未对此进行充分详细地论证。在此基础上，方金琪等学者讨论了气候变化对我国历史时期人口迁移的影响。虽然作者的单位是南京大学大地海洋科学系，但他们的研究已经涉及气候变化的政治经济学研究了。作者并不否认人口迁移的经济原因以及人口自身行为决策作用的影响，但认为人口迁移背后还有一种自然性的气候变迁或者环境变化因素，他发现，游牧民族的南迁与气候变化有关，此外，汉族内部的人口迁移也与气候变化有关。

布雷特·欣施认为，中国是一个以农为本的国家，其北方地区在气候变化面前显得比较脆弱。从新石器时代到清朝，中国气候温暖期与寒冷期的周期性变化，也是游牧文明与农耕文明两种文明形态的较量和整合过程。一般的规律是，在温暖期，中国经济繁荣，民族统一，国家昌盛；在寒冷期，气候变化引起经济衰退，游牧民族南迁，农民起义、国家分裂、经济文化中心南移。他认为，历史时期，气候变化是中国北方政治命运的决定性因素之一，并强调将世界气候作为一个整体历史事件研究的重要性。

王业键、黄莹珏考察了清代气候冷暖、自然灾害、粮食生产与粮价变动之间的关系。他们发现，华东、华北地区的气候冷暖周期与旱涝多寡存在关联。一般的规律是冷期自然灾害较多，暖期自然灾害较少。长江三角洲地区的粮价高峰大多出现在自然灾害多的年份；但从长期看，气候变迁与粮价之间并没有明显关联关系。这一研究相对于前面的研究而言，运用了更多的量化数据进行分析，并且分析的广度和深度也进一步延伸。

任美锷将社会科学与自然科学研究相结合，分析了黄土高原地区的社会经济发展较长江三角洲地区更为落后的气候原因，他认为，这可能是由于全新世大暖期的气候变化所导致的。他结合中国历史上三次移民潮对东部地区经济、社会、政治的影响认为，气候变化这一深层次的原因难以忽视。

许靖华基于古气候研究发现，截至目前的人类历史上出现了四个全球气候变冷时期，分别是公元前2000年、公元前800年、公元400年与公元1600年左右的几个世纪，这种准周期性的变化与太阳活动的周期性变化有关，其结果是农业生产受到影响，于是冷期饥荒发生率增加，接着民族大迁移便发生了。

章典等利用古气候重建记录，考察了气候变迁对中国唐末到清朝的战争、动乱和社会变迁的影响。结果发现，冷期战争频率显著高于暖期。70%~80%的战争高峰期、大多数的朝代变迁和全国范围的动乱都发生在气候冷期。他们的研究发现，由于冷期温度下降导致土地生产力下降，从而引起生活资料的短缺。在这种生态压力和社会背景下，战争高峰期和全国范围内的社会动乱随之发生。在许多情况下，导致了王朝灭亡和新朝代的建立。

王俊荆等讨论了气候变迁与中国战争史之间的关系，认为气候向冷的变迁会给农业社会带来巨大打击，从而会成为战争爆发的导火索。他们的研究表明，二者之间存在着较强的关联关系。

卜永坚以1705~1708年江南太仓直隶州、松江府的饥荒为研究对象，研讨了当时的粮食价格涨跌、政府赈济措施以及各种地方集团的应变之道，并进而探讨了国家、市场与社会的互动关系问题。

程明道有关《气候变化与社会发展》的研究利用气候变化和气象灾害的数据，探讨了气候变化与王朝强盛、朝代更迭、北方少数民族政权、社会动荡与繁荣之间的关系。他认为，气候变化会影响农业生产与社会的整体生存环境，在此基础上，社会政治文化等也会受到影响，所以在气候变化与社会发展两大系统之间存在着系统的关联。一般的规律是，气候温暖对应于朝代兴起与强盛，而气候变冷对应于社会动荡与北方少数民族政权的更迭甚至朝代更迭，但气候与社会变迁、朝代兴亡之间却不存在决定性影响，其中政府领导集团的腐败程度与社会贫富悬殊程度是重要因素。当皇帝贤明、吏治清廉、社会和谐时，气温变冷与王朝更迭之间可能并不存在决定性影响；相反，当皇帝昏庸、吏治腐败、社会贫富悬殊之时，温度的降低就会触发社会动荡、王朝更迭的浪潮。

其实程明道已经提出一个气候变化与社会发展关系的理论框架，但他对气候变化与社会发展之间的逻辑关系，特别是其中的逻辑链条并未进行详细地检验和考察，所以，他的分析框架并不算是一个标准的政治经济学分析框架。不过，他的研究为我们后续的研究奠定了基础。

第五节　近年来经济学家的有关研究

除了以上由历史学家、地理学家以及气候学家所进行了代表性研究外，近年来不少经济学家开始涉足这一研究领域。不过，他们的研究与上述研究通常存在两大不同：一，运用了更多数据进行更加严谨的计量经济学研究，在此基础上获得相关的研究结论；二，经济学家有关历史气候变化的政治经济学分析更加注重气候变化对经济社会政治影响的分析中，那些相对容易量化的部分。

Chu 和 Lee 构建了一个饥荒、人口压力与人口动态学的王朝兴衰模型，实证检验了饥荒、人口压力与动乱之间的关系。他们认为，在一定的人口压力条件下，饥荒的发生就会导致社会动乱。

Bai 和 Kung 基于中国历史上过去两千年的旱涝灾害指数数据，通过实证研究发现，降雨减少与少数民族向汉族聚居区的进攻呈正相关关系，而降雨增多与少数民族向汉族聚居区的进攻呈负相关关系。

赵红军基于公元前 246~ 公元 1911 年的时间序列数据的实证分析发现，在气候变化与农业社会的不稳定之间存在稳健的关联关系。一般而言，较低的温度与较高的内乱外患发生频次相关联，相反，较高的温度与较低的内乱外患发生频率相联系。即使控制了人口、米价等因素后，这一关联关系仍然存在，并且长期存在。文章建构了气候变化影响农业社会稳定的政治经济学分析框架，并运用实证数据对此进行了检验。

Jm 基于中国过去四个世纪 267 个府的数据实证检验了气候灾害、玉米引种与农业起义发生率之间的关系。她发现，在玉米引种之前，干旱会显著地提高农民起义的发生概率，相对于平均的农民起义发生概率而言，干旱会将农民起义发生概率提高一倍左右。但是在玉米引种之后，干旱只能提高农民起义发生的概率 0.2 个百分点。这说明，玉米的引种，作为政府以及农民对干旱的一个应对行为，很好地抵御了气候变化对农民起义发生概率的影响。

Chen 基于公元前 221 年至今的气候—王朝生命周期数据的研究发现，较少的降雨增加了游牧民族向汉族的进攻概率；另外，一个汉族朝代相对于游牧民族的历史越长，它遭受游牧民族征服的概率就越高，这证明了王朝生命周期假说。Chen 基于公元 25~1911 年的面板数据，通过实证研究发现，较严重的饥荒和王朝历史与农民起义之间存在正相关关系，而政府的灾害脈济能力却在其中扮演了非常显著的减轻效应。他发现，气候变化会影响饥荒，饥荒会影响农民起义，在这一逻辑链条中，政府应对自然灾害的能力，即政府能力至关重要。

Zhao 运用来自 1736~1911 年华北地区 22 个府的面板数据检验发现，相对于金融和货币性因素对粮价的影响而言，气候因素的作用要弱一些，但仍然是非常稳健的；同时人口等传统因素也对粮食价格发挥了显著的影响。这说明，气候变化会对一国宏观经济比如粮食价格产生影响这一逻辑链条应该是成立的，但很显然，其他传统的影响因素仍然发挥作用。赵红军等基于清代松江府 175 年数据的实证研究发现，气候因素对当地粮价的影响似乎并不稳健，相反，来自美洲白银的输入却对粮食价格产生了显著的影响。这些研究表明，在我们考察气候变化、宏观经济与社会稳定的逻辑链条当中，有必要考察其他相关因素的影响，因为其他因素诸如人口、外来的货币流入或者政府的干预等完全可能改变气候变化背后的政治经济学机制。

第三章　历史气候变化影响的机制与表现形式

第一节　自然环境对人类的影响及其认识历程

一、人地关系

众所周知，地理学主要研究对象是作为人类家园的地球。进一步推论可以说地理学是研究人类与环境相互关系的，或者说地理学是涉及人与环境关系的。无论强调哪一方面，无疑，它的兴趣绝不单是研究环境本身和人类本身，而是研究它们之间的相互作用。

在地球、人类和家三个核心概念中，"家"居于中心的位置，是连接地球与人类的纽带。人类之家不仅仅是指人类的居所（物理意义的家），而且是指具有家的含义的空间，人是家的一部分。作为人类之家的空间一方面被赋予使用功能，是人类实现目标的工具；另一方面被赋予文化含义，能够制约人的行为和意识。与自然意义的地球空间不同，作为人类之家的地球空间同时具有自然、经济和社会文化三重属性。

人类文化的进化过程也是人类把地球营造为人类之家的过程。这一过程的本质是将自然的空间转化为具有文化含义的地方。以工具和火的使用、农业文化的出现、文明社会的产生和工业革命为标志，人类文化进化的进程有四次划时代的飞跃，形成现代意义的人类之家或人地系统（如图 3-1 所示）。

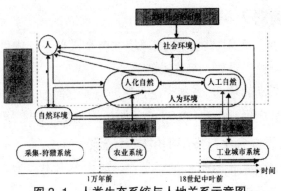

图 3-1　人类生态系统与人地关系示意图

人地关系是地理学的核心，也是地理学研究的重要传统之一，以"人"和"地"如何相互作用为主要研究内容。但长期以来，对于什么是"人"，什么是"地"，不同学者有着不同的理解，由此导致对人地关系的认识也存在差异。对"人"的理解是从仅包括人口（从个体到人所组成的社会群体），到包括人的行为（人类在地球上为了生存、繁衍而采取的一系列活动），再到人类系统（生产系统、人口系统、经济系统和社会系统共同构成的整体）。对"地"的理解也是从仅包括自然地理环境的狭义地理环境，到包括自然环境和人文环境（经济与社会文化环境）的广义地理环境。

与对"人"与"地"的不同界定相对应，对人地关系的含义也有不同的理解，总体来说一般介于以下两种观点之间。第一种，将地理环境等同于自然地理环境，将人地关系理解为人类社会与自然地理环境之间的关系，强调自然环境如何成为人类发展的基础，并受人类活动的影响，自然地理学家多倾向关注于此。第二种，视地理环境为广义地理环境，是自然环境和人文环境的整体，强调人是如何把大自然改造为家的，这种改造又如何反过来左右人的行为的，人文地理学家通常倾向关注于此。联系两种观点的纽带是，人类社会影响自然环境的过程（文化景观替代自然景观）就是把大自然改造为"家"（具有文化意义和使用功能的空间）的过程，通过这一过程人类系统与自然系统成为相互影响、相互联系的一个整体。因此，两种观点不是对立的，而是关注的侧重点不同，将两者结合起来可构成对人地关系的完整认识，其基本内涵如下：

（1）自然环境是人类活动的基础，关注自然如何调控社会，从最初级的创造人类及提供社会因素用以形成文化原始材料，到对诸如经济发展等社会过程构成限制与提供物质潜力。这体现的是自然环境对人的影响。

（2）人类活动将地球改造为人类之家，关注社会如何塑造、改造及日趋增加地改变自然环境，在原始的自然基础之上增添人文化的形态，使社会文化因素融入其中、叠加其上，直到形成自然—社会的复合体。这体现了人对人文（经济与社会文化）环境的构建以及由此而产生的对自然环境的影响。

（3）人对人文环境的影响以及对自然环境变化的认知及调适行为，体现了人类在维系自然环境与人类系统之间平衡方面所特有的主动性。

二、自然环境对人类的影响

作为人类赖以生存的物质基础，自然环境在整个人地系统中处于基础地位，其对人类的影响是人地关系中最为重要、最基本的部分。

自然环境是人类活动的基础，意指无论自然环境通过何种方式、程度作用于人类社会，自然环境都是人类社会产生、存在和发展的条件。其含义可归结为以下三个方面。

1. 自然环境为人类社会生存发展提供自然资源

自然资源是自然环境中天然形成的，是在环境中被人类视为有使用价值的物质，其受到自身的自然特征和人类开发利用中经济与技术条件的影响。自然资源的形成和分布取决于自然环境，其中可再生资源的形成与现代自然地理环境有关，只要人类的使用率不超过其再生率就可以一直利用下去；非可再生资源的形成与古地理环境有关，可能会因人类的大量利用而枯竭。为此，人类需要通过技术进步提高资源利用率来延缓非可再生资源的枯竭，或寻找其替代资源。从空间上看，不论是可再生资源还是不可再生资源在地球上的分布都是不均衡的，存在显著的区域差异，这种资源禀赋的区域差异是导致人类社会发展区域差异产生的物质基础，其中有些资源在空间上具有可调配性，可以人为地在不同地区间进行再分配，而另外一些资源则不具有可调配性，其区域差异不能人为地改变。

2. 自然环境也是自然灾害发生的根源

广义上说，灾害是指危害人类生命财产和生存条件的各类事件。通常把以自然变异为主因产生的灾害称为自然灾害，但如果人类利用自然不当也有可能造成自然灾害。自然灾害的形成需要具备两个条件：第一，自然环境本身存在异常变化，其破坏性自然力所造成的影响超出了人类社会所能承受的安全阈值；第二，承受灾害的人、财产、资源等客体可能遭受损失的程度和应对灾害的能力。从形成过程上看，自然灾害可以分为突发灾害和渐发灾害，不同类型自然灾害造成的影响和人类的应对方式各有不同，有些灾害是人类可以抗御的，有些灾害人类无法抗御的。

3. 自然环境对人类活动施加的限制或制约

自然环境对人类活动产生制约，表现为自然环境作为人类生存和发展的环境条件对人类所产生的种种限制。它包括两层含义：一是人类活动均需要在环境允许的幅度和空间范围内进行（如人类只能在具备一定温度、湿度等相对适宜的环境条件下长期大规模生存），一旦超出允许的范围，自然的限制或资源就会转化成为自然灾害，但在这一范围内人类可通过自身主动的适应（如人口迁移）或改变自然环境条件（如资源跨区域调配）等方式来降低这种限制。二是自然环境所能承受的人类活动影响有一定的限度，一旦突破这个限度，就会导致区域甚至全球性的环境变化，反过来对人类产生更大的限制乃至造成灾难。

人类有目的地开发和利用自然资源而将地球改造成为人类的家园，从而更好地规避自然灾害和降低自然环境的制约，这种开发利用要建立在自然系统与人类系统双重稳定的基础之上，既不能以牺牲自然为代价来发展人类社会，也不能以牺牲人类发展为代价来保护环境。

自然环境对人类社会的影响与它对其他动物的影响有一致的方面，最终导致人类社会与自然环境状态相平衡。但环境对生物的影响，主要是对生物的生理状态的影响，生物与环境的关系是无意识的被动适应的关系；而人类与环境的关系，是有意识的适应与主动利用改造的关系。由于人地系统的复杂性，自然环境对人类社会的影响也远比对其他动物的影响复杂得多，影响的具体表现受人类的认知水平、经济技术条件、决策的合理性等多方面因素制约，表现出的不同结果：有些影响是直接的，有些影响是间接的；有些影响是有利的、有些影响是不利的；有些影响是简单的因果关系，有些影响则通过复杂的反馈过程被放大或缩小。

三、人类认识自然环境影响的历程

正确地认识自然环境对人类的影响，是人类得以健康地生存与发展的基本保障之一。在源于西方的现代科学体系中，人类对自然环境影响问题的认识并非一蹴而就，而是经历了一个漫长的过程，这一过程可概括为以下几个阶段：一，20世纪初以前的地理环境决定论的形成与发展时期，包括地理环境决定论思想的萌芽占主导的古希腊、古罗马时期；神定论占主导的中世纪；17~20世纪初地理环境决定论形成与兴盛的时期。二，20世纪20~50年代反地理环境决定论思想占绝对优势的时期。三，20世纪60年代以来在新地球观基础上形成的人与自然的共生共存的环境人本主义及可持续发展思想形成与发展时期。

在认识自然环境影响的漫长历史过程中，人类虽然犯了许多错误，提出了许多在今天看来是错误的甚至是荒谬的观点，但正如爱德蒙·哈雷所说"错误的发现是走向发现真理的第一步，也是最可靠的一步"，在这些错误与荒谬的背后却隐含着某些符合认识规律的合理成分，人类对自然环境作用的认识正是在不断纠正错误的过程中逐步完善的。总结人类认识自然环境影响的历程，合理地扬弃历史上所形成的各种观点，对于全面准确地理解自然环境与人类的关系，深化对人地关系问题的认识具有重要的启示作用。

纵观人类认识自然环境影响的历史过程，有以下几个重要的进步，使人类对自然环境影响的认识有重大发展。

1. 从对心理与生理的直接影响到主要通过生产来影响

与强调在承认自然环境限制作用的前提下主动适应自然环境的中国古代的人地关系思想不同，地理环境决定论在西方世界长期占主导地位，其历史可以追溯到古希腊时期。

古希腊学者开始根据观察解释自然现象的同时，抛弃了用神来说明人类现象的做法，开始从自然环境的角度对人类现象进行解释。他们首先注意到的是自然环境与人类自身的关系，把自身的生理与心理状况与自然环境之间建立起直接的联系，认为自然环境的特点及其差异决定了人类的可居住性，也决定了人们的性格、行为等特征。公元前5世纪古希腊医生希波克拉底第一个表达了环境对人类气质的影响这一概念，他是一位坚决的环境决定论者，确信人的各个方面完全取决于他所处的环境，身材、健康、心理、社会和政治结构，所有这一切都取决于地理环境，并试图在此方面进行系统的概括，确立严格的因果关系，如为什么这样的气候、这样的土壤，就会产生这样的种族，具有这样的性格等。另一位古希腊学者亚里士多德承袭了希波克拉底的思想，他探讨了气候带与人类可居住带的关系，他推测，靠近赤道的那部分地区，即热带是不适于居住的；同样，远离赤道的那部分地区，即寒带，也是不适于居住的；只有处于这两带之间的温带才能成为地球上的居住区。尽管现在看来古希腊人的上述思想是非常幼稚的，并且绝大多数是错误的，但它标志着人们抛弃了一切由神来决定的唯心论，而从客观的物质世界寻找解释的开始，在当时是人类认识史上的极大进步。

把自身的生理与心理状况与自然环境之间建立直接联系的思想认识一直持续到18世

纪。法国神父德·博斯在 1719 年的著作中指出，天气对巴黎和罗马的自杀与犯罪率有明显的影响。自杀在冬季来临前或冬季刚过时，吹东北风的日子里最为多见；罗马的大多数犯罪都发生于夏季最热月份。他还观察到，文艺作品仅产生于纬度 25° ~53° N 之间的地带内。

直到孟德斯鸠之后，人们才真正把自然环境影响的认识推进到对社会政治影响的领域。法国的孟德斯鸠是 18 世纪最有影响的学者之一，他在《论法的精神》一书中，重提了古代的希波克拉底和亚里士多德的看法，而且加以发展。但他除强调气候对人的性格、行为的影响外，有关气候对政治的影响是重要的论题之一。他认为，气候的权力比任何权力都要强大，"气候的王国才是一切王国的第一位"，不仅人类的风俗习惯、宗教信仰由气候决定，而且各民族的政治制度、社会制度也是由气候决定的，如果一个国家的法律与自然环境，与民族气质不相适应，那么就应当改变这些法律。在强调气候的决定性作用的同时，他又指出了法律对气候影响的调节作用，他认为，合理利用法律，就可以把气候的影响减至最小；他还认识到其他因素的重要性，如宗教、政府的准则、习惯等。

18 世纪的德国哲学家康德承认社会与自然之间有因果联系，更重要的是他把生产活动与环境和资源联系起来。他把自然环境对社会的影响首先看成是能促进生产活动的自然条件对社会生活的影响，从而把对自然环境影响的认识扩展到生产领域。这在评价自然环境对社会的影响方面是一个重大进步，是人类正确认识自然环境影响的开端。

2. 从气候区域差异的影响到自然环境的供养能力的影响

在康德以前，人类认识到的自然环境影响主要是气候的影响，认为不同地区的气候差异导致了人类的心理与生理的差异，甚至社会制度的差异。在人类正确地认识到自然环境对人类的影响主要是通过对生产的影响来实现之后，人们才把自然环境影响的概念从气候扩展到更广阔的领域，特别是与农业生产直接联系的土地。英国的亨利·巴克尔在他的《英国文明史》中，把自然环境的影响归纳为四类，他指出："如果我们分析哪些自然要素对人类有重大影响，就可发现它们主要有四种，即气候、食物、土壤和总的自然面貌"。他断言，生产和分配完全取决于这四个要素。在这里，巴克尔提出了一个十分重要的思想，即地理环境对社会发展的影响是通过生产实现的。

自此之后，人们才逐步认识到，所谓自然环境对人类的影响，起决定性作用的并不一定是人们所能够直接观察或体验到的气候、地形等环境要素的特点，更重要的是由区域所能够供给的资源数量所决定的区域土地供养能力（土地承载力）。土地承载力的大小不仅与自然环境中赋存的资源有关，而且与人类对资源的需求和人类从自然环境中获取自然资源的能力有关，自然环境影响的有效性受到人口的数量、社会的消费取向、生产技术水平等人文因素的制约，是各方面平衡的产物。这样人类的主动性在人与环境关系中才被考虑在内。

18 世纪末至 19 世纪初，英国马尔萨斯的《人口论》是在认识自然环境对人类影响问题上的又一里程碑。马尔萨斯首次把自然环境的影响与人口数量、生产技术发展水平放在一起考虑，自然环境的影响不仅仅取决于自然环境本身的状况，而更重要的是取决于环境、人口和技术三者之间的对比关系。马尔萨斯的这种思想常常被归类为地理环境决定论的范畴，但在马尔萨斯的这种思想中，所关注的是生产能力（食物）的增长落后于人口的增长，他指出了一个十分重要的问题，就是一定技术条件下自然环境对人类社会的支撑能力是有极限的，并且当环境对人类的供养能力超出这个极限时就会对社会产生重大影响，出现灾荒、瘟疫、战争等一系列社会问题，导致人口数量显著降低，这实际上指出了自然环境对人类影响的临界阈值问题。在他之前人们对自然环境影响问题的关注主要是自然环境的差异所造成的人与社会的差异问题，并且没有注意到自然环境对人类的影响只是在超出某一临界阈值才起显著作用。马尔萨斯在他的人口论中使用了"生存竞争"一词。数十年后，这一术语启发了生物进化论的两个独立创始人达尔文和华莱士，他们分别认识到，这是有机界自然选择过程的要旨。而生物进化论的提出对自然科学与社会科学的发展均产生了深远的影响。

20世纪中期以前的地理学家都或多或少地持地理环境决定论的思想，将其作为地理学的一种范式。在地理学家中，被称为地理环境决定论始祖的是德国地理学家拉采尔，他和他的学生森普尔使地理环境决定论的思想广为传播，并成为地理学关于人地关系的一个基本思想。拉采尔认为土地、气候、面积和位置在影响着地球上的人，他将达尔文的生物概念应用到人类社会中，提出"生存空间"的概念，认为一个社会系统的消费需求增加，要求环境提供更多的资源来维持社会发展，如果它所占据的空间不足以为这一需求增长的生产系统提供原料，社会必然要求一个承载力更大的空间。拉采尔确信，作为空间有机体的国家总是想要达到它的自然界限。如果没有强大邻国的有效反对，它就要越过这些界限。"地理的扩张，更加如此的是政治扩张，是运动中的所有物体的特性：交替地前进扩张和倒退退缩。这种运动的目的是为了建立国家和征服空间，不管这种征服是由流动的牧人还是由定居的农民干的"。由此，拉采尔提出了一个与马尔萨斯相同的观点，即一定技术条件下自然环境的承载能力是有限的，但与马尔萨斯强调人的个体生存不同的是，拉采尔所关注的是整个社会系统的生存，并且把社会因素考虑到自然环境对人类的影响过程之中。从局部看，拉采尔提出的通过扩展生存空间而提高承载能力的思想较之马尔萨斯的悲观解决方式要积极，但从整体看却存在为自身的生存权利而危害其他团体生存权利的危险，在第二次世界大战期间被纳粹德国用作侵略扩张的理论依据。

马尔萨斯和拉采尔所指出的土地供养能力极限问题，还只是在一定区域内人口增长超过技术增长而产生的相对危机，欧洲向新大陆的大量移民、特别是工业革命所带来的生产技术水平的巨大进步使得这种危机在很大程度上被掩盖。20世纪70年代罗马俱乐部提出的《增长的极限》，再次提出由于人口增长和消费水平提高而出现全球性资源危机的问题，尽管至今并未成真，但现实面临的问题已使人们从全球尺度上认识到地球是一个资源有限的星球，它所能承载的人口数量最终要受到有限的资源数量的限制。

3. 从自然的到人类驱动的环境变化的影响

在拉采尔之后，认为人类在历史与社会发展中环境是决定性因素的地理环境决定论于 20 世纪初盛行一时。在地理环境决定论的继承人中，美国地理学家亨丁顿进一步发展了环境决定论的思想，指出自然环境的变化对人类的影响，而在他之前的学者在讨论自然环境的影响时基本是把自然环境当作不变量看待的。亨丁顿在他的《亚洲的脉动》、《文明与气候》和《人文地理学》等著作中阐述其气候对文明的影响的观点，认为中亚游牧民族的外流所招致的蒙古人对中国和印度的征服，以及 13 世纪中对欧洲的侵略，是可以用他们依以为生的牧草地的干枯来说明的。亨丁顿明确地指出了自然环境变化对人类影响的问题，但他的认识超前于他所在的时代，在他进行研究的时期，还没有立论所必须依据的计量资料，他的气候循环说是以零散的证据为基础的，包括树木的年轮、干枯湖积地层的沉积及历史文献中的零星记载等，在那个并不承认环境存在变化占主流的时代，他的观点对大多数人来说也是难以接受的，而且把它作为地理环境决定论的代表观点之一加以批判，有关环境演变影响的研究也因此沉寂多年。尽管亨丁顿的观点和支持他的观点的证据均有许多错误，但他推进人们对自然环境作用的认识方面的积极意义是无可否定的。

直到 20 世纪 60 年代之后，环境演变对人类发展影响的问题重新受到高度关注。这一方面是由于过去全球变化研究的进步，随着关于自然环境在不同时间尺度上均存在变化概念的建立和有关环境演变对人类社会影响的研究的日益增多，大量成果揭示出环境变化对人类社会确实存在深刻的影响，人类历史进程中所发生的许多重大事件都存在着环境演变的背景。另一方面，人类无节制地开发利用资源不仅导致资源的危机，而且已开始在全球尺度上打破自然环境的平衡，导致全球变化。20 世纪 60 年代末、70 年代初，日益严重的环境污染和一系列公害事件、由全球气候异常而造成的全球粮食问题以及资源危机，使得有关人类活动所导致的环境变化及其对人类影响问题的科学研究开始受到特别重视。从 20 世纪 70~80 年代，国际上对全球问题的关注从环境污染扩大到更为广泛的领域，如土地荒漠化、水土流失、森林减少和物种灭绝等现象唤起了人们对资源开发利用导致的自然环境退化问题的注意，使人们进一步认识到自然环境的脆弱性不仅表现为容纳废弃物污染的有限性，同时也表现为其承受人类对自然资源开发利用规模的有限性。自 20 世纪 80 年代以来，国际全球变化研究兴起，人们已开始清楚地意识到，整个自然系统承受人类破坏的能力都是有限的，人类本身有意和无意的行为已有使地球环境趋向恶性发展以至于达到不可收拾的可能，人类活动所引起的环境变化已不再是局地性问题，人类甚至已经在破坏大气层的结构、改变全球气候。以人类温室气体排放增加引起的全球变暖等现象为标志，整个地球系统状态已显示因人类活动而发生全球变化的迹象。并且"全球变化"远不只是"温室效应和臭氧洞"，根本的问题是：人类正在以没能认识得很清楚的各种方式，根本性地改变使生命得以在地球上存在的各种系统和循环，人类造成的变化甚至超过了自然变率，其范围和影响堪比许多巨大的自然强迫作用。原本一直变化的自然环境与人类活动引起的变化相互叠加，已深刻地影响了现代人类社会的诸多方面，而且将对人类未来发展产生更大的影响。地球是一个脆弱性的星球，人类的发展不能超越地球系统自身正常运行的极限。

在检讨现代的资源、环境等诸多问题产生的主要原因时，人们逐渐认识到：地球的空间与资源都是有限的，地球的稳定状态具有脆弱性，人类的生存与发展终要受到地球资源供给能力的有限性与自然系统本身的脆弱性的制约，人类不能超越这种限制，更不能改变地球系统本身的运行规律和条件。人类在考虑如何满足自身发展需求的同时，也必须确保地球系统自身的稳定，当代人类的生产和生活方式加剧了自然环境的脆弱性和自然资源的有限性，是不可持续的。基于以上观点，产生了主张人与自然共生共存的环境人本主义、可持续发展、人地和谐观等思想，把人类对自然环境影响的认识推进了一大步。

4. 有关自然环境对人类影响理论的扬弃

自然环境对人类的影响是一种客观存在，由于人类社会的发展与自然环境的变化，自然环境对人类影响的具体范围、方式与程度都是不断变化的。由于历史条件的不同、看问题侧重点的不同，自然环境与人的关系问题上曾形成不同的甚至是彼此对立的观点，如极端强调自然环境作用的地理环境决定论、极端否定自然环境作用的"无定论"、极端强调人类能力的人定胜天论，以及注重人类社会自身调节能力的调节论。事实上，有关自然环境对人类影响的所有观点都是人类追求规律性认识过程中的有益尝试，它们在一定条件下都各有其合理的成分，从不同的侧面揭示了人地关系。评价这些观点的正确与否需要考虑其产生的特定历史条件。

从历史发展的角度看，地理环境决定论从物质世界的整体性思想出发，是唯物的，19世纪以前的地理环境决定论是对抗天命论的，是进步思想的代表。但它看不到社会与自然间的原则区别，看不到它们之间的间接联系，因此，其革命性是有限的，坚持一切都是上帝创造的上帝决定论者很容易利用地理环境决定论的固有缺陷把它变成上帝意志的征兆，使其蜕变为神定论的"科学"注解。由于地理环境决定论固有的缺陷与错误，以及理解的偏差和传播的失真，地理环境的作用被过分地夸大或彻底地歪曲，被错误地当作历史与社会发展的决定力量，甚至被作为侵略扩张的理论根据。20世纪20年代以后，对地理环境决定论进行了不同程度的批判与反思，出现了对地理环境决定论的修正乃至全面否定。这些批判是必须的，但有的批判也带有相当的偏激性，人们在批判地理环境决定论错误的同时，又犯了其他方面的错误，产生消极的后果。地理环境决定论在科学上的错误在于把地理因素对社会发展的影响看成是社会发展的主要原因，但把确定自然环境对人类的影响完全斥之为地理环境决定论也同样是错误的。将地理学意义上的决定论和哲学意义上的决定论相混淆，在否定一般概念上的决定论的同时，也否定了在具体事件中环境所起到的决定性作用（阿努钦，1994），这也同样是错误的，特别是当对环境决定论的批判带有相当的政治色彩时，问题已超出了科学的范畴。对地理环境决定论的强烈批判的一个负效应就是，使地理学作为自然科学桥梁与社会科学的作用中断，也就是使地理学失去了最精华的部分。

或然论、调节论、文化决定论等观点大多是在对地理环境决定论的修正或否定的基础上提出的，它们否定地理环境具有决定性的影响，不同程度地强调了社会经济因素对人地关系的协调作用，这种协调作用只有在技术和自然环境均允许的情况下才能生效。从或然论到调节论再到文化决定论，其中自然环境影响在人与自然环境的关系中的作用变得越来越小，而对人的主观因素的强调程度越来越大。更为极端的是，对地理环境决定论的全盘否定助长了虚无主义的无定论和极端的文化决定论的发展，在很长一段时间里，人的力量被不适当地夸大，对自然的开发忽略了环境的承载力，自然环境对人类影响问题受到忽视甚至否定，甚至主张决定社会生活的因素是人的血统、种族特征等。从地理环境决定论到人定胜天论有着共同的地球观，就是，自然环境具有无限的资源供人类开发利用，自然环境是稳定不变的，不仅自然环境本身不会改变，更不会因人类的开发利用而发生变化。

从人类社会发展的不同阶段看，人类的进化过程实质上是技术不断进步的过程，也是人在与自然环境关系方面的主动性不断增加的过程，技术的进步为人类利用自然环境提供了更多的机遇，增强了人类开发利用自然资源和抵御自然灾害的能力，提高了自然环境对人口的承载力，为社会对人地关系的调控提供了更为广阔的空间。从这个角度看，其在人地关系中的作用无疑是决定性的，但不加限制地夸大人的力量会不可避免地犯地理环境无定论和极端的文化决定论的错误。

对自然环境的作用的过分强调是历史上产生地理环境决定论的根源，其错误在今天看来是显而易见的，并理应受到批判。但地理环境决定论在科学上的错误不在于它承认地理因素对社会发展的影响是社会发展的主要条件，而在于它把这种影响看成是社会发展的主要原因。在一定的技术和社会条件下，人类无法摆脱自然环境的限制，特别是从全球的观点看，人类无法超越地球的有限性和脆弱性的限制。地理环境决定论认识到人类社会与自然环境的有机联系，尽管社会并未按着地理环境论者所预言的方式发展，但人类一直没有摆脱地理环境决定的阴影，当前从自然环境的角度研究的自然资源潜力与区域承载力、全球变化（自然或人为因素引起的）及其对社会经济和政治等影响、自然灾害规律及其社会后果等问题实质上都是以承认地理环境的巨大限制作用为思想基础的。目前得到广泛认同的环境人本主义和可持续发展、人地和谐等观念，是以变化的、有限的、脆弱的地球观为出发点的，它充分承认人类发展必然受到有限的自然系统的限制，同时注意到人类社会的协调能力与技术进步的作用。

对人类而言，从认识到自然环境对生理与心理的影响发展为认识到通过生产影响，这是一个由近及远的过程。从认识到自然环境存在影响到认识到这种影响主要是通过自然环境的供养能力起作用，这是一个从笼统到具体的过程。从无限的、稳定的地球观演变为有限的、脆弱的地球观，从各执一词的地理环境决定论、文化决定论到环境人本主义与可持续发展，反映了人类对自然环境的认识从片面到全面。通过以上认识的不断进步，有限的、脆弱的、可持续发展的地球观取代了无限的、稳定的、决定论的地球观，并使可持续发展思想成为全社会的共识。可持续发展是有限定的协调论思想，它把生产和社会的发展建立在充分地承认自然环境限制的不可逾越性、充分地肯定人类适应环境的能力的前提之上。整个人类认识自然环境影响的过程反映了人类的认识由简单到复杂、从幼稚到成熟，这一过程体现了人类认识事物的一般规律，这种认识的进步为正确地认识自然环境对人类社会的影响提供了科学的理论基础。

四、中国古代对人地关系的基本认知与适应行为特点

中国古代对人与自然环境关系的认识没有走西方世界决定论的极端，而是主张在尊重自然规律前提下主动适应环境，即承认自然环境限制作用，强调在此前提下主动地适应自然环境，并在对自然环境的不断适应过程中寻求发展。从这种认识出发，中国古代农业文明形成了独特的思维方式和行为模式。

1. 中国古代对人地关系的基本认知

中国是具有悠久文明历史的农业古国，自古以来发展农业生产以保证粮食的基本供给一直被当成是事关整个国家安全的头等大事。在长期的农业生产活动中，形成了独具特色的中国古代人地关系思想。

对中国古代人地关系思想影响至为重要的是"天"、"地"、"人"理论，"天"可以理解为气候，"地"可以理解为土地，两者共同构成了农业生产中的环境条件，而人类进行农业生产最基本目的是满足人类生存的基本需求，气候、土地和人力构成了对农业生产起着决定性作用的三大要素。

在中国古代，气候及其变化（天）对人类而言是无法逾越的限制。自夏商周以后，中国主要农耕区长期位于黄河中下游地区，其气候属中纬度季风气候，有限的热量条件和高降水变率对农业生产而言是比较苛刻的。一方面是雨热同季，在热量条件能够满足农业生产的季节也是主要的降水季节，高度集中的降水往往导致洪涝灾害的发生，为利用有限的热量资源，农业生产必须安排在容易发生洪水泛滥的降水季节；另一方面降水的年际变率大，往往是非旱即涝，直接制约着农业生产的稳定性，导致农业周期性的丰歉波动，农业生产需要能够适应非旱即涝的异常变化。

"地"是"万物之本原，诸生之根菀"（《管子·水地》）。土地的承载力受制于耕地的数量和耕地的质量，中国地形复杂，可资利用的土地资源十分有限，且质量参差不齐。扩大耕地数量和维护耕地质量，一直是古代农业生产活动的出发点和所追求的目标。土地对古代人类而言虽然不是天然的乐园，但相对于气候而言，人类在土地上有一定的主动空间，人类可以对土地有限度的改造实现其对自然环境的主动适应，将土地变为自己的家园。

中国自古人口众多，长期位居世界第一。美国著名地理学家葛德石曾经指出："中国景观上最重要的因素，不是土壤、植物或气候，而是人民"。西汉平帝（公元2年）时中国的人口就已将近6000万，此后直到18世纪初的大多数时间内，中国的人口波动于2000万~6000万之间，最高达1亿上下。清代乾隆初人口超过1.5亿，50年后超过3亿，道光

中期超过 4 亿，20 世纪 30 年代达到 4.5 亿。

人多地少、水旱等自然灾害频繁，一直是制约中国发展的基本国情，这不仅使得中国古代人地关系独具特色，也造就了古代中国人种种带有浓厚东方农耕文明色彩的独特思维方式和行为模式。中国古代人地关系思想可归纳为以下三个相互关联的方面。

（1）承认自然环境对人类的制约作用。

承认自然环境对人类的制约作用，是中国古代人地关系思想的基础。这种制约作用，首先表现在"天"（气候）、"地"（土地）对"人"赖以生存的粮食生产的影响，气候对人类的影响更多的是通过对土地的影响表现出来的。四时节气运行不正常，灾害频发，或者土地数量不足、质量低劣，对农业的打击是不言而喻的，而这并非人力可以左右。自然环境对人类的制约作用，还表现在它能承受人类开发利用的程度是有限度的，超过了这个限度，不仅会对自然系统造成伤害，还会危及人类的长远发展。

（2）强调在遵从自然规律前提下的主动适应。

强调人类自身在适应过程中的巨大作用是东方文明与西方文明的显著区别之一，这种适应不是消极的，而是在尊重自然规律前提下的与自然的主动抗争。中国古代承认自然对人的制约和人对自然的依赖。但同时，又基于趋利避害的原则，一直在积极摸索自然规律，在对自然环境的不断适应中求得发展。相对于气候而言，人类在土地上有一定的主动空间，人类对自然环境的主动适应主要是通过对土地有限度的改造来实现的。顺应和抗御是人类适应自然的两种行为方式。顺应过程中，人的主观能动性表现在对自然规律的正确认识，以及根据自然的特点而灵活地变通上，目的是趋利避害，以最小的投入和风险获得最佳效益。抗御，是当自然对人类施加不利影响（如灾害）时，人类凭借自身的力量抵抗，以保卫自己的生存空间，但抗御的目的在于减轻自然对人类的危害，甚至变害为利，而不是彻底地征服自然。顺应和抗御是相辅相成的，不可偏废，并不存在哪种方式更高级或更优越的问题。

（3）提倡以人类社会的可持续发展为目标的自然环境保护。

中国古代的人地关系思想非常强调人与环境的和谐，而对大自然的过分索取无疑会破坏这种和谐。在古人看来，发展生产和保护环境并不像今天这样截然对立，而是一种相辅相成的关系，只有人类注意节制欲望，爱惜自然资源，维护生态平衡，自身和子孙后代的生存、繁衍、发展才不会受到威胁。中国古人对自然的保护并非以自然为中心，而是以人类为中心，因此始终注重和强调对耕地资源的合理的、可持续的利用，以及对可再生资源的合理利用和对生物多样性的保护。

2. 基于对人地关系认知的行为模式

（1）主动适应自然而非盲目对抗自然或消极应对自然的农业生产系统。

中国农业发展首先主张"顺天时""量地利"，反对"任情反道"。四时节气的运行是否正常并非人力所能掌控，人类能做的就是仔细观察、认真总结自然规律，顺应自然，不失农时。中国古代的天文学、历法学在为农业生产服务的过程中得到发展，"观天授时"

是历代统治者的首要政务。同样，耕地的地势高下、土质软硬、养料肥瘠、水分干湿等自然条件，决定了它们的利用形式，农业开发者不可不察，需要因地制宜地开发利用。中国农耕文化中人类主动适应自然还突出体现为治水，从大禹治水以来，中国就形成了大兴水利的传统，一为防洪，二为抗旱。治水实际上就是争夺生产季节和改天换地的活动，充分展现了中国古代祖先伟大的勇气与智慧，同时也使得人类对自身的能力有客观的估计。

（2）可持续的产量优先而非生产效率优先的生产模式。

由于土地在中国始终是一个十分紧缺的资源，中国的农业生产一直关注耕地的保护问题，力求在高强度的土地开垦与作物种植的同时保持耕地的可持续利用。中国古代没有走用农机具提高劳动生产率的道路，而是不惜牺牲劳动生产率，选择能够提高产量且对土地破坏更小的、投入尽可能多的人类劳动的精耕细作的生产模式。中国农业生产的发展不是表现为生产率的提高，而是表现为精耕细作水平的提高；为解决在农业生产发展过程中所遇到的保护耕地和保持土地肥力问题，中国在其农业发展的过程中发明了人工施肥和轮作，梯田耕作，基塘生产等一系列生产技术措施。中国的传统农业被认为是一种对自然环境破坏相对较小的循环式农业，它有效地延缓了环境发展问题的速度，使中国的农业与环境保持着较长时间的动态平衡。

（3）粮食生产优先而非效益优先的种植策略。

土地在中国是农民安身立命的最基本"生存资料"而非"生产资料"。在传统农业社会的中国，农业生产不是以赢利为目的，而是为了温饱，并且温饱问题的有效解决是以放弃对经济利益考虑为代价的，重农抑商被历代政府定为基本国策，因此，过去2000年中国农业劳动生产率没有明显提高。

（4）量入为出，食陈储新的粮食消费方式。

"量入为出，食陈储新"自古以来就是我国保证粮食安全的重要方式之一，是长期适应人多地少、灾害频繁粮食生产特点而形成的独特粮食消费文化观。"量入为出"就是根据粮食的供给能力确定人口规模与消费水平，中国历史上形成的以谷物为主的膳食结构和节俭的美德，都是基于土地和粮食在中国始终是紧缺资源的事实。"食陈储新"是我国历史上通过"丰歉互补"，应对频发的自然灾害、保障粮食安全的重要举措。人民要做到"丰年不奢，凶年不俭"，"秋有余粮，以给不足"。中国历代政府都非常重视常平仓等储粮赈灾机构的设置和运转，粮食储备成为一项重要而经久不衰的救荒政策。

第二节 气候变化影响的过程与机制

一、气候变化影响与响应的途径与层次

人类系统是社会 - 生态耦合系统（the socio-ecological system，SES）或人类 - 环境亲合系统（coupled human-environmental system），是社会（或人类）子系统和生态（或生物物理）子系统相互作用的系统。人类系统（人类圈）可以划分成三个层次的子系统：第一个层次是环境和资源系统，是地球系统中对人类的生存和发展产生直接影响的部分，其突出表现是为人类的生存和发展提供资源及形成各种限制（极端情况下表现为灾害），同时容纳和消化人类所产生的废弃物；第二个层次是支撑系统，包括生产系统和基础设施系统，其功能是为人类提供消费产品和基础设施与防护设施；第三个层次是人文系统或社会经济系统，包括人口系统、经济系统和社会系统（如图3-2所示）。绝大多数的人类系统是"复杂的适应性系统"（complexad aptive system，CAS），人类系统的代理者（人类）以个体或群体的方式使他们的行为适应于其所处的环境并改变环境。

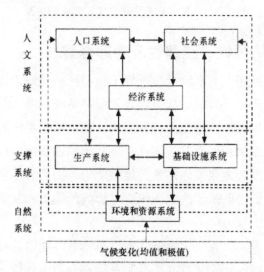

图 3-2 人类系统的构成及气候变化影响的层次性

气候变化意味着资源与自然灾害状况的变化，气候变化的影响从根本上讲是由此产生的。气候变化对人类系统的各个子系统均能够产生直接或间接的影响，其中最重要的影响途径是通过资源和灾害的变化影响生产系统和基础设施系统，进而传递到经济系统、人口系统及社会系统。在一定的技术条件下，一个地区的生产生活方式和社会经济状况一般与当地的环境（自然资源与自然灾害）状况相适应，趋向于自然资源利用度相对较高而自然灾害威胁处在可容忍的阈值内。如果气候变化超出人类的适应范围，则会使人类本身及其生产、经济及社会子系统与自然环境已有的平衡受到破坏，需要调整适应策

略以与新的环境条件相适应（如图 3-3 所示）。在一定的社会条件下，当气候变化的影响超出某一层次所能承受的范围或调节能力时，就会传递到更高的一个层次。通常情况下，气候变化幅度越大影响的层次也越高，但影响的传递过程会受到人类社会的调节作用，人类基于对影响的认知而采取相应的响应，从而在生产、经济、人口和社会等各个领域发生一系列的反馈过程，使气候变化的影响缩小或放大，直到人类社会与自然环境之间在新的基础上达到新的平衡为止。因此，气候变化的影响不是简单的因果关系，而是存在复杂反馈的驱动-响应关系，既不能否认气候变化的影响，也不能片面地强调气候变化对社会的影响，简单地把历史事件归因于气候变化，需要在综合考虑气候变化的特征与人类社会自身的状态和人类所采取的应对行为的基础上做出判断。

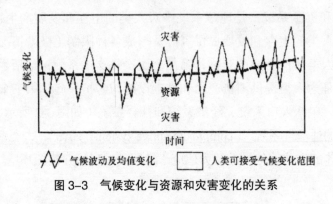

图 3-3　气候变化与资源和灾害变化的关系

二、人类系统的弹性、脆弱性及物理暴露

弹性和脆弱性均是描述人类系统抵抗外界干扰特征的关键概念。弹性是系统在承受变化压力的过程中吸收干扰、进行结构重组，以保持系统的基本结构、功能、关键识别特征以及反馈机制不发生根本性变化的一种能力。脆弱性是系统易于遭受和缺乏能力应对气候变化（包括气候变率和极端气候事件）不利影响的程度。弹性和脆弱性均是社会系统自身的内在属性，前者主要关注系统的维系能力，而后者主要关注系统遭受危害的可能性和受害程度，它们均取决于决定系统应对影响的能力和从影响中恢复的能力的各种因素。

从全球变化的角度看，气候变化影响的发生机制可以理解为在一定的物理暴露条件下，作为外部强迫因子的气候变化与人类社会系统本身的脆弱性相互作用的产物，脆弱性是敏感性和响应能力相互作用的结果。物理暴露是指具有脆弱性的系统与气候变化强迫之间联系的特征。脆弱性先于干扰或暴露程度而存在，但又与干扰或暴露程度的特征相关，一方面脆弱性因干扰或暴露而表现，另一方面暴露的历史，即过去受影响的经历对脆弱性具有很重要的影响。脆弱性是相对于一定的干扰而言的，在不同的干扰下系统的脆弱性是不同的；面对不同暴露条件，系统表现的脆弱性是不同的，受系统过去所经历的暴露历史（即过去受影响的经历）的影响，由于适应能力的存在（降低脆弱性，提高适应能力），系统的脆弱性又会发生变化。

三、全球环境变化与国家安全

从系统的角度看,所谓"安全"是指系统维持稳定、保持功能正常的状态范围或阈值。安全是人类系统所具有的内在特性之一,只有健康、有活力的系统才是安全的,但是这两个条件还不足以确定一个系统的安全。一方面,在真实世界中没有任何一个系统是完全独立的,所有系统都以不同程度不同方式依赖于其他系统,所以子系统与母系统的安全都与整个体系的安全相关。另一方面,系统的安全性不仅与系统自身的属性有关,也与系统外部环境的属性(如气候变化强迫)有关,一个安全的系统是指该系统能够生存并且健康而且可以在其系统环境中不断发展,只有当系统的功能和结构适应其所在的环境时,该系统才能健康地存在和发展。如果系统安全状态受到某种威胁而被打破,会发生危害、损失直至崩溃等情况。

对安全广义上的理解有双重意思。一个是指不存在客观危险,如没有安全"威胁""挑战""脆弱性""风险";另一个是来自主观的恐惧,以及产生的主观感受。安全在客观的意义上是获取价值时没有受到威胁,主观意义上是这种价值在受到攻击时没有恐惧感。如果个人或者社会团体,国家或者区域或全球国际组织能知道各种危险,即各种各样的"安全威胁""挑战""脆弱性"风险所带来的危险能被避免、阻止、管理、应对、减缓及适应,那么客观的安全是可以实现的;一旦对安全"威胁""挑战""脆弱性""风险"的害怕感受可以缓解或解决的话,主观的安全是可以实现的。因此,有关安全问题的研究大多围绕"威胁""挑战""脆弱性""风险"四个关键科学问题展开。

(1)对安全的威胁。具有强烈而彻底的威胁,并可在相关主要时间范围内降低国民的生活质量。

(2)对安全的挑战。"不安全"的事件、事端,考验人类社会的力量、技术或能力。

(3)脆弱性。易受打击的程度,或者是缺乏处理的能力(全球变化和气候变化领域中的脆弱性内涵,不同于灾害研究领域中的脆弱性)。

(4)因"不安全"而带来的风险。不确定的,可能是一种威胁,也可能是一种机遇,需要人类知识系统具备确认并描述这种不确定性,并且社会具备应对任何可能结果(风险)的能力。

传统的国家安全概念是指保护一个国家对领土、财产等方面的主权不受侵犯,它和受到的威胁密切相关,而这种威胁往往与战争等军事行为相联系。自20世纪90年代以来,随着安全概念的扩展,国家安全的内涵从冷战时期以国家为中心的军事和政治(强权至上),扩展到将经济、社会和环境也包括在内(致力于防止冲突,强调国际准则和人权以及合作的重要性)。

在扩展后的安全概念体系下,全球变化被看成威胁国家和区域"非常规"安全的重要因素之一,其可能的作用机制包括:在国家或区域内部,全球变化引起的资源和灾害变化所造成的不利影响达到足以改变社会政治文化平衡的程度,导致重大生命损失、社会矛盾激化、社会秩序破坏和区域冲突加剧,直接威胁国家安全。在国家和区域之间,在全球变化造成资源短缺的背景下发生国家或地区间对资源的争夺,一个国家或地区为克服全球变化的不利影响而将危机转嫁给其他国家或地区，以及随着资源与灾害变化所造成国家或地区间力量对比的相对消长而出现的势力重新分配要求等，都可能作为导火索导致常规国家安全危机的爆发。对于人类活动所导致的全球变化而言，全球环境变化的责任者与全球环境变化的受害者之间所产生的矛盾与冲突，或者一个国家或政府所需承担的责任超出其承受能力，都可能引发政治危险，影响国家安全。

相对于传统意义上的"常规"国家安全而言，全球环境变化对国家安全的威胁是一种典型的"非常规"威胁。与"常规"的威胁相比，这种"非常规"威胁至少有以下3方面特征：

（1）"非常规"威胁时时刻刻无处不在，随时都可能发生。

（2）"非常规"威胁往往可以成为"常规"威胁所凭借的理由。

（3）"非常规"威胁具有很强的隐蔽性和累积性，潜在的"非常规"威胁很容易被人们忽视，而当其显示作用时，往往产生重大的危害。

第三节 过去气候变化影响的表现形式

气候是自然地理环境中最为活跃的要素，其在不同时间尺度上的变化虽不是人类社会发展的直接决定因素，但对人类社会有着广泛而深刻的影响，生产力水平较低的工业化时代以前人类文明的进程受气候变化影响尤为明显。在全球变化研究中，历史时期（特别是过去2000年）气候变化对社会发展的影响研究一直受国际学术界高度关注。

国内外大量研究证实，气候变化曾经深刻地影响了人类文明的发展，是导致区域文明兴衰的基本力量之一，人类历史上的人口波动与迁徙、经济波动、社会治乱变化、朝代更替乃至文明兴衰等事件与气候变化存在密切而复杂的对应关系。已取得主要共识可以概括为以下两个方面。

（1）证实气候变化是导致区域文明兴衰的重要影响因素之一。历史气候变化影响社会经济的诸多方面，如土地利用变迁、人类聚落进退、人类行为调整、人口数量增减及疾病传播等。世界许多区域、多个时空尺度上气候变化与人类历史均表现出强烈的关联。大量研究还证实中世纪气候异常期的温度波动和干旱事件、小冰期的寒冷气候，曾对欧洲、北美洲南部平原、蒙古帝国等不同区域的社会经济发展造成了显著影响。极端气候事件也在东南亚高棉帝国的灭亡、美洲玛雅文明的崩溃过程中扮演了重要角色。

（2）发现气候变化对社会发展影响的表现形式和最终后果是气候变化的影响与人类的适应相互作用的产物。气候变化对社会发展的影响程度主要取决于生态系统和社会系统的脆弱性，适应是历史时期人类应对气候变化挑战的主要手段。例如，在欧洲前工业化时期，气候变化通过影响生态条件和农业生产，进而引发饥荒、人类健康问题、人口迁移、社会内部冲突，乃至影响整个社会系统。但气候变化影响的程度则主要取决于生态系统和社会系统的脆弱性，其中弹性和适应能力在气候变化驱动 - 反馈过程起着极为重要的作用。适应是人类社会面对预期或实际发生的气候变化的系统运行、过程或结构所产生的影响而采取的一种有目的的响应行为，它不仅是对所面临的气候变化影响的一种反应，而且还应包括如何将人类社会 - 生态系统的发展转换到更加可持续的发展道路上。适应方式的选择、适应手段的有效性既体现了文明的特点，也相应地影响着文明的进程，同时也体现了人类智慧在维持地球系统平衡中所起的作用。但具体的适应行为往往只在一定限度内有效，而高度依赖某类单一适应行为往往无法有效应对气候变化，特别是其所引发的后续影响。

通过系统分析近 20 年来国内外气候变化与文明研究的大量实证研究成果，从中归纳出气候变化影响人类社会发展的 5 种主要表现形式，即周期性循环、脉冲式变化、适应性转型、崩溃与衰落、迁徙与替代（如图 3-4 所示）。

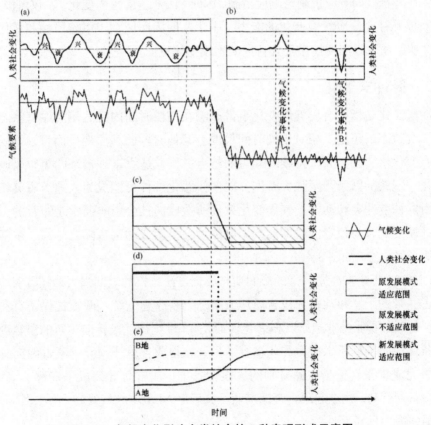

图 3-4 气候变化影响人类社会的 5 种表现形式示意图
（a）周期性循环；（b）脉冲式变化；（c）适应性转型；（d）崩溃与衰落；（e）迁徙与替代

一、周期性循环

周期性循环是指人类社会随着气候的周期性或阶段性变化而呈现兴盛与衰落状态交替的变化特点。周期性循环意味着，气候变化影响的幅度未超出人类社会弹性的阈值，人类社会的各子系统能够在不改变其基本结构的情况下，对气候周期性变化的影响做出

适应性调整 [如图 3-4(a) 所示]。

气候变化往往通过资源或灾害的周期或阶段性变化而直接影响农业生产子系统的粮食生产与供给，并通过一系列复杂的反馈过程使影响传递至经济、人口、社会子系统，造成社会盛衰的周期性循环。历史气候变化对中国社会发展的影响总体上呈现多尺度的"冷抑暖扬"的周期性循环特征。暖期气候总体上是有利的，历史上经济发达、社会安定、国力强盛、人口增加、疆域扩展的时期往往出现在百年尺度的暖期，相反的情况则发生在冷期。暖期气候总体有利于农业发展，为社会更快发展提供更为优越的物质条件，是历史上"冷抑暖扬"特征形成的根本原因。而冷期的影响似乎以增加人类系统的脆弱性为主，使得社会经济系统调控危机的能力明显降低，在遭遇极端气候事件与重大灾害的情况下往往容易触发社会危机。中国地域广阔，不论在暖期还是冷期中，都是有利和不利影响的地区并存，因而具有更大的缓冲空间和更高的整体社会弹性。同时，人类对环境变化存在着积极的响应机制与响应措施，因时、因地适应气候变化，不仅可以趋利避害，而且不断提升社会适应气候变化的能力，中华文明因而区别于以阶段性和替代性为特征的欧洲文明，呈现以周期性循环为特征的连续变化特征。

二、脉冲式变化

脉冲式变化是指社会受气候变化事件影响在一段时间内突然偏离原有状态后又很快恢复到原有状态的情况。相对于同时间尺度上其他时段的气候变化而言，气候变化事件往往具有变化快、变幅大、持续时间短的特点，气候适宜事件带来的短暂风调雨顺可能造就昙花一现式的繁荣乃至强大帝国。而气候恶化事件可能成为人地矛盾突然激化的触发器，引发社会冲突和动荡。气候变化事件所造成的社会影响通常是短暂的，当气候事件结束并恢复到较为稳定的时期后，短期的社会繁荣或动荡也随之结束，重新回到气候变化前的平稳状态 [如图 3-4(b) 所示]。

1211~1225 年蒙古高原一带的湿润期与成吉思汗政权的短期强大存在着对应关系。12世纪蒙古一带的干旱和动荡为成吉思汗颠覆已有秩序建立统一政权提供了有利条件；但成吉思汗的对外扩张并非迫于气候恶化，而是 13 世纪初气候转向短暂的温暖湿润，适宜的气候条件提高了草原生产力和环境容纳量，使得成吉思汗领导的蒙古国拥有更多战马和人口去完成扩张。正是在此有利的气候背景下，成吉思汗完成了迁都、集权、扩军、扩张等一系列行动，建立起蒙古帝国霸业。其后至 14 世纪末气候转干旱，其间元朝灭亡，蒙古帝国失去大量疆土。

中国历史上的大规模农民起义多是由持续数年或十数年的极端干旱事件所触发的。极端干旱所造成的严重歉收和粮食安全危机，在一定的社会经济背景下，通过复杂的影响传递过程，触发大规模的农民起义事件发生，造成中国社会的动荡混乱甚至政权的更替，但社会在短期的混乱后又会重新回到有秩序的相对稳定状态。

三、适应性转型

适应性转型是通过用新的生产或生活方式全部或部分地替代原有与气候变化前状态相适应的生产或生活方式，以与变化后的气候状态相适应，并实现文明的延续和发展 [如图 3-4（c）所示]。成功的适应性转型意味着具有使人类系统得以重建的弹性和适应能力，新的适应模式不仅可帮助人类度过气候变化造成的危机，而且可为人类的后续发展提供更大的空间和全新的机遇。

在人类演化的进程中，有许多里程碑事件发生于气候的转变期，这正是人类成功地进行适应性转型的结果。人类的起源与早期文化进化与成功地适应气候干旱密切相关。非洲气候干旱化过程始于约 3MaBP 之后，在 1.8~1.6MaBP 达到顶峰，环境的干旱化使得森林缩减草原扩张，森林食物资源的丧失和栖息地生态结构的变化驱动了自然选择，迫使一部分种群放弃林栖习性，来到地面生活，这有利于前肢的解放和脑容量的增加，为了获取足够的食物以及躲避捕食者，人类的祖先用智慧、合作、制造和使用工具等弥补生理不足。人类演化过程中的第一个里程碑事件出现在 2.9~2.6MaBP 和 1.9~1.6MaBP。2.6MaBP 以后出现了具有更大脑容量的人类世系，稍后开始出现标志人类出现的奥尔杜威石器；1.9MaBP 进化出直立人，至 1.6MaBP 出现更为精致的阿舍利石器，并第一次走出非洲前往欧亚大陆。农业的最初起源被认为可能与气候恶化产生的压力有关，新仙女木事件期间干旱的气候条件导致近东地区的食物短缺，促使以采集为生的人们开始种植被驯化谷物作为食物的补充来源，从而导致农业在近东地区出现。农业的出现为人类提供了一种全新的适应环境的生产方式，与末次冰期时期相比，全新世大气 CO_2 含量显著增加，气候变暖，降水量增加，气候变率降低，这都为农业的发展和空间扩张提供了良好的自然条件，农业作为一种主导经济形式得到快速发展，在农业出现后的 8000 年中，农业这种新的经济方式从各个起源中心以不同的方式向外扩展，至公元初年前后，世界上大多数适宜农业发展的地 K 都转为食物生产。从食物采集到食物生产的转变，是一场革命性的变革，它为人类提供了稳定而持续的食物供给，维系了人口的持续增长，并使得复杂的文明社会形态的出现成为可能，人类因而得到前所未有的发展进步，时至今日，农业仍为现代工业文明的维持提供食物来源。

新的适应模式不仅可以帮助人类实现在逆境中发展，而且可以成为人类系统弹性的组成部分之一，为后续的稳定发展提供支撑。人类于 3.6MaBP 气候恶化之际大规模定居青藏高原主要得益于耐寒的麦类作物的种植和家畜羊的传入。在青藏高原东北部地区，5.2~3.6MaBP 的较早期的遗址点多集中在 2500m 左右的河湟谷地中，农作物为耐寒性较低的黍粟类作物，受同期黄河流域粟作农业发展的影响。甘青地区的齐家文化在 3.6MaBP 之后演化为多个特点鲜明的地方性文化，3.6~2.3MaBP 较晚期遗址点大量出现在 3000~4000m，作物更多为更为耐寒的青稞等麦类。耐寒的麦类的种植和家畜羊的传入，不仅使得人类能够在气候变冷的情况下向高海拔地区移动，而且作为一种延续至今的农业制度使得人类能够在高原上成功地永久定居。

四、崩溃与衰落

在人类社会发展史中，许多辉煌一时而又最终衰落的文明同气候变化有着复杂而密切的联系。气候变化影响下的文明崩溃与衰落意味着，气候变化影响的幅度超出人类社会的弹性阈值，使得人类社会的弹性和适应能力不足以成功地度过气候变化造成的危机，从而导致人类社会难以承受气候变化的打击或无法适应变化后的气候状态，原有的稳定发展状态难以继续维持，文明因而发生中断或退化到较低水平上发展［如图3-4（d）所示］。国内外大量研究发现，气候变化是导致史前和历史时期区域文明崩溃的基本力量。

文明的崩溃与衰落多与气候重大阶段性转折或突变事件相对应，气候转折或突变造成的资源短缺或灾害加剧是人类难以抗拒的自然力量。约4.0MaBP的气候恶化事件造成世界许多地区文明的崩溃或衰落，古印度文明、两河流域的阿卡德文明、古埃及文明的衰亡与约4.0MaBP的气候干旱事件有关，我国许多地区的原始农业文化也在约4000~3500年前突然中断或衰落。在历史时期，中世纪持续性干旱摧毁了美洲的玛雅文明、北美洲阿那萨齐文明；小冰期的严寒导致了格陵兰岛的食物短缺、对外航道被海冰封锁，使兴盛于中世纪暖期的殖民定居点衰亡。

文明最终走向崩溃与衰落是由于气候变化的影响超出了人类社会的适应能力。面对气候变化的影响，人类总是要尽可能地采取各种适应措施，成功的适应可使人类度过危机，而适应能力的不足或适应手段的丧失，往往使得文明失去得以延续和发展的最后机会。玛雅文明的最终衰落与气候干旱超过了其适应能力密切相关，面对发生在早古典期的干旱事件（公元200~500年），玛雅人通过发展集约节水玉米农业、政治重组等适应措施成功地度过了气候变干造成的危机，且先进的农业生产策略促进了玛雅在随后一个多世纪的湿润期内的蓬勃发展与繁荣。但在晚古典期玛雅低地进入更为极端剧烈的干旱期（公元600~1000年）后，前古典期所使用的应对措施亦未能拯救庞大而复杂的人口社会系统，使得文明最终衰败。东南亚的吴哥文明最终被干旱摧毁也与其适应能力丧失密切相关。在12~13世纪的弱季风期内，高棉人为了应对不定期且漫长的干旱在吴哥修建了人工湖及完备的供水网络系统并长期满负荷运作以缓和水资源的短缺。但14世纪季风增强、降水激增导致的洪水对吴哥的基础设施及供水系统造成了结构性破坏。当15世纪季风再次减弱、漫长干旱再次来临时，供水系统瘫痪的吴哥失去了稳定水源，高棉国也再无力修复其基础设施，高棉人最终被迫放弃了吴哥。

四、迁徙与替代

迁徙是人类适应气候变化的重要方式之一，表现为人群离开原居住区域移动到另外区域。气候变化影响迁徙的途径是多样的，可能源自气候变化对原住地或目的地环境适宜性的影响，也可能源自气候变化造成的两个区域之间通道畅通程度的改变。人类的迁徙使得一个地区发生的气候变化影响及其响应行为会传递到其他地区，甚至导致其他地区原有的文明被移入的文明所替代 [如图 3-4（e）所示]，由此产生气候变化影响的异地响应及区际关联。

　　气候变化导致的原居住地的生存危机或目的地更为宜居的环境都可能促成人类的迁徙。自公元前 8500 年以来，东撒哈拉地区史前人类随气候的干湿变化而迁徙，经历了从狩猎到多种资源经济、再到专业化畜牧业的阶段性变化。在末次冰期最盛期，撒哈拉沙漠较现代南扩 400km，现今撒哈拉沙漠地区无人类活动的迹象。公元前 8500 年季风降雨的突增将东撒哈拉地区从晚更新世的沙丘转变成适宜人类居住的类萨瓦纳环境，适应萨瓦纳草原环境的狩猎 - 采集者们随着雨带的北移而从南方向北迁徙，并在东撒哈拉地区迅速地定居下来，当时的人类曾扩散到现今利比亚沙漠中最为荒凉的大沙海中心地区。公元前 7000~ 前 5300 年在湿润气候的背景下，东撒哈拉地区通过绵羊和山羊的引进与牛的驯化建立起了游牧业经济。然而在公元前 5300 年之后，与季风降水南移、气候变干的趋势相对应，史前人口存在向现在的萨赫勒（Sahelian）地区南迁的总体趋向，在游动性的狩猎—采集者到定居的制陶农民和放牧者过渡的地区，大量的定居者和制陶的猎人、渔民、采集者变成了游牧的放牛者，专业化的牛畜牧业其后成为整个撒哈拉沙漠以南非洲大陆的基本生活方式。公元前 3500~ 前 1500 年撒哈拉沙漠重新扩张，永久性的人类活动只局限在苏丹北部区域。

　　气候变化可通过改变两个区域之间通道的畅通程度而影响人类的迁徙。现代人走出非洲受到气候变化的多方面影响，其中的一个重要方面就是气候变化对迁徙通道的影响。末次冰期海面下降使得现代人能够从非洲跨越红海到达阿拉伯半岛而进一步扩散到整个欧亚大陆和澳大利亚，同样是在末次盛冰期的低海面使得现代人能够经白令海峡到达美洲大陆，而印第安人在美洲大举向南扩展通道的打通则有赖于北美冰盖随着末次冰期最盛期结束而融化。

　　人口迁徙往往会造成被徙入区域的社会矛盾冲突加剧，甚至人种、民族或文明被徙入者所替代。历史时期欧洲文明的发展与气候变化有很好的对应关系，在气候恶化的时期，受周边民族的侵略而呈现原有文明被新文明替代的文明发展特点，而在欧洲殖民地的土著文明也被来自欧洲的移民所替代。在 250~550 年的黑暗时代冷期是欧洲历史上的政治混乱、文化变更、社会经济不稳定的大危机，即大迁徙时代。在 3 世纪气候显著冷干的背景下，西罗马帝国发生了外族入侵、政治混乱、经济紊乱的严重危机，欧洲被西征入侵匈奴人占领，战败的当地民族被迫西迁，西罗马帝国受此牵连而亡，落后的文明替代原先进文明，欧洲至此进入动荡时期。6 世纪文明的兴衰变化、流行病爆发、人口迁徙和政治混乱与 536~660 年的古典时代晚期小冰期相对应，查士丁尼鼠疫、东罗马社会变革、斯拉夫语系人群在欧洲大陆上的扩散等均受其影响。自 13 世纪以后，小冰期寒冷气候使得欧洲大陆接连遭遇了大饥荒、黑死病以及 30 年战争等社会危机事件，深刻地影响了欧洲大陆上社会政治经济的稳定。为生计所迫的大规模海外移民也深刻地影响 7 新大陆文明的发展，美洲、大洋洲大陆的土著文明被欧洲殖民者所带来的文明所替代。

六、变化表现形式与社会系统稳定性的关系

上述 5 种气候变化影响人类社会的表现形式既与气候变化的特点有关，也与人类社会系统的脆弱性与适应能力有关，都是气候变化的影响与人类的适应相互作用的产物。

当气候变化的影响尚在人类社会系统可承受的弹性范围内时，人类社会无须做出重大的结构性改变，仅表现为在已有体系下的周期性循环或脉冲式变化。其中，周期性循环受周期性或阶段性气候变化驱动，表现为人类社会兴盛与衰落状态的交替变化；脉冲式变化受气候变化事件驱动，表现为社会在短期内突然偏离原有状态后又很快恢复到原有状态。

当气候突变或趋势性气候变化的幅度超出人类社会系统已有的可适应范围时，需为适应气候变化做出相应的改变。成功的改变为适应性转型，表现为社会系统用新模式替代原有模式使人类度过气候变化危机，并获得适应变化后气候状态的社会系统弹性，为人类的后续发展提供更大的空间和全新的机遇；失败的调整为崩溃与衰落，表现为人类社会发展的中断或倒退到较低的发展水平，意味着人类社会未能成功地度过气候变化造成的危机，发展难以为继。

迁徙与替代在不同气候变化形式下、气候变化影响是否超出人类社会系统可承受的弹性范围的情况下均可能发生。它表现为人群受气候变化的直接或间接影响而离开原居住区域移动到另外区域，甚至用其所带来的文明替代原有的文明，气候变化的影响也因此从一个地区传递到另一地区，它反映了气候变化影响的异地响应及区际关联。

上述 5 种气候变化影响人类社会的表现形式曾发生在人类发展的不同历史时期、不同区域，并对区域乃至人类文明的发展产生过深远的

影响。在人类发展的历史进程中，各种时空尺度上的重大与突发环境变化事件在历史上从来就没有间断过，然而人类并未因为这些事件的发生与影响而停止前进的脚步，说明人类具有成功适应环境变化的能力。尽管由于社会的发展，过去环境变化对社会经济影响的许多具体结果已不可能再次重现，但过去人类曾经历过的影响方式与适应影响的具体行为对当今人类应对全球气候变化的挑战仍具有重要的借鉴价值。

第四章 我国历史气候变化的政治经济学分析框架

第一节 气候变化影响古代农业社会的政治经济学框架

其实从很早的时期起，就有哲学家、历史学家讨论过气候变化及其对人类经济社会发展的影响问题。比如，孟德斯鸠就认为："在北部的气候条件下，那里的人们拥有较少的恶习，更多的美德、诚心和真诚，而越往南走，人们的美德就越少，情欲就越旺盛……温度是如此的炽烈，以致人们的身体被炙烤得有气无力……会导致人们毫无好奇心，更无力进行有意义的事业。"亨廷顿在《亚洲的脉动》一书中指出，13世纪蒙古人之所以大规模向外扩张主要是由于他们居住地气候干旱、牧场条件变坏所致。这些讨论对于我们理解气候变化之影响问题颇有裨益，但他们的讨论大多比较粗放。特别是，到目前，还没有人从这一角度讨论公元11世纪后的气候变化对作为最为古老的农业经济体的中国经济社会的影响，以及当时政府对这一变化的调适和应对举措进行一个完整的理论研讨。具体而言，本书的理论框架可概括为：

一，气候的变化必然会影响古代最为重要的农业生产活动所赖以进行的生产要素的效率，比如土地的生产力会由于降水的增加、温度的提高而变化；而作为生产要素投入的劳动力以及管理者的体力、精神状况也会受到气温、降雨、降雪、季风等气候变化的影响；由于农业是我国古代经济发展赖以发展的最重要的支柱产业，因此我们判断，当农业生产受到较严重打击并且已经影响到农民的生存与生产时，粮食的价格很可能就会上升。更加严重的是，若国家的赈灾活动难以应付时，大面积的饥荒就可能发生，这样，整个农业经济社会的发展与社会稳定就会在很大程度上受到影响。

二，在中国历史上，除了农业以外，还有一个重要的产业就是少数民族所从事的游牧业，它是一个完全"靠天吃饭"的行业。考察一下中国历史上主要游牧民族的活动区域就会知道，这些游牧民族大多生活在中国西北部的广阔地区。当气候变得更加恶劣的时候，这些游牧民族的游牧生产活动就必然受到比农业民族更加严重的影响，原因是他们不像农业民族那样有定居农业的支持而在客观上降低了对气候等自然条件的依赖，因此，气候的恶化就会迫使游牧民族在空间上进行迁移。可以想象，当气候变化不利于他们时，从事牧业的少数民族应对气候变化的理性反应通常就是向南、向东迁移，这样便必然与定居于东面、南面的农业民族遭遇，于是，双方之间的冲突和战争就难以避免，严重的话，农耕民族国家的经济和社会稳定就会受到严重威胁。

三，在农业生产和牧业生产都受到气候变化影响的条件下，从事农业活动的民族与从事牧业的民族相比，政府在内部稳定的作用上表现更为突出。原因是，当农业生产受到气候变化较大影响的情况下，灾荒虽可能出现，但如果政府减免地租、税赋、出面赈灾，农民的家庭生产和生活负担就能暂时得到减轻，气候变化的负面影响就能得到减轻，反之，当地租、税赋难以减免甚至还可能增加的情况下，农民的生产和生活就必然受到重大影响，大面积的饥荒就可能形成。另外如果气候变化的负面影响在较长时间持续，政府统治和管理不能很好地调适时，农民个体理性选择的结果往往也是人口迁移，汉民族国家内部的冲突、内乱由此发生，而国家稳定就会受到严重威胁。

四，更为关键的是，上述所有有关气候变化对农业生产、汉族与游牧民族，以及汉族内部关系的影响，必然会对传统的政府统治模式造成严重冲击，并促使新的统治模式在系统内部逐渐出现，或者迫使统治者对原有的政府治理模式做出新调整。如果统治者调适恰当，经济和社会就可能渡过难关；反之，就可能因噎梗食，带来国家乃至政权的倒台。两宋的灭亡，当然与此紧密相连，此后的发展道路更是出现 180 度大转向。

第二节　公元 11 世纪后我国的气候变冷对农业经济的影响

据竺可桢的研究发现，中国历史上的商、周、秦、汉、隋、唐均属于气候较为温暖的时期，平均温度要高于现代 1℃左右，而从 11 世纪开始，中国逐步转入寒冷期，平均温度比今天低 1℃左右。图 4-1 给出了中国五千年来的温度变化趋势。由图 4-1 可见，11 世纪是个重要分水岭。

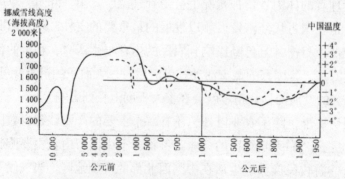

图 4-1　我国五千年来温度变化情况示意图

在日常生活中，虽然温度上下 1℃对人类的生活并不会产生太大的影响，但若连续多年的平均气温向下 1℃的变化，却会对内陆地区以及较为干旱的中国北方地区的农业生产带来十分严峻的影响：

首先，就是农作物的生长期受到影响。比如唐朝的韩鄂在《四时纂要》中的"四月"条下谈到麦之贵贱与储藏，这说明，唐代的小麦收获季节是在四月。而《宋史》卷四《太宗纪一》和卷五《真宗纪一》的记载则说，宋太宗和宋真宗几次在汴京郊区视察小麦的时间是五月，这说明，北宋与唐相较而言，小麦收获的时间已大大推迟。另外，唐朝的《两税法》规定，夏税不得超过每年六月，秋税不得超过每年十一月，但到北宋时，夏税缴纳完毕的时间，南北三个不同地区的夏税征收时间分别变成了七月十五日、七月三十日和八月五日，秋税则被推迟到十二月十五日，后来甚至又推迟了一个月。这说明，北宋的谷物收获期要大大迟于唐代，南宋时连江南冬小麦的收获期也因温度的变化而受到了影响。

其次，气候的这一变化还影响到粮食作物、经济作物的产量以及区域分布特征。张家城的研究发现，我国的气温每变化1℃，农作物的产量就变化10%左右。倪根金发现，宋金的寒冷期小麦的产量减少了8.3%。同样，年平均气温下降2℃，生物的分布区域就要南移2~4个纬度。唐代的温暖期时，北方农业区向周边扩展，水稻广泛分布，甚至连关中、伊洛河流域、黄淮平原等都大面积种植。可到了两宋的寒冷期，北方的农业区就出现南移的现象，水稻的种植范围也明显缩小。北宋和金时期，虽然政府奖励农民开发稻田，但无论稻田的规模还是产量都难以与唐、五代时期媲美。

再次，气候的变化也影响到当时经济作物的种植以及农民的收入。唐前期，桑蚕业的中心在河南、河北一带，江南地区虽然已有这些经济作物的种植，但远未成为中心产区。唐之后直到南宋，桑蚕业的中心逐渐转移到江南的太湖地区。唐朝时期，只有灵州（今宁夏灵武）地区向朝廷进贡甘草，可到了宋朝气候变冷以后，甘草的种植范围已经大大南移到原州（今平凉、镇原）、环州（今环县）、丰州（今府谷、准格尔旗附近）一带，这些地区已开始成为甘草的进贡地。喜温果树，比如柑橘的种植范围也从唐朝时的长安退缩到秦岭以南，唐代史料基本上没有任何柑橘冻害的记录，但到了12世纪初以后，史书中却有多次记载长江中下游及其以南柑橘遭受毁灭性冻害的记录，这说明，宋以后的气候变冷影响了这些经济作物的生长与繁殖，而以这些经济作物为辅助收入的农民收入自然也就受到了严重影响。

第三节　气候变化下的水文、土壤和植被的恶化

11世纪后我国气候的变冷，除了短期内对农业生产的影响之外，在中长期还影响了水文、土壤和植被的变迁，进而影响长期的农业生产和农民、游牧民族的生活。

在秦汉、隋唐时期，黄河中下游地区的水资源相当丰富，湖泊众多，星罗棋布，后来由于气候在11世纪的变冷以及人类的持续农业开发，水体已大大减少，湖泊也不断消

亡。据《水经注》《元和郡县志》《元丰九域志》记载,山西境内的湖泊在北朝时候有 16 个,唐代时有 7 个,而到了宋代就只剩下 3 个了。河北的情形类似,北朝时尚有湖、渊、泽、池不下十余处,到唐代时湖泊还不少,宋金之后,这些湖泊多数都湮灭了。同时,由于人类在黄河中上游的过度开发,黄河泛滥的次数开始不断增多。唐、五代 343 年间,河北有 41 年遭水灾,13 年遭旱灾。宋、辽、金 319 年间,河北有 43 年遭水灾,35 年遭旱灾,河北的农业从此一蹶不振。

除了水文的变化以外,随着气候的显著变冷以及人类几千年来的开发,土壤的质地也发生了很大变化。北方黄土高原的水土流失日益严重,养分流失,土质变差。汉代时,关中地区的黄土是农业生产的最好土壤,但黄壤的自然肥力随着垦耕年限的延长而不断下降。更加严重的是,疏松的黄壤最易遭受水土流失。唐代时,黄土高原沟壑纵横现象仍不严重,但北宋以后就日益加剧,黄土高原面积开始缩小,且沟壑纵横的局面已然形成。

植被也是如此,黄土高原、关中盆地和华北平原是北方农业发展最早的地区,随着气候变冷与人类的农业生产活动,这些地区也成为森林最早遭到破坏的地区。吕梁山原来是森林茂密的地区,唐朝时,六盘山、陇山、岐山的森林还不少,但到了宋朝就不见六盘山、岐山有森林的记载了,关中平原到唐宋时已几乎没有森林了。

水文、土壤和植被的变化跟公元 11 世纪后气候由热向冷的变化有很大关系,与人类的掠夺式开发方式也存在着重要的因果关系。毕竟人类最早生活在关中平原、黄河中上游地区,因此人类对这一地区自然、土壤和植被的破坏也最早。但如果不是 11 世纪的气候变冷,北方的自然、土壤、植被大幅度的变化可能就不会在两宋时期到来,换句话说,公元 11 世纪的气候变冷使得人类对自然开发的负面影响更早地到来了。

第四节　11 世纪后游牧民族与汉族力量对比的适应性变化

表 4-1 给出了影响整个中国历史进程的游牧民族与汉民族之间的关系。从表 4-1 可知,11 世纪以前,那些建立于中国西北部的游牧民族,尽管曾对中国造成了一定的影响,但始终未建立起统治汉民族的强大政权。从 11 世纪的北宋开始,契丹、党项、回鹘、女真、蒙古、满族一度成为严重影响中国的游牧民族,契丹、女真、党项曾建立与汉民族相互对峙的政权,而蒙古和满族甚至胜过汉族,建立了统一中国、影响欧亚的大帝国。这些游牧民族为什么能够在 11 世纪以后而不是之前做到这些呢?

表4-1　影响中国历史进程的游牧民族

民族	语言	活动年代与地区	对汉民族国家的影响
匈奴	突厥语（土耳其语）	公元前3世纪建立政权，活动于中国的西北地区	对西汉和东汉政权有所影响，但被后者打败而灭
月氏	约相当于印欧语系	公元前2世纪，位于中国西北部的甘肃地区，后来迁至大夏，后再迁至印度西北，建立贵霜王朝	对中国有所影响，但在强大汉政权面前，逐步西迁、南迁，没有对汉政权产生重大影响
鲜卑	蒙古语	3~4世纪，位于中国北方	4世纪时曾进入中原，但没有带来很大影响
拓跋	蒙古语	北魏时期，中国北方	386—534年曾在中国北方建立北魏政权，学习汉文化
突厥	突厥语	公元552年建国，600~744年分裂为南、北两部，659年之后融入印欧各民族，活动于中国西北地区	唐朝时期曾进入中国，但是没有取得太多胜利，受到唐政府的降伏
回鹘	土耳其语	744~840年灭东突厥后建立政权，后为吉尔吉斯人所逐，与840年后在塔里木盆地建立政权	对中国西北边疆有所影响，但未影响唐朝大局
契丹	蒙古语	947~1125年在中国北方建立辽国，为女真人所灭后建立西辽（1124~1211）	北宋时影响中国北方，与北宋形成对峙之势
女真	通古斯语	在中国北方建立金朝（1122~1234）	北宋、南宋时期影响中国北方，与两宋形成对峙之势
党项	藏语	在中国西北地区建立西夏王朝（1038~1227）	曾经与北宋和南宋形成对峙之势
蒙古	蒙古语	1271~1368建立元朝	成为影响整个欧亚的大帝国
满族	满洲语	1644~1911年建立清朝	成为影响整个中国的大帝国，后期衰败不堪

　　造成这种力量对比变化的原因主要在于，一是游牧民族在北，汉民族在南，这样，在气候显著变冷、土壤、水文和植被恶化的条件下，越是往北，其受到气候变化的影响就越显著；二是游牧民族的生存手段相对单一，对自然的依赖性强，而汉民族则是定居农业民族，应对自然变化的能力要相对强一些。这样，如果给定公元11世纪以后气候变冷的基本事实，那么，我们就必然得出游牧民族在气候变化下生存压力更大，因而向南扩张更加积极的基本结论。

　　实际情况正是如此，11世纪开始的气候变冷，使得中国的平均气温下降了1℃，这对于处于西部、北部的游牧民族的打击就显得特别严重，很多草地出现了沙化，而原先的一些绿洲也逐渐干涸，于是向南移动便成为他们的一种自然反应。游牧民族向南移动主要表现为两方面：一是纯粹逐水草而居，因为越往南，水草的生长受气候变化的影响就越小，因而游牧生活就越容易继续。二是袭击与掠夺向定居南边的农业民族。比如，建立于公元 947 年的辽国最初位于辽河西北流域以及辽河支流沙拉木伦河地区，后来它就不断向南扩张到了河北等中原北部地区。后来，女真人迅速兴起，并在建立金国后开始向羸弱的宋朝大举进攻，夺取了北京、河北、太原、开封、长江中下游地区等大片土地。

这些游牧民族之所以具有如此摧枯拉朽的巨大战斗力，主要原因在于这些游牧民族所具有的相对军事优势。"游牧者尽管在物质文化上发展缓慢些，但他一直有很大的军事优势。他是马上弓箭手。这一专门化兵种是由具有精湛的弓箭技术和具有令人难以置信的灵活性的骑兵组织，这一兵种，赋予了他胜过定居民族的巨大优势，这就像火炮赋予了近代欧洲胜过世界其他地区的优势一样……"。

此外，游牧民族依赖于畜群这单一的资源生存，在长期的生产和生活的实践中，还锻炼出从牲畜身上获取自己的衣食、居室材料、燃料和交通工具的能力；还有，由于他们逐水草而居的特点，也使得他们必须具有精确的认识方向和计算距离的能力，锻炼出远见、自信、肉体和精神上的韧性等优良品质以及游牧首领对于下属的强制性权威，这些都是一种准军事性组织所必备的基本条件，在现代火炮技术为农业定居社会所掌握之前，游牧民族常常就成为影响农业定居文明的重要竞争性体系。

第五节　我国人口和经济重心的被迫南移

在以上的自然变化以及游牧民族向南迁移的双重压力下，北方广大地区的农民纷纷南迁，并造成了中国人口和经济重心的南移。

从南、北方的人口分布来看，1080 年（元丰三年），江南七路（两浙、江南东一西、荆湖南、福建、广南东一西）有 6880194 户，14260436 口。同年，北方八路（京畿、京东、京西、河北、河东、陕西、淮南、荆湖北）有 6323879 户，12807221 口。南方比北方多了 556315 户、145326 口。到了崇宁元年（1102 年），南北户数与元丰三年相比，均有增长。江南的两浙、江南东一西、荆湖南四路平均增长 22.99%，其余三路资料缺乏。到南宋时，南方户数继续稳定增长。绍兴三十二年（1162 年），与元丰三年相比，江南七路除江南东路减少 9.27%，广东南路减少 30.9% 之外，其余五路平均增长 26.46%，江南西路、福建路较元丰时期则分别增加了 61.2% 和 58.13%。就整个江南地区而言，户数较前有所增长。表 4-2 是梁方仲（1980）有关北宋和南宋南方各路每平方千米人口密度的对比变化情况的研究成果。从表 4-2 亦可见，1102 年至 1223 年，南方各路中的绝大多数比如两浙路、江南东路、江南西路、荆湖南路、福建路、成都府路、潼川府路、利州路、广南西路的人口密度较前明显上升。这说明，北宋后人口向南聚集的趋势一直在持续。

表 4-2　北宋 1102 年与南宋 1223 年南方各路人口密度对比

（单位：人口 / 平方千米）

南方各路名称	北宋 1102 年	南宋 1223 年
两浙路	30.7	32.9 ↑
淮南东路	16.1	7.4 ↓
淮南西路	16.4	8.4 ↓
江南东路	24.9	27.9 ↑
江南西路	27.7	37.7 ↑
荆湖北路	10.6	7 ↓
荆湖南路	17	22.5 ↑
福建路	16	25.4 ↑
成都府路	45.5	57.8 ↑
潼川府路	27.9	38.9 ↑
利州路	8	9.5 ↑
广南东路	6.7	4.5 ↓
广南西路	4.4	5.5 ↑

从亩产量来看，也是如此。吴存浩发现，从全国的水平看，我国自汉代以后粮食亩产就稳步上升，汉代每市亩为 110 市斤，北魏为 120 市斤，唐代为 124 市斤，宋代为 142 市斤，明清为 155 市斤。从南方稻作区的情况看，唐代以前没有详细的数字，唐代每市亩产稻 368 市斤，宋代稻作区单产突飞猛进，达到了 688 市斤，明清为 419 市斤。赵冈也发现，两汉和隋唐时期，我国的粮食亩产基本维持在 110~125 市斤左右，可到了宋代以后，粮食亩产一下子上升到 183 市斤以上。这种亩产量的提高与当时的耕作方式存在关联，但也与人口迁移到南方后所面临的更适宜农业生产的气温、降水等地理条件存在着必然联系。

南方农产品的商业化水平也高于北方。宋代南方的商业性农业和多种经营呈现一派繁荣景象，像桑树、苎麻、棉花、桐树、荔枝、龙眼、甘蔗、大豆等的种植已使部分农民以商品化生产为生，他们与市场的联系比传统自然经济下的农民更加频繁，以农产品为原料的手工业生产，如丝织、麻织、棉织、制茶、榨糖、榨油、制盐、冶铁、制瓷等发展。

从手工业的情况看，北宋时，年产布帛 50 万匹以上的地区，江南有两浙（191 万匹）、江南东（82 万匹）、江南西（50 万匹）三路，北方有河北东（92 万匹）、京东东（70 万匹）、河北西（50 万匹）三路。如果进行南北的比较，则南方比北方多了 100 多万匹。

由于经济重心的南移，从 11 世纪以后，政治上也开始有所反映，比如江南地主集团崛起并成为改革的中坚就是一个标志。进入宋以后，南方人在政治上扮演的作用越来越重要。范仲淹是吴郡人，欧阳修是江西人，蔡襄是福建人，杜衍是浙江山阴人，余靖是岭南人，都是当时的名臣。这些人大多是地主阶级中的改革派，范、杜、余都参与过庆历新政。而王安石变法中的参与者也大多是江南人士。宋真宗以后，担任宰相的人大多是江南人士，而唐代江南人士位居此要职的则只有十分之一。特别值得注意的是，以王安石为代表的变法派所提出的一些有利于商品经济发展的改革措施，和以司马光为代表的守旧派所持有的轻视工商形成了鲜明的对比，其实这正是南、北商品经济发展不同水平在政治上的一种反映。

第六节　传统政府治理模式面临的挑战

从政府治理的角度看，由于气候的变迁，土壤、水文、植被的恶化，游牧民族的大批南迁，汉民族出于生产和生活的目的而大批南迁。这样，政府为了财政稳固和国家长治久安的目的，理应在整个统治方式和政策上有所调整，这才能与时俱进。

政府可以采取的措施如下：(1)从短期看，加强国家的军事动员，加强对军队和士兵的军事训练，以应对游牧民族南迁对北方农业生产的破坏，坚决维护汉民族的生产与生活稳定。(2)从中长期看，由于不少人口已经迁移到气候更加湿润，河流密布、更加适合农业生产的南方，所以国家就要找到对更高效率农业生产方式、更多的经济作物种类进行有效征税的管理方式，这样才能在与游牧民族的竞争和对抗中胜出。(3)当时的气候变冷在很大程度上是一种自然性的环境变迁，政府理应对这一自然变迁的性质和影响有清醒的认识，加强在这方面的研究．并适时地推出一整套在农业生产的同时提出保护环境、注重绿化、减少对大自然的人为破坏、减少水土流失等人与自然和谐相处的应对方案。但在当时的条件下，这样的调整不仅不太可能，而且也实现不了。其原因有以下三个方面：

一、传统政府治理模式的惯性特征难以改变

北宋以前的政府治理模式总体上是重农抑商，到北宋和南宋人口和经济重心南移以后，这种重农抑商的做法理应有所弱化，并转而开始重视工商、弱化农本。事实上，两宋时期已出现此新气象，但重农抑商的基本国策和政府治理的中央集权特征并没有发生实质性的变化。随着科举制度的完善，平民子弟逐步登上中国的政治舞台，权力日益集中在皇帝和百官手中，豪门巨族的政治影响开始逐步下降，旧式贵族逐步融入缙绅阶级和地主阶级，分散的小块土地代替大批集中的土地而成为常见的土地所有形式，这些新的缙绅阶级对土地的依赖性大大减轻，但这些人只有通过科举考试才能进入官僚化的体制框架当中，结果，商人在政治上较弱的地位不能成为改变中央集权治理模式农本化特征的主要动力。

二、技术条件的局限阻碍政府快速有效地对新的气候和生态条件做出反应

从技术层面看，当时的政府要想对迅速变化的气候变迁做出合理有效的反应，就必须拥有一系列相应的技术条件，这样才能克服政府在管理上的缺陷。首要的问题就是如何找到向南方广大城市经济、商业经济征税的更好方法。这些城市和工商经济的流动性较强，如何向他们征税？如何才能获取稳定的税收？这些本身就不是一件易事。其次，官方要对这些城市和工商经济进行征税还要拥有较为先进的信息收集手段，比如，每一

纳税人的财产有多少？是什么性质的？交易一般在何时进行？每次交易的物品有哪些？交易的数额有多少？如此等等，可在当时的交通和信息条件下，政府无从获知这些相关的信息。第三，正常的商业和交易活动涉及人员众多，交易活动量大、性质复杂，政府既然要向这些人征税，就必须公正无偏地提供商业交易活动中的公共秩序和解决纠纷的法律原则，可这些在当时的政治和文化传统下，根本无法想象。

三、不匹配的经济一国防政策组合

从军事和财政政策实践角度看，由于传统的政府统治惯性，两宋的统治者就在进退两难之中选择了一种奇怪的政策组合。从经济上看，它积极实行财政集权，不断加强对地方钱物的控制，设置转运司负责财赋的征缴和对地方财政的管理，明确规定纳税人以及课税范围，通过明确的土地丈量确定征税基础，明确规定税率，及时对商业和集市商业活动、对外贸易进行征税。但在军事上，两宋却奉行防御性的国防政策，不断弱化军人的地位。两宋时期，政府为什么会采取这种经济一军事如此不匹配的政策组合呢？

首先，从两宋国家的策略来看，当时统治者的基本理念是"国家稳定是压倒一切"。因为经济上的财政集权可以扩张中央的经济权力，可以弱化地方的实力。毕竟唐朝集军事、行政、经济于一体的藩镇割据，最终导致了唐朝的灭亡，这种中央和地方关系上的强枝弱干不利于国家的稳定与统一的印象到宋时仍历历在目。北宋的建国皇帝赵匡胤本人就是先朝的一员武将，正是通过黄袍加身的非正常手段，他才得以攫取皇帝之位的。因此，在北宋建国之初，他就极力尚文轻武，宋太祖临死前有遗嘱告诫后人，子孙相传，绝不能杀一个读书人。他极力奖励文人，认为武人没有读书，不谙熟为政之道，甚至还可能祸国殃民。理学得以在宋朝百年之后兴起，而读书人提倡尊王攘夷，懂得夷夏之分，认为应回归历史传统，这当然符合中央集权政府的需要。

其次，从军队的管理与人员组成角度来看，赵匡胤总结了五代以来各朝各国兵制的经验教训，放弃了唐朝的府兵制，采取募兵制，但这样做却有其重大缺陷：

（1）招募军队的目的本应该是对付外来侵略，可在募兵制下，军队的目的定位于"防盗"与安内，这就失去了建军的目的。

（2）在募兵制下，这些游民进入军队以后给军队带来的最大消极因素是，他们可以终生从军，甚至可以在军中结婚生子，行军打仗时还携带家眷，这不仅造成战斗力的低下，而且还增加了国家的财政负担。

（3）宋代的本意是想让军队整肃这些游民，消除社会动荡的根源，但最后却造成了军队的游民化。有记载称，宋代军队纪律极坏，士兵烧杀抢掠，破坏社会的稳定，军事逃亡哗变数量之多为历朝之最。

（4）两宋时期国家为了削弱军队叛乱的可能性，还在管理上实行兵将分离的政策。军队一批一批的调动，将官却不能调动，这样，兵将互不熟悉，缺乏相互之间的默契和长期训练，因而是战斗力不强的原因之一；另外，宋代军队分为禁军和厢军，前者是实力比较强的军队，后者却根本不用上阵打仗，只在地方上当差役。结果是，军队规模无限增大，国家财政负担不断加重，军队的功能弱化。于是，宋朝就成为因养兵而亡国的朝代。

在本章的分析框架下，两宋政府不能有效地调动广大的人员、资源，不能有效地进行应对气候和自然变化与外部军事威胁的集体性行动，这正是导致宋朝走向灭亡的重要原因。

第七节　气候变迁之影响机制、应对措施及其现代启示

从上文的讨论中，我们可发现，自然环境变迁的确是影响人类社会长期发展、演进的重要变量。其背后的经济影响机制可被归纳为：11 世纪后的气候变冷→影响了土壤、植被、水文的区域特征→影响了农作物、经济作物的生长期与产量、区域分布，影响了游牧民族的生存条件→游牧民族的被迫南迁和向农业民族的侵略，农业民族的适应性南迁二人口和经济重心的南移→对当时的政府统治模式造成冲击和挑战。

值得注意的是，在这一气候变迁的经济影响机制展开的过程中，人类经济活动的负面影响也参与其中。但需要指出的是，本章的目的并不是否认人类制度在长期经济发展进程中的重要作用，片面强调"气候或环境决定论"，重点是指出，在古代农本经济条件下，人类的农业生产活动对自然环境的破坏力还是相对有限的，相反，一些自然性周期性的气候变化尽管缓慢而不易觉察，但人们如果不重视其对环境的负面影响，不加强对气候变化的经济学和历史学研究，它很可能就会成为在人类对自然环境负面作用的条件之外"压垮骆驼的最后一根稻草"。

有关本章所归纳的气候变化之经济影响机制的问题，也已经得到近年来新出现的一些经济学文献的进一步证实。

表 4-3 总结了 11 世纪后的气候变冷与当今的气候变暖及其各自产生的原因、影响的范围、作用于经济发展的机制以及人类的应对措施等信息。

表4-3　　古、今两次气候变迁的影响机制及其应对举措

名称	公元 11 世纪后中国的气候变冷	当代的全球气候变暖
产生的原因	在很大程度上是一种自然的现象，是世界气候循环的一部分	工业革命以来，人类生产能力、消费能力大大提升，资源消耗、污染水平大幅度提升后的负面结果
影响范围和严重性	世界少数地方	整个世界

续表

作用于经济发展的机制	（1）影响农业国的农业产量或生产率 （2）影响游牧民族（国家）的牧业生产和人民生活 （3）影响人口的迁移 （4）影响农业国和游牧民族的关系 （5）对国家的政府统治形成挑战	（1）直接影响沿海国家的生产、生活、生存 （2）影响生物的多样性、森林、植被和整个生态循环 （3）影响不同国家的国际关系 （4）对国际社会和不同国家的政府治理形成挑战 （5）影响人类的生存与可持续发展
应对举措	当时的认识有限，难以进行有效率的集体行动，而以人口和家庭的个体性反应为主，来自政府的集体性行为缺乏，缺乏相应的国际合作，对一些国家（两宋、辽、西夏和金）的生存造成致命打击	很多国家签订应对气候变暖的行动计划 很多国家合作和协调行动展开

由表4-3可知，11世纪中国的气候变迁是一种局部性的气候变化，它的影响范围相对较小，严重程度也较轻，只对当时两宋的农业生产、游牧民族与农业定居民族的生产、生活带来了影响，使得他们的相对力量对比发生了适应性变化。当时由于人类认识的局限，相应的集体性行动很少，对那时国家的统治形成严重挑战，甚至成为两宋国家灭亡的前提性原因。而当代的气候变暖则更具全球性，影响范围广泛，对人类社会的生产、生存，生物的多样性、国际关系乃至整个生态循环都造成严重的影响。所幸的是，与八九百年前的两宋时期相比，今日人们的认识能力已大大提升，各国的科学技术水平和知识创造能力已今非昔比，国际社会有关气候变暖的负面影响已形成广泛共识。接下来，不同国家乃至整个国际社会所要做的已不再是旷日持久的讨论，而是对相关政策措施和行动计划不折不扣的执行，否则，整个人类的命运将发生巨大的转变，自身的生存也就成为问题。

第五章　我国历史气候变化影响研究的概念模型与序列重建方法

第一节　全球环境变化与粮食安全

粮食问题是关系国计民生的大事，在国民经济和社会发展中占有极其重要的地位，是国家发展和社会稳定的基础。

地球系统科学联盟（ESSP）提出了碳、水、食物和健康等4个面向可持续发展能力研究主题，其中，全球环境变化与食物系统计划（GECAFS）的目标是，制定解决全球环境变化对食物供应影响的战略，分析食物系统适应全球环境变化所引发的环境与社会效应。全球环境变化与食物系统计划的三大研究主题之一是食物系统对环境变化的脆弱性，关注中长期的粮食安全问题，把食物系统的社会脆弱性研究和自然科学的脆弱性研究整合为一种更为完整的、针对气候变化情景下食物系统的脆弱性研究方法。

全球环境变化与食物系统计划着重从食物系统的角度对粮食安全进行界定。该计划认为：粮食安全的基础是粮食系统。当粮食系统承受压力时，粮食安全程度就会降低。这种压力来自一系列包括全球环境变化在内的各种因素，如冲突、国际贸易协定和政策的变化等，全球环境变化既包括物理和生物化学的环境自然变化，也包括人类活动引起的环境变化。

全球环境变化与食物系统计划以联合国粮农组织（FAO）提出的粮食安全概念为基础，认为食物系统受自然和社会经济因子的双重驱动，通过食物的生产（资源、投入、技术）、加工和贸易（原材料、标准、储存需求）、分发和零售（运输、市场、广告）、消费（获取、准备、消费）等一系列动态过程，决定食物安全，且对环境安全和社会权益产生影响（如图5-1所示）。其中食物安全由三个相互关联的方面构成，包括食物供应（生产、分发和交换）、食物获取（支付能力、配置和偏好）和食物利用（营养价值、社会价值和食品安全）。安全的食物系统应是能够生产和供应足够数量的、可获取的、安全有营养的食物，粮食安全需要做到：（1）确保生产足够的粮食；（2）最大限度地稳定粮食供应；（3）确保所有需要粮食的人们都有能力获得粮食。

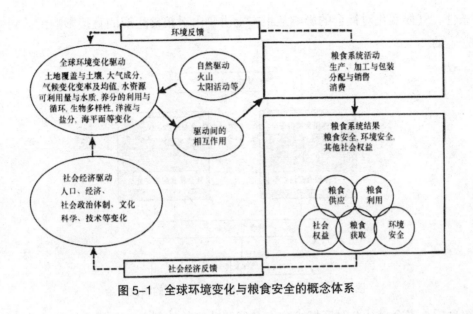

图 5-1　全球环境变化与粮食安全的概念体系

第二节　粮食安全框架下的中国历史气候变化影响概念模型

在以农立国的古代中国，粮食安全是人类生存的物质基础，也是维系经济发展和社会系统稳定的基础，发展农业生产以保证粮食供给自古以来一直被当作是事关整个国家安全的头等大事。古代农业主要是靠天吃饭的，收成的好坏很大程度上依赖于气候条件。基于现代全球变化研究中关于脆弱性和粮食安全的概念，可把我国历史气候变化影响与适应问题归结为主要由粮食安全主导的安全/风险问题，进而对我国历史气候变化影响-响应的过程与机制进行分析。

一、气候变化影响下的中国历史时期粮食安全

在自给自足经济下的古代中国，构成粮食安全的三个方面（粮食生产和供给、粮食获取和粮食使用）均可以做适当的简化。其中粮食生产和供给能力可以简化为粮食生产能力，用区域人均粮食产量来刻画，它代表了从区域内可能提供的最大粮食数量。粮食获取能力可以简化为粮食补充和分配的能力，它首先与分配制度有关，而在一定的分配制度下，获取能力主要受制于社会对粮食调剂的能力。粮食使用能力可简化为消费能力，是指实际供每个人支配的粮食数量，它代表了实际可用来满足消费需求的粮食数量。

根据以上三个方面，可将历史时期的粮食安全具体地分解为粮食生产安全、粮食配给安全和粮食消费安全三个层次，其中配给安全和消费安全又可进一步区分个体和社会两个方面（如图5-2所示），社会系统的脆弱性可以用粮食安全的程度来刻画。

粮食生产安全是区域粮食安全的物质基础，它是指区域生产出的粮食数量足以同时满足维持个体生计和社会经济运转对粮食的需求，历史上收成的好坏很大程度上依赖于

气候条件，气候变化对社会的影响从根本上讲是由对粮食生产的直接影响传递到社会层次而产生的。

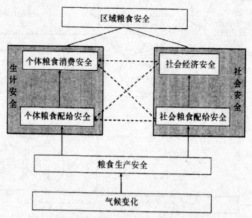

图5-2 中国历史时期气候变化影响下的粮食安全

粮食配给安全是社会对区域粮食安全调节功能的体现，它包括个体粮食获取配给安全和社会粮食配给安全两个方面，是指个人或社会实际可获得的粮食数量均能够达到保证各自安全粮食的标准水平。在古代，农民生产的粮食通过租赋、税收、价格杠杆等手段以不同的比例在国家与民间，以及不同社会阶层个体之间进行分配，或通过行政手段对粮食的供给进行调剂以弥补粮食短缺的问题。其中，个体用于维持自身最基本生计消费的部分是人与自然环境平衡关系的物质体现；而向地主和统治者交纳的地租和捐税则是人的社会平衡关系（剥削者和被剥削者、统治者和被统治者）的物质表现。

粮食消费安全是粮食安全的最终表现，它包括个体粮食消费安全和社会粮食消费安全两个方面，个体粮食消费安全是一种生计安全，即人均实际粮食占有量不低于维持温饱的粮食生存需求量；社会粮食消费安全实质是社会经济安全，是维系区域安全稳定的基本经济水平。区域粮食安全需要个体生计安全和社会安全的粮食需求能够同时得到满足。社会在粮食获取和使用环节对粮食安全状况进行一定程度的调节。社会稳定与发展的前提是，保证用于维持自身的生计的最基本消费（即保持人与自然环境的平衡的个体消费）和在农民和统治者均能接受的范围内交纳地租和捐税（即维持人与社会的平衡社会消费）。

二、粮食安全主导的中国历史气候变化影响—响应过程

1. 气候变化对粮食产量的影响

中国人多地少、耕地高度集中在高气候变率的东部季风气候区是中国的基本国情，受中纬度季风气候环境影响，农业生产受到有限的热量条件和高降水变率的双重限制，一方面是雨热同季，在热量条件能够满足农业生产的季节也是主要的降水季节，高度集中的降水往往导致洪涝灾害的发生，为利用有限的热量资源，农业生产必须安排在容易发生洪水泛滥的降水季节；另一方面降水的年际变率大，往往是非旱即涝，直接制约着

农业生产的稳定性，周期性冷暖和干湿波动及突发性极端事件（主要为旱、涝灾害）导致显著的农业丰歉波动。在我国 20 世纪 50~70 年代，降水变化 100mm 可引起亩产潜力约 50kg 的变化；温度变化 1℃ 导致的 ≥ 10℃ 积温变化大致可使全国各茬作物变化一个熟级，产量变化 10%。在农业生产的边缘地带，气候变化还通过影响可耕地的面积影响粮食生产安全，在我国，年雨量变化 100mm 一般会使东半部的森林农业区（500mm 等雨量线为界）在西北—东南方向上进退 100km 左右，最多可达 400~500km。

发生各个时间尺度上的均值与变率的变化是气候变化的具体表现方式，它们均能导致气候资源及气候灾害（极端气候事件）分布概率的改变，并对农业生产产生显著影响，进而深刻地影响了粮食安全，引发人类社会对其进行适应性响应。旱涝、冷冻等极端气候事件在年际尺度上表现显著，少数可达年代际尺度，其影响是强烈的、突发式的，可在短期内造成显而易见的歉收及生命和财产损失，甚至突破维系人类系统稳定的阈值，导致严重的饥荒，触发和激化各种社会矛盾与危机。气温和降水的均值变化会改变热量和水资源的数量或质量，除改变旱涝、冷冻等极端气候事件发生的强度和频率外，还通过在更长的时间尺度上改变平均农业生产水平，进而影响社会应对突发性气候灾害事件影响的能力，这种影响往往是隐性的、逐步的，通常要在多年代甚至百年以上的尺度上才有显著的表现。

气温与降水变化对我国粮食生产影响的性质存在差异。中国人多地少，水热资源有限，对土地和气候资源的利用常趋极致。又鉴于我国有限的热量资源，各地区长期以来通过作物品种选择和耕作熟制改革来充分利用热量资源以达增产目的，我国的冷暖与农业丰歉基本为增函数关系，即产量随气温的升高而增加，不利影响主要发生在冷期。相对于冷期，暖期不仅使得积温和生长天数增加，还使得冷害频次减少，有利于改善农作物生长的热量条件，提高作物产量及生产稳定性；而因暖期发生热害的概率极少，其不利影响微乎其微。降水变化与农业丰歉的关系并非单调函数关系，多雨期内水灾增多，少雨期旱灾增多，均可能增加灾害，给农业生产造成不利的影响。

2. 粮食生产安全及相关过程

粮食生产安全是区域粮食安全的基础，它可以通过实际人均粮食产量相对于维持生存所必需的临界粮食占有水平的高低来刻画，能够反映社会系统对气候变化的敏感性。如果人均粮食生产量明显高于临界粮食占有水平，则生计问题不突出，社会系统对包括气候变化在内的各种外强迫不敏感；反之，如果区域人均粮食生产量接近甚至低于临界水平，社会系统对包括气候变化在内的各种外强迫的敏感性就会加大。

气候变化对粮食生产安全影响的程度首先与粮食生产系统的脆弱性有关。粮食生产系统的脆弱性表现为单产变化对气候变化的敏感性和人类对粮食生产的调节能力（影响单产水平的农业生产保障和灾害防御措施）。在制约气候变化对粮食生产安全影响的物理暴露条件中，人均区域人口数量和潜在可耕地数量均为可变化的物理暴露条件，人均粮食是由人均耕地面积和单位面积粮食产量决定的，人均耕地面积取决于人口和耕地数量，耕地面积和人口数量的增减都会改变决定粮食生产安全状态的人均粮食产量，因此它们被作为调节粮食生产安全的重要因素，提高单产水平、扩大耕地面积或减少人口是提高人均粮食占有量、保障粮食生产安全的根本途径。在耕地开发达到饱和状态的情况下，气候变化所引起的粮食生产不安全状况可区分为两种情况：一，较少人口数量情况下由气候变化造成的单位面积粮食产量绝对偏低主导；二，较多人口数量条件下由气候变化导致单位面积产量相对下降而造成的人口相对过剩主导。

历史上每当出现因气候变化所引起的粮食生产安全危机时，人们所采取的响应措施主要表现为在生产系统中挖掘粮食生产潜力，如通过改变种植结构、更换作物品种、提高农业生产和灾害防御技术、制定鼓励农业生产的政策等措施，提高单产水平，降低对气候变化的敏感性，通过扩大耕地面积提高总产量。降低人口数量也是提高粮食生产安全水平的一个途径，但通常不是主要措施。

由粮食生产不安全状况所引发的社会矛盾主要发生在生产者之间，突出地表现为对土地、水等农业生产资源的争夺，严重者可引发群体性的冲突事件，政府及社会积极的调解和合理的制度措施可以有效地避免社会矛盾冲突的进一步升级。

3. 生计粮食安全及相关过程

个体生计粮食安全主要针对人口子系统，在粮食安全中通常需要优先予以保障。包括个体粮食配给安全和粮食消费安全两个方面，是指每人所占有和消费的粮食数量足以保证其维持温饱水平。气候变化对粮食生产的积极或消极影响通过改变区域粮食生产和供应能力，进一步影响粮食配给安全，如果因消极影响个人占有粮食数量减少且得不到有效控制而不足以维持温饱时，将会危及生计粮食消费安全。

在区域粮食生产达到安全水平的情况下，合理地分配不同个体及个体和社会（即国家税收、地租和生产者）间所占粮食的比例可以使得彼此均得到满足，形成民富国强的局面，通常不会出现个体粮食配给不安全的状况；但如果社会所占用的税收和地租比例过高，可能导致个人可支配的粮食低于安全的消费需求水平，导致个体粮食配给不安全。在区域粮食生产安全出现不安全状况时，需要社会通过调整个体和社会对所生产粮食的分配比例，优先满足个体粮食的配给安全。

历史上当个体粮食配给安全不能满足时，消费者个人会动用自己的储备，严重时从自然界寻找草根、树皮等替代性的食物资源；在流通领域，通常的适应性响应是粮食价格上涨，以吸引更多的粮食进入市场，同时也限制过高的消费需求；在社会领域，有可能在不同社会阶层之间、民众与政府之间发生抗租、抗税等形式的矛盾冲突，政府可动用其经济和行政能力在调节粮食配给安全状况、避免社会矛盾和冲突的进一步升级方面发挥重要的作用。政府通常采取的主要适应手段包括：通过减缓、减免税收等方式给生产者自留更大比例的粮食；进一步的是通过动用国家和民间的粮食储备（常平仓、义仓等）或从区域以外进行粮食调运等措施缓解粮食的短缺，以使人均可支配的粮食数量处于安全状态。通过自发和政府有组织的移民减少区域内人口，也是历史上相对提高区域人均可支配的粮食数量的重要手段。

个体粮食配给安全是个体粮食消费安全得以保障的前提，如果个体粮食配给不安全的状况不能够得到有效的控制，就可能进一步引发个体粮食消费不安全状况的出现，威胁到民众的基本生存条件，其直接社会后果就是出现大量饥民，标志着人类子系统突破稳定阈值，并开始将影响进一步扩散到社会子系统。饥民进一步发展可能成为流民乃至乱民，在区域内部或区域间形成不同规模的难民潮，或引发不同程度的社会动乱，造成社会的不稳定乃至社会秩序的崩溃。政府在调节粮食消费安全状况、避免社会矛盾和冲突进一步升级方面通常采取的主要适应手段包括：调动全社会力量救济灾民和安置流民以避免难民规模的扩大，进行自发和政府有组织的移民以减小区域内人口压力，通过强化治安、剿抚农民起义等手段最大限度地控制乃至消除各种形式的社会动乱，以维持社会的稳定，避免社会动乱的进一步扩大威胁封建王朝的统治。

4. 社会粮食安全及相关过程

社会粮食安全包括社会粮食配给安全和粮食消费安全两个层次，由可供社会支配和消费的粮食数量来决定。在中国古代农业经济条件下，社会可支配和消费粮食数量的多少是国家经济和整体实力强弱的具体表现，也是经济系统对人类系统中的各个子系统进行调节的基本途径。除用于维系社会系统的正常运行外，社会粮食调剂和消费主要用于对各子系统中可能威胁人类系统安全的过程进行调控，如投入到基础设施建设以抵御重大自然灾害，减少饥民的产生以维系人口子系统的稳定，抑制流民及社会动乱以避免发生内乱，抗御外敌入侵以消除外患。社会经济繁荣、国力强盛依赖于良好的社会粮食安全保障；如果社会粮食安全得不到保障有可能导致国家积贫积弱，乃至社会经济系统的运转难以维系。

气候变化所导致的粮食生产状况变化直接和间接地影响社会粮食安全，同时，社会配给和消费粮食过程中取丰补歉（储粮备灾、从余粮区向缺粮区调粮）的行为是社会调节气候变化对粮食安全影响的重要手段，从一定意义上讲，社会粮食安全状况可以具体地反映社会应对气候变化影响的能力，有充足的粮食供社会支配和消费是控制气候变化不利影响的进一步扩展、维持社会经济的正常运转前提。在优先保障个体生计安全的前提下，社会所配给的粮食份额实际上相当于从生产的粮食中扣除满足生计粮食安全所需份额后剩余的部分，在粮食生产因气候变化减产时所采取的减缓、减免税收等措施实际上就是减少社会粮食配给的比例，粮食减产幅度越大，社会可配给的粮食比例就越小。而在维系粮食安全的社会粮食消费中，一个重要方面就是将社会可支配的粮食调运到灾区，救济因气候变化而出现生计粮食安全危机的灾民，灾民饥荒越严重，用于救济行为的社会粮食消费量就越多；如果气候变化的影响发展到引发社会动乱或国家间争端的程度，用于强化治安、剿抚动乱和抵御外敌等社会维稳行为所支出的社会粮食消费量也难免较正常情况显著增加。如果社会粮食配给和消费体系运转失灵，气候变化的影响将最终导致社会秩序的崩溃与区域的衰落。

三、历史气候变化影响 – 响应的层序性与区际关联

1. 历史气候变化影响与响应行为的层序性

以粮食安全为主线，可将历史气候变化对社会不同层次的影响归结为有机联系的影响 - 响应链。气候变化直接影响粮食生产水平，进而影响粮食配给能力乃至粮食消费（个人和社会占有粮食数量），直至动摇社会稳定性、产生一系列政治经济后果，气候变化—农（牧）业收成—食物的人均供给量—饥民—社会稳定性的因果链构成了气候变化影响—响应发展的最主要途径。然而，气候变化的影响绝非是一个单向的，更不是简单的线性因果关系，而是一种非线性过程，如耕地、人口、政策、外来势力都会对气候变化的影响起着放大或抑制的作用。气候变化的直接影响在因果链上的发展需要特定的物理暴露条件（自然、人口数量和社会条件等）与之相匹配，通过各种因素的共同作用而最终作用于社会。人类各种主动或被动的响应行为，构成了气候变化影响 - 响应链中的调节因子，气候变化影响最终形成的种种社会后果绝不仅仅由气候变化引发，而是整个响应过程链的产物。

随着气候变化影响从低（资源）到高（社会）层次的逐级传递，在不同层次上可能导致不同的社会风险，与此相对应，人类响应不同层次气候变化影响的主体是不同的，响应行为也不尽相同，各种响应方式具有显著的层序性特征，在每一个层次上，政府和百姓都会各自做出选择并形成互动，决定最终的社会后果。

历史上人类对气候变化影响的响应方式按响应层次可分为生产行为、民众行为和政府行为3类。这3类响应行为的具体响应方式随着不同层次影响上所面临问题的不同而不同，但目的都是通过人类的主动行为去适应气候的变化，保障粮食安全，维持社会系统稳定。每种措施都有一定的适用区间，针对不同的气候变化影响"阈值"，一旦阈值被突破，影响会被进一步放大进入下一个层次，社会的响应方式也会发生相应的改变。

生产系统的影响源于气候变化导致的资源与灾害的变化，其响应行为主要是通过挖掘区域内部资源（如打井灌溉、灾后抢时补种、改进生产技术等）或改变生产系统的内部结构（如改变区域农作物种植结构）来趋利避害，它只在区域资源利用潜力尚存在可挖掘空间时有效。一旦突破这一极限，仅靠生产响应行为本身不能完全适应环境变化所带来的不利影响，这就是生产适应行为所能承受的环境"阈值"。

民众行为主要是通过人类自身的自发行为（如节水、减少消费、移民、起义等），对粮食生产、配给和消费危机作出响应，其目的是避免突破区域自然 - 社会系统平衡的"阈值"，但民众行为因与生产系统的紧密联系而对气候变化具有较高的敏感性，同时因为小农经济的分散性在响应能力上有相当的局限性，移民、起义等自发行为有使社会系统失控的危险。

官府行为在粮食生产、供给、消费各层面上均发挥作用，其响应方式主要是通过政府的政策或管理措施（如分水措施、减免税收、赈济、剿抚等）来调节和维持整个自然社会系统的运转，以避免突破自然—社会系统平衡的"阈值"。相对于民众的自发行为，

政府层面的体制运转与政策调控，是整个影响—响应链条中最为活跃也最为关键的调节因子。

民众的自发行为、政府层面的体制运转与政策调控在历史气候变化影响与适应过程的各个环节中具有重要的作用，两者彼此互动关系的良性与否，决定了整个社会面对外部压力时所具有的应对能力的高低，并对气候影响起到放大或缩小的作用。与生产层次的响应行为不同，民众和政府的响应行为均可以在突破区域资源利用极限时，动用其他区域和国家储备等资源，因而这两类响应措施主要取决于区域粮食配给安全的保障能力，以气候变化的冲击不突破国家范畴的资源利用极限为其所能承受的"阈值"。

人类响应方式的选择、响应手段的有效性集中体现了人类对气候变化影响的认知能力和决策水平。人类对气候变化影响的认知是响应决策的基础，不同人群、不同决策者对发生在身边的气候变化及其可能产生的影响形成不同的认知，而不同认知则引导人们在制定响应决策和采取响应行动上大相径庭。迄今为止，对已发生事件的归纳总结仍是公众对气候变化影响认知的主要途径，历史上更是如此。由于人类的响应行为符合行为经济学中所讲有限理性决策的基本特点，因此，存在着规避风险和风险投机的双重风险偏好，人们在面对气候变化影响时更关注不利的影响，而在决策过程中追求更大的利益而不是最小风险；人们通常根据对气候变化影响的切身感受来不断地调节自己的行为，使得人类的适应行为存在明显"时滞"，而且"时滞"的长短与气候要素和气候变化的时间尺度及气候变化事件的强度（即变幅）有关，一般而言，人类对降水变化所采取的适应行为较对温度变化的适应迅速，对短时间尺度环境变化的适应较对长时间尺度环境变化的适应迅速；在面对重大环境演变事件的影响时，往往采取过激的响应行为。

2. 历史气候变化影响与响应的区际关联

在人类系统中，一个区域是另一个区域环境条件的组成部分之一，区域间通过物质、能量和信息等输入与输出而发生密切而广泛的联系。区域间的联系使得一个地区发生的气候变化影响及其响应行为会传递到其他相关的地区，在区域之间引起连锁响应过程，使气候变化的影响产生异地响应及区际关联。我国地域广阔，气候和社会经济区域差异显著，气候变化的影响也因此存在显著的区域差异。区域间的差异为通过区际联系进行区域粮食安全的调节提供了可能，是保障区域粮食安全的重要手段。区际之间的关联可以具体归纳为以下三个方面。

（1）区域气候变化影响过程受关联区域的调节。

受气候变化影响地区的粮食危机通常可通过粮食调入或移民输出两种途径进行调节，从而与其他区域产生区际关联。粮食调运属于发生在经济子系统的调节行为，与粮食调出区发生区域关联。在此情况下，粮食调入区域的粮食安全在很大程度上依赖于粮食调出区的粮食供给能力，这种能力受到调出区土地生产力、气候变化和人口等因素的制约。如果粮食调出区有足够的粮食供给，两个区域的粮食安全都有可能得到保障；如果粮食调出区的粮食调出能力因气候变化或人口增加而降低，则调入区通过粮食配置调节粮食安全能力也相应地降低；向调入区调运过多的粮食也可能导致调出区粮食安全出现问题。移民输出属于发生在人口子系统的调节行为，受气候变化影响区域通过自发或政府组织的向区外移民而缓解粮食安全危机，与移民目的地发生区域关联。如果移民目的地的人口较少、开发程度较低，大量的外来移民可能会加速人口移入区的开发，与人口移出区形成良性的互动。如果人口移入区的人口本已接近饱和，且也受到气候变化的不利影响，大量的外来人口涌入可能加重人口移入区的粮食安全问题，使本地人口与外来人口之间的矛盾冲突加剧。

（2）区域影响扩散使其他区域受到连带影响。

受气候变化影响的区域发生的经济和社会问题向区外扩散，而使其他地区特别是周边地区受到连带影响。当受气候变化影响区域粮食配给安全发生问题时，区域内部粮食价格的上涨会引发周边地区粮价的上涨；受影响区域的流民潮、社会动乱均可能波及周边地区，移民迁入地的人口、土地开垦乃至行政建制均可能因大规模移民的涌入而出现非常规增长，特别是大规模农民起义所经地区均难免遭受战乱的袭扰；政府用于维持受影响区域粮食安全和社会稳定财政投入的增加，将增加其他地区的经济负担，使得其他地区乃至整个国家经济都因此受影响。

（3）气候变化影响改变区域间的互动关系。

气候变化影响国家或区域的矛盾外部化，可激化与其他国家或地区之间的矛盾冲突或改变彼此之间的力量对比。如果受气候变化影响的国家或地区试图将其所遇到的安全危机转嫁到其他国家和地区时，难免激化与这些国家和地区的矛盾，甚至发生战争；原本力量均衡的两个国家或地区，因受气候变化影响程度的不同而发生力量对比的此消彼长，处于劣势的一方因此更多地受到来自相对强势一方的威胁。

四、历史气候变化影响－响应机制的复杂性

根据脆弱性和弹性理论，气候变化的影响－响应过程不能归结为简单的因果关系，气候变化作为人类社会系统的一种外强迫，其影响由气候变化与暴露于气候变化中的社会系统的脆弱性共同决定，而脆弱性是系统对气候变化敏感性和人类社会应对气候变化的响应能力的函数，同样的气候变化不一定有相同的社会后果，同样的社会后果不一定都与气候变化有关。对于中国社会这样一个极其复杂的巨系统而言，简单地把一些历史事件归结为气候变化影响是危险的。为论证气候变化确实对历史事件产生了影响，需要对气候变化可能起作用的关键环节及相关条件进行深入分析和小心求证，包括排除非气候因素在各个环节中起决定性作用的可能性。气候变化的社会影响与响应机制的复杂性突出地表现在以下三个方面。

（1）途径的多样性。

在粮食安全的框架下，气候变化—农（牧）业收成—食物的人均供给量—饥民—社会稳定性的影响响应链是气候变化影响发展的最主要途径，但并非气候变化影响的唯一途径。极端情况下气候变化可直接影响决策者的认知和行为，在中国古代"天人感应"

理论体系下，作为"象"的气候变化与政治活动之间存在紧密的联系，可直接影响社会政治生活的运作。北宋的庆历新政和王安石变法是两次均以失败告终的著名改革运动，持续的旱灾既是催生两次革新诞生的重要力量，也是以司马光为首的保守派攻击和诋毁变法背离天意的有力证据，成为加速其夭折的重要力量。

（2）基于粮食安全的气候变化影响与响应过程是一种非线性过程。

在此过程中，耕地、人口、政策、外来势力等都会对气候变化影响起放大或抑制的作用，其结果可能与气候变化初始影响相差甚远。不仅如此，气候变化的某种影响或响应只有在气候变化达到某一临界值后才能发生，人类对气候变化各种响应方式的环境"阈值"不是一个统一的气候要素值或变化幅度，它是因时因地而变的，其大小与区域自然环境背景、人口、政策、经济及技术密切相关。自然环境优越的地区较恶劣的地区有较高的"阈值"，人口较少、消费水平较低的王朝初期较人口多、消费水平高的王朝末期有较高的"阈值"，经济繁盛、救助力强的盛世时期较经济衰落、救助不力的时期有较高的"阈值"。"阈值"的大小也会因政策的不同而改变。

（3）存在诸多的非气候因素影响。

对社会发展变化而言，气候变化只是影响因素之一，许多社会事件的发生不一定需要气候变化驱动，即便是气候变化超过某一阈值后所发生的社会响应途径也受各种社会经济因素的制约，区域空间尺度大小的不同、不同的社会政治与经济条件、社会本身适应能力的进化、甚至许多随机因素都可能使得同样的气候变化产生不同的社会后果。例如，动乱的爆发是反映社会进入不稳定状态（或高风险）的标志，在古代中国，绝大多数的动乱是由受迫于生计的反抗发展而来的，如果证实社会动乱确实与气候变化有关联，则意味着气候变化的消极影响累积到了社会层次、而社会响应与适应机制严重失调乃至崩溃。但是，问题的复杂性在于，相对于直接影响动乱事件发生和发展的诸多社会因素而言，气候变化只是通过直接或间接影响其中的某些关键环节来对动乱的发生和发展产生作用。

第三节　历史气候变化社会影响的指标体系及其序列重建方法

一、历史气候变化社会影响的指标体系

在粮食安全的框架下，由资源环境、生产、经济、人口和社会等五个子系统构成的历史时期社会经济的脆弱性可以用粮食安全的程度来刻画，气候变化影响通过影响 - 响应链上的一系列复杂过程，由对粮食生产的直接影响分别通过人口和经济子系统进一步传递到社会子系统（如图5-3所示）。各子系统的状态既体现了气候变化影响，也是调节其他子系统承受气候变化影响能力的表现，气候变化从一个子系统传递到另一子系统的前

提条件是维持系统状态稳定性的阈值被打破。表 5-1 为刻画历史时期各社会经济子系统的状态或影响阈值的指标。

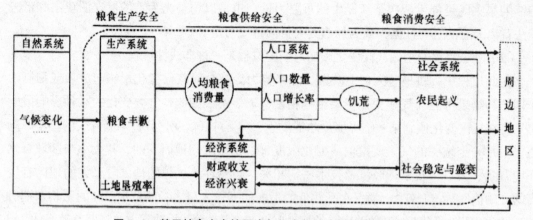

图 5-3　基于粮食安全的历史气候变化社会经济影响主要指标

表 5-1　社会经济指标体系及 10 年分辨率的过去 2000 年序列重建

指标	描述系统	指标意义	序列类型	重建方法	起止时间
丰歉	生产子系统	粮食产量相对变化	等级	语义差异	公元前 210~1910 年
人口增长率	人口子系统	人口总量相对变化	数值	分段去趋势	公元前 210~2000 年
饥荒	人口子系统	状态稳定性阈值	指数	加权平均	公元前 210~1910 年
宏观经济状况	经济子系统	国家整体财富水平	等级	语义差异	公元前 220~1910 年
财政收支	经济子系统	运行状况阈值	等级	语义差异	公元前 220~1910 年
农民起义	社会子系统	状态稳定性阈值	频次	频次	公元前 210~1910 年
社会兴衰	社会子系统	状态相对变化	等级	语义差异	公元前 210~1910 年
农牧战争	系统环境	系统所承受的外界压力	频次	频次	公元前 210~1910 年

（1）丰歉，是指粮食产量的相对波动，作为描述生产子系统的粮食生产能力相对变化的指标。丰歉变化与气候变化有直接关联，能够反映气候变化对生产子系统的影响，也是气候变化影响粮食安全的基础。气候变化对社会的影响，本质上是由此传递到社会层次而产生的。

（2）人口增长率，是描述人口子系统人口总量相对变化的指标。在一定社会经济条件下，人口增长率变化受粮食供给能力的影响，同时也会影响人均粮食占有量的多少。

（3）饥荒，饥民是由于人均实际可支配的粮食数量低于安全的人均粮食占有水平而在人口子系统出现的一种现象，可作为描述人口—经济子系统状态稳定性的指标。饥民的出现标志着在粮食消费层次上出现的不安全状况，并影响到人口系统和社会系统的稳定性。

（4）宏观经济状况，宏观经济好坏指示着国家整体财富水平的高低。古代中国作为农业国，气候变化有可能通过影响农业生产进而影响朝代的经济波动，而经济状况的好坏对社会应对气候变化影响、保障粮食安全、维持社会系统稳定的能力有深刻的影响。

（5）财政收支，财政平衡或财政健康是每个历史朝代极力维持并赖以存在的基础。

田赋是古代最基本、最重要的财政收入来源，被历朝列为正供，直到清朝前期田赋（地丁银）收入的比例仍达近 80%，这使得气候变化有可能通过影响农业生产进而影响国家的财政波动。

（6）农牧战争，是中原农耕民族与北部游牧民族两个建立在不同生产模式基础上的系统之间冲突最为激烈的表现形式。可以刻画中原农耕王朝社会经济系统所处的外在环境或所承受的外界压力。农牧战争会对中原王朝应对气候变化的能力产生影响，农牧战争本身也可能受到气候变化的影响。

（7）农民起义，是描述社会子系统状态稳定性的指标。全国性农民起义（农民战争）的爆发意味着人类社会有序响应和适应气候变化的阈值已被突破，是整个社会进入不稳定（或高风险）状态的标志。相对于其他形式的社会动乱，农民起义主要由生计问题引发，受社会政治因素的影响相对较小，与气候变化的关联更为密切。

（8）社会兴衰，作为社会子系统状态相对变化的指标，既可能是气候变化影响最终传递到社会子系统层次的表现，也影响了人类其他子系统应对气候变化的能力。

二、基于语义差异的历史社会经济指标等级序列重建方法

与历史气候序列相匹配的高分辨率社会经济序列需要同时满足几个条件：数量化的（数值／等级），年—年代际的等分辨率，有足够时长且连续。但受资料可得性的限制，重建历史时期的社会经济序列存在很大难度，是制约认识历史气候变化影响与响应机制的重要因素。

中国历史社会经济等级序列重建的任务是，选择能够刻画农业生产、人口、经济、社会等各子系统状态且适宜定量化的变量，从中国历史文献记载丰富、覆盖时段长、记录时间分辨率高、含有大量的社会经济信息描述的优势出发，将历史文献中的相关文字描述转化为具有相同时间分辨率的数值。

历史文献中包含丰富的定性描述词汇，不同词汇和语句所表达的语义差异可以指示特定的强度、范围和方向属性。采用语义差异法可以将体现不同历史时期社会经济状况差异的定性文字描述转化为量化的等级，从而实现对历史社会经济的定量度量。语义差异法（semantic differential）已成功用于重建中国长时段的气候与社会经济指标的时间序列，如旱涝指数序列、农业丰歉序列、宏观经济序列和财政收支序列等。

语义差异技术是 1957 年美国心理学家 C.E.Osgood 等在研究事物的"意义（meaning）"时提出的一种以心理学试验为基础的心理测定方法，又称感受记录法。他认为人类对概念或词汇具有颇为广泛的共同的感情意义，而不因文化和言语的差别有多大的变化。认知主体往往倾向于把多方面的信息综合起来以获得一种比较完整的印象（社会印象），人们能够利用最少量的信息形成对认知对象统一而完整的社会印象。该方法可以有效地实现定性描述的指标化，除心理学外，也被广泛地应用于感性工学、景观评价等诸多领域。语义差异法通过寻找与研究目的相关的意象语汇来描述研究对象的意象风格，同时使用多组双极形容词对从不同角度或维度来量度"意象"这个模糊的心理概念，建立多点心

理学量表将被调查者的感受构造为定量化的数据。早期研究者经多次测试，确立了构建"语义空间"的三大基本维度，分别为评价（好—坏），潜能（强—弱），活动（快—慢），被试对象对每一概念的反应大多在以上三个方面表现出差异。

基于语义差异法定量重建历史时期社会经济等级序列方法的两个关键技术问题是文字描述的等级化和时间分辨率的均一化。

语义差异法的核心是将体现不同历史时期社会经济状况差异的定性文字描述转化为量化的等级。该方法通常采用双极（相对、反义）形容词对来刻画研究对象的属性，以很、较、有点、非常等表示不同程度的言语进行量化区分。采用语义差异法构建的分级量表通常为5点、7点或9点等奇数，需要注意不同词汇的语义是否易于区分，同时尽可能地考虑各等级所对应的标准词汇的物理意义是否明确。

历史丰歉等级划分是历史社会经济序列重建中一个有代表性的类型。我国历史上的丰歉记录是对以预期平均粮食产量为参照（正常）的年际相对波动的描述，通常为年分辨率。描述丰歉的关键词汇与我国历史上定量记录粮食产量的收成成数存在对应关系，具有明确的物理意义，可作为逐年丰歉等级划分及其标准词汇选择的依据。

历史上经济水平的变化可以理解为国家层面财富水平的变化。历史上及现代史学著作中关于历史经济状况的叙述与历史丰歉记录的方式有所不同，其主要特点为：主要以一个朝代的多年代乃至百年际经济兴衰周期为描述对象，所采用的描述方式也可归结为双极形容词叠加表示程度的副词的方式，描述的内容包括各时期的经济状态和经济发展趋势两个方面，前者对应于一个经济周期的不同位相，而后者以初始期或前期的状态为参照系；记录的时间分辨率包括从年分辨率的经济事件到各朝代及帝王的不同阶段（多年代至百年）的多个时间尺度，以帝王尺度（一般不超过20~30年）为主。基于语义差异法划分的历史经济等级可采用5级量表刻画一个标准经济周期的不同位相，分别以崩溃、凋敝、一般、繁荣和鼎盛等为标准词汇。传统中国经济在经济崩溃时期状况相似，可作为经济等级评价对比的基准；而经济鼎盛期以过去2000年中最为强盛的汉、唐等朝代中经济最好的时期作为参照。

利用历史文献记录进行等级评定通常应遵循以下原则：（1）时间原则，以时间分辨率与重建时间单元相匹配的记录为主，高时间分辨率的记录优先于低时间分辨率的记录。（2）区域原则，以覆盖全区域及核心区域的记录为主，以局部区域及边缘区域为辅，在使用局部区域和边缘区域的记录时，需要考虑其对全国的代表性进行占比订正。（3）史实判定的原则，以直接证据为主，间接证据为辅，对同一时段内的多条记录，当其描述的状况不同时，以多数记录的观点作为判断的主要依据；当无法判断多数观点时做折中处理。（4）缺记和漏记时段处理的原则，对分散和非持续多年的无记录年份，主要按历史记录"记异不记常"的惯例处理；对连续多年无记录年份，以期间是否发生重大历史事件作为参考，判断记录缺记的性质和社会经济状况的等级。

时间尺度归一化主要解决根据原始记录重建的原始等级序列可能存在的时间分辨率不均等或时间不连续问题，以10年分辨率作为时间尺度均一化的基本时间单元，从年分辨率到 10 年分辨率的升尺度转换以丰歉等级重建为代表。通常先重建年分辨率原始序列，再由年分辨率序列的数值加权平均推算 10 年的平均值。对不连续的年分辨率序列，通常的做法是通过建立年分辨率值与 10 年平均值之间的关联，根据 10 年中有记录年份的数值推算 10 年的平均值，建立年分辨率值与 10 年平均值之间的关系是关键。对于连续的年分辨率序列一般可采用加权平均的方法，即通过赋予年值等权或不等权的权重系数，求 10 年平均值，其中确定不同年值的权重系数是关键。

从多年代的帝王尺度（通常 20~30 年）及朝代尺度（百年）分辨率到 10 年分辨率的降尺度转换以历史经济等级重建为代表。通常从原始记录入手，在对每条记录所刻画的等级或等级变化进行判定的基础上，通过整合由年至上百年不同时间分辨率的记录，利用不同记录起止时间点的差异或时间分辨率的差异，对相对低分辨率的记录进行时间分割来逐步将时间分辨率提高到 10 年，然后再以年代为基本时间单元进行取整处理，此方法可称为多分辨率记录融合法。

以东汉前期的经济等级序列重建为例，说明多尺度数据的整合过程（如图 5-4 所示）。从与东汉时期有关的现代史学专著中，可摘录出关于东汉前期（25~105 年）经济状况的记录 30 条，它们按起止时间的不同可归并为 15 条分辨率为年到百年不等的证据，根据记录对经济状况的描述可以逐一判断各时间点的等级或变化趋向：（1）由证据一至证据四判断，整个东汉的经济从未达到西汉鼎盛时期的经济水平（5 级），76~105 年的鼎盛时期等级最高为 4 级（证据一和证据二），西汉末年（17~25 年）等级为 1 级，转折点定为 17 年和 25 年证据三，25~88 年期间经济从 1 级增长到 4 级（证据四），等级 4 的转折点定为 88 年和 105 年气由此得到东汉前期的经济趋势序列。（2）由证据五至证据七进一步判断：25~36 年的经济等级为 1（证据五）；而在 69~75 年期间经济等级已达 4 级（证据六和证据七气由证据八至证据十三推断，经济增长在 37 年以后（证据八）37~57 年的经济增长于 1 级至 3 级之间（证据九和证据十），58 年前后是经济从恢复走向增长的转折点（3 级）（证据十一至证据十三）。（3）88~105 年经济趋向下行但仍维持 4 级水平（证据十四和证据十五）。将上述判断结果叠加，即可以在 17~105 年期间区分出不同时段的经济等级，即 17~25 年和 25~36 年等级为 1，37~57 年等级为 2，58~68 年等级为 3，69~75 年等级为 4，76~88 年和 89~105 年等级为 4。最后对初始经济等级序列取整，得到 10 年分辨率的经济等级序列。

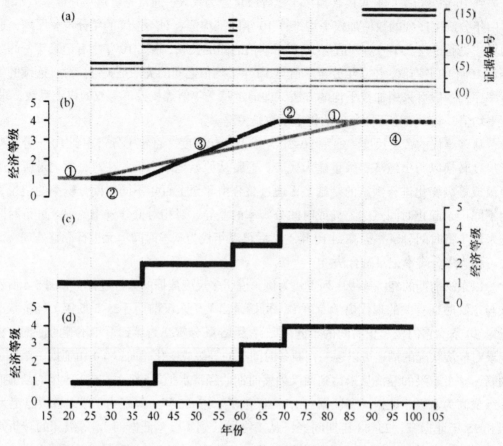

图5-4　东汉时期（25～105年）多分辨率数据融合的经济等级评定过程

三、历史社会经济指标频次序列重建方法

本书部分序列采用的频次法是历史气候变化和历史社会经济指标序列重建中常用的方法。频次法即直接统计特定地区单位时段（如10年）内某类事件的发生频次（如年数、次数、县数等）或频率，利用某类事件发生频次的变化或若干类事件发生频次变化的比例关系或差别建立的代用序列，又可细分为：绝对值法、相对值法。

绝对值法通常直接用单位时段的事件发生的绝对数（如年数、次数、县数等）或百分率作为指标。由于数量统计直接受记录时空分布不均及其漏缺记影响，因此使用绝对值法通常需首先对记录数量变化的影响进行订正或剔除，才能保证其结果在时间变化的均一性。本书利用绝对值法重建了农民起义、农牧民族战争频次序列。

相对值法，通常采用多个事件或指标的频次序列构建指数建立代用序列，能够反映多指标的综合影响或用于剔除记录的不均一性。在本书中，分别计算了表征全国范围内饥荒发生的频繁程度的"10年饥荒年数"和饥荒影响范围大小的"10年饥荒次数"两个频次序列，在分阶段标准化以剔除记录不均一性影响后，将标准化的两个指标等权平均计算"饥荒综合指数"，得到综合反映饥荒频次和影响范围的饥荒指数序列。相对值法在历史气候变化研究中常用来处理旱、涝记录，通过计算单位时段旱、涝灾害的出现年数、次数等的比值（如干旱年／次数与旱涝总年／次数之比）来指示干湿变化，由于对任一个地区而言，其灾害记录缺失是随机的，即旱和涝的缺记概率是均等的，因此记载丰富的时段，旱涝记录均较多，反之则均较少，故这一方法可避免因记"异"不记"常"和"记录时空不均一"造成的非均一性影响。

频次法需大量记载作为统计样本，因此只适用于记录丰富、范围较大区域的历史气候变化及其影响代用指标的重建；频次法通过降低序列的时间分辨率换取序列的连续，通常无法分辨到年。

第六章 我国农业丰歉变化与气候变化的关系

第一节 气候变化对农业影响的研究综述

农业作为经济再生产与自然再生产共同作用的产物，深受气候条件的制约，生产技术相对落后的古代农业尤为依赖"天时"的好坏。因此，农业生产是气候变化影响社会的最直接最明显的作用对象。

中国自古以农立国，农业在我国古代社会经济中一直发挥着主导作用，人民生活水平和国家综合实力均建立在农业的基础之上。中国主要的粮食生产区位于东部的季风气候区，有限的热量条件和高降水变率严重地制约着农业生产的稳定性，导致中国粮食收成或丰或歉，粮食生产对气候变化具有很高的敏感性。粮食丰歉作为粮食安全的基础，则会进一步影响到人口的增减、经济的盛衰、社会的稳定。在中国古代，认为"风调雨顺"才能"五谷丰登"，"五谷丰登"才有"国泰民安"。因此，粮食丰歉是了解中国过去气候变化对社会经济影响过程及其机制的关键环节之一，历史气候变化对农业的影响研究在我国的历史气候变化影响研究中一直受到高度关注。

20世纪60~70年代竺可桢先生就论述了我国气候及其变化与粮食作物生产的关系，并利用农作物物候、作物种植的兴废和柑橘栽培界线的变动等推测气候变迁。80年代后，气候变化与粮食生产问题成为国内学者关注的焦点，有关历史气候对农业生产的研究也不断涌现。总结已有的研究成果，气候变化对农业生产的影响研究主要集中在作物生长期与熟制、作物兴废与种植制度、作物产量、作物与宜农土地分布等几个方面。

气候冷暖波动会影响作物生长发育所必需的热量条件。年平均温度变化1℃将对生长期产生很大影响，这在中高纬度地区尤为明显。历史时期生长季节长度的变化对农业生产有重要影响（龚高法和陈恩久，1980）。隋唐暖期平均温度距平与小冰期最冷时的平均温度距平相差约1.5℃，隋唐暖期生长季长度比现代长10天以上，而在小冰期最盛期，我国东北地区生长季比现在短20~30天，华北地区、华东地区比现在短两个多星期。作物生长季的延缩，叠加气候寒暖、干湿变化引发的冷冻、水旱等自然灾害变化，会进一步影响作物熟制、作物兴废、耕种制度及作物的分布。春秋战国以后，气候总体变冷，生长期缩短，北方某些地区由一年两熟变为两年三熟。

我国的水稻种植对水热条件要求较高，历史以来我国水稻种植的起伏波动与气候周期性变化具有很好的呼应。在北方，水稻种植在黄河流域一直存在，汉唐温暖时期水稻种植曾较广泛地分布于北方广大地区，其中关中平原、三河（河东、河内、河南）地区和黄淮平原种植面积较广且集中·唐末五代后气候转冷，黄河流域水稻种植的范围明显地缩小了；到元明清时就更趋衰落，种植区域零散，没有大面积的、长期持续的产区，虽然在相对温暖时期出现反弹，但屡兴屡衰。长江下游地区作为双季稻北界，有可靠历史记载始于唐代，当时中国东部气候温暖，扬州地区已种植双季稻；到了宋代，由于气候转冷，生长季缩短，除个别地方偶有"稻再熟"记载外，江南大部分地区已无双季稻；明代随着农业生产技术水平的提高和水稻新品种的培育，江南广泛种植双季稻，双季稻北界达到泰州、扬州、六合一带，并持续到17世纪中叶，此后气候转入小冰期最寒冷时期，长江下游双季稻种植每况愈下。历史时期气候冷暖的变化，可引起单、双季稻种植地区的纬度南北变动约2°，历史气候温暖期，单季稻在黄河流域普遍栽培，双季稻可北进到长江两岸；寒冷期，单季稻普遍栽培在淮河流域，双季稻在岭南种植比较普遍。冬小麦和柑橘种植北界同样受气候变化影响，随气候的冷暖波动而南北迁移。隋唐温暖时期柑橘分布较现代偏北，中世纪暖期柑橘分布北界纬度较今偏北1°，进入小冰期柑橘种植界限明显南移，在小冰期最盛期柑橘冻死南界达到黄岩至衡阳一线，严重冻害南界纬度较今偏南3°~6°，柑橘已难在长江中下游生存。18世纪中叶冬小麦北界地区较现代北界纬度差1°~1.5°，收割期比现代晚10天左右。

我国北方农牧交错带作为宜农区与宜牧区的分界线，也是半干旱区向干旱区过渡的生态脆弱带，该区域的农业对温度和降水变化非常敏感。如果年平均温度降低1℃，相当于中国各地气候带向南推移200~300km；降水减少100mm，则北方农区将向东南退缩100km。在一定程度上，农牧交错带的位移指示的是中国北方宜农土地资源的盈缩。秦汉以来，伴随气候多次暖湿、冷干交替变化，农牧交错带相应出现了6次明显的北进南退，温暖时期大致北推到41°N到42°N，寒冷时期则南退到35°N附近。秦汉时期气候相对温暖，谭其骧根据现今内蒙古境内长城之外的市县数少于汉时的变化事实，认为那个时候适宜农业耕种的地方要比现在多，农业区比现在广阔。魏晋南北朝时期，伴随气候的转冷及北方游牧民族的大规模南下，大片农业区转变为牧业区，北朝时期农牧界线大体上由碣石至上谷居庸关，折向西南至常山关，沿太行山东麓直达黄河。隋唐暖期及唐中叶至五代的气候转冷也导致农业种植北界相应地北移南撤。宋元中世纪大暖期，农业种植北界可达宁夏同心以北、内蒙古温脑儿一带。至明清小冰期，因农业技术的改进和耐寒耐旱等新作物品种的引入，使得农牧交错带北界未随气候的转冷而发生显著南退，但出现与短期温度变化（如1450年和1650年的冷谷，康熙末年至乾隆中叶的18世纪转暖）相对应的阶段性伸缩。农牧交错带是农业与牧业的分界线，也是农耕民族和游牧民族的活动范围界线，气候变化通过影响农牧界线摆动进而对农耕文明和游牧文明的和平相处产生重大影响。但历史时期的农牧过渡带的变迁比较复杂，除受气候等自然条件影响外，还深受社会响应方式、民族迁移、生产技术演变的影响。此外，气候变冷变干也会造成我国湿润和半湿润地区向南退缩，从而加剧中低纬度地区的土地沙漠化，造成中原内部的耕地丧失。

对秦汉以来中国的平均粮食亩产，不同学者的估计相差较大，但基本在波动中递增。在北方，自秦汉以来，除两宋和明清之外，其他时期的气候冷暖均与粮食单产高低基本对应。过去 300 年中的小冰期时期，18 世纪相对温暖时期的收成普遍比 19 世纪下半叶的相对寒冷期平均高 10% 以上。1736~1978 年北京地区自然条件下冬小麦收成与降水量呈正相关，历史上的冬小麦严重减产主要是生长时间长期干旱引起的；冬小麦收成有 121 年、80 年等周期，并同降水量变化周期一致。1400~1949 年广东省饥荒的发生主要取决于水灾、旱灾和冻害的程度，而旱灾影响最严重；粮食丰歉与水灾、旱灾和冻害呈负相关，与台风呈正相关，表明台风有利于丰收和减少饥荒。西安农业收成与降水量关系也存在显著的正相关，虽然温度的年际变化与农业收成无显著联系，但气候的冷暖阶段变化（年代际变化）与农业丰歉的阶段变化关系密切。

总的看来，历史上的暖期比冷期更有利于中国的农业生产，这是多数研究学者取得的共识。气候温暖时，北方农业种植界线北移，农耕区扩大，同时农作物生长期增长，熟制增加，粮食产量提高；而当气候寒冷时，农业种植界线南退，宜农土地减少，农作物生长期缩短，熟制区域单一，粮食产量下降。王铮等认为湿热同期的气候特点决定了历史时期气候变暖有利于中国农业经济的发展。倪根金认为气候转冷是北方农业经济衰落的重要原因之一，邹逸麟认为气候转冷转干是黄河流域水稻种植渐趋萎缩的根本性原因。方修琦指出暖期或相对温暖时期农业文化相对兴盛、农业北界向北扩展，而冷干时期牧业文化相对兴盛、牧业南界向南扩展。诸多历史冷暖时段或历史朝代气候变化对区域农业生产影响的案例同样揭示出类似规律。

第二节　农业丰歉序列的重建

由于我国古代粮食产量的记载零散见于历史文献中，缺乏系统而准确的连续定量统计数据，从时间分辨率上，难以满足长序列、高分辨率重建的要求，因此，缺少过去农业丰歉序列的重建。已有的关于产量及丰歉的研究结果，主要是某几个朝代或某一时期的产量折算值，研究结果存在较大差别。我国反映粮食作物相对产量的作物收成成数数据，主要出现在清代档案记录中，该量化资料连续、准确，而根据收成成数重建的序列，主要集中在清朝以来，时段较短，不足以完成更长期的序列重建。

在中国历史文献中有大量与农业生产相关的记录，通过搜集整理描述农业丰歉的文字记录，并将其分级量化，可重建西汉至清朝（公元前 206~1910 年）10 年分辨率的农业丰歉序列。

一、农业丰歉历史记录来源

过去 2000 年中国农业丰歉序列重建的历史资料来自《二十四史全译》（许嘉璐和安平秋，2004）及《清史稿》（赵尔巽和柯劭态，1977），包括《汉书》《后汉书》《三国志》《晋书》《魏书》《隋书》《旧唐书》《新唐书》《旧五代史》《新五代史》《宋史》《元史》《明史》及《清史稿》，上述史书中，以《帝王本纪》为主，《五行志》《食货志》等为辅。《帝王本纪》采用编年体例，按照年月的顺序，记载帝王的言行政绩和当年的重大事件，时间分辨率可达月甚至日，记录内容丰富，如作物收成情况、自然灾害及赈灾、帝王祭天祈雨等，都会记录在册；《食货志》是各个朝代的经济史，其中记录了百姓衣食、耕地面积、粮食产量等信息，是了解历代社会经济状况的重要史料；《五行志》中主要记录了灾异及其对应的人的行为（所谓"事应"），灾异类型中包括"稼穑不成"等。以上史书分别涵盖了各朝统治时期，资料的时间分辨率最高可达年及年以下，记录内容丰富，作物收成、百姓衣食、自然灾害、饥荒疾疫等均记录在册，用词准确严谨。

从上述史书中，搜集整理西汉至清朝（公元前 210~1910 年）逐年的有关我国农业丰歉的直接和间接证据，共 2755 条记录，形成逐年的农业丰歉原始描述记录表。直接证据包括作物收成（丰歉）和温饱状况。例如，"开元十三年，累岁登稔"（《旧唐书》卷八，《本纪第八》），"承圣二年，家给人足"（《梁书》卷五，《本纪第五》）。直接证据共 942 条记录，占总记录条数的 34.2%，其中作物收成记录 296 条（占直接记录条数的 31.4%），温饱状况记录 646 条（占直接记录条数的 68.6%）。间接证据包括主要农业灾害（水，旱，霜，虫，雹）状况、社会民生、粮价及粮食仓储状况等，如 "天安皇兴间，频岁大旱，不熟"（《魏书》卷一百一十，《食货志》），"景平二年，帑藏空虚，人力殚竭"（《宋书》卷四，《本纪第四》）。间接证据共 1813 条记录，占总记录条数的 65.8%，其中农业灾害记录 1562 条（占间接记录条数的 86.2%），其他间接证据 251 条（占总记录条数的 13.8%）。

在公元前 210~1910 年的 2120 年中，有记录的年份 1513 年，占总年份的 71.5%；无记录的年份 603 年，占总年份的 28.5%。无记录年份除较为集中于五代时期及南宋后期以外，基本均匀分布于各个时期，多为偶有 1 年或连续 2~4 年无记录，共 445 年，占无记录年份总比例的 73.7%。此外，连续 10 年及以上无记录的时段，共出现 3 次，分别为连续 13 年（911~923 年），12 年（1246~1257 年），10 年（1230~1239 年），占无记录年份总比例的 5.8%。

二、农业丰歉序列重建步骤

过去 2000 年（西汉至清朝）10 年分辨率的中国农业丰歉等级序列的重建，主要分以下两个步骤。

1. 逐年的农业丰歉等级划分

在收集整理农业丰歉原始描述记录的基础上，根据中国文字词汇丰富、语义差别明显的特点，以及各种直接与间接描述农业丰歉词汇语义在丰歉程度上的可区分性，将逐年农业丰歉等级共分为六个级别，从 1 级到 6 级分别代表了从歉收到丰收，分级标准见表 6-1。该分级词汇的语义，可与 1730~1910 年（清代）农业收成成数的含义相对应。

表 6-1 农业丰歉记录词汇分级标准

丰歉等级		1 级	2 级	3 级	4 级	5 级	6 级
对应成数		3~4 成及以下	4~5 成	6 成	7 成	8 成	9 成以上
收成概况		严重歉收，无收	歉收，失收	稍歉，寡收	不歉，正常年	偏丰收	大丰收
直接证据	作物收成	颗粒无收；千里无收；大无麦，（岁/年/谷）+（不）+（登/激/收）；岁/年凶	收成无望；麦/禾半登；（岁/年/谷）+（不）+（稔/丰/穰）；（岁/年）+（检/歉）	稻麦薄/寡收		（岁/年/谷）+（登/稔/丰/熟/致/收），时和年丰/岁稔；有年	大有年，大熟/稔；五谷丰登；余粮栖/委田
	温饱状况	人相食/啖；大饥；粮尽；民多饥/饿死；道馑相望，民行乞食者覆路	（岁/民/人）+（饥/馑/乏/雜凶）；民有菜色，民匮于食；禁酤酒			衣食滋殖，衣食足	

续表

间接证据	农业灾害		（大旱/久旱/大水/淫雨/陨霜/雨雹/蝗螟）+禾稼荡尽	（旱/水/雨/限霜/雨雹蝗螟）瑜害/稼；灾荒；水旱无度/节	风雨顺序；风调雨顺
	粮价及仓储	仓库荡耗；府库耗竭	粮廪或空；海内虚耗；米石五千/万钱；谷价腾跃；粮谷踊贵	人无宿储	仓粟多	仓廪实；廪庾尽满谷石五钱；谷贱伤农
	社会民生	流亡不绝；寇盗锋起	废失农业；岁/民+窘/弊；无以自给；民多困乏；田野荒芜；怨气满腹	农功虚费	安居乐业；百姓充实	家给人足；百姓殷富；天下安然

进行逐年农业丰歉评级的具体方法和步骤如下。

（1）依据分级标准确定逐年等级。对于有记录的年份，主要依据记录词汇反映的农业丰歉程度定级（表6-1），以直接证据为主，间接证据为辅。可以根据直接证据定级的年份有592年，占总年份的28.0%；可以根据间接证据定级的年份有773年，占总年份的36.5%；两者合计占总年份的64.5%。其中，有部分证据涉及某个阶段或某个皇帝执政期，记录根据其所涵盖的年限延展至相关年份；还有少数"累/比/频/连/仍/久/屡/积年"的记录，根据语汇含义至少3年以上，延展3年至相关年份，根据延展的直接证据和间接证据定级的年份有171年，占总年份的8.1%。

（2）区域订正。在依据文字描述定级的过程中，词汇含义相近的记录，依据记录涉及的区域范围来进一步区分级。两汉时期，关中是全国经济重心；魏晋南北朝到隋唐，南方经济有了较大的发展，经济重心开始南移，逐步呈现南北经济并驾齐驱的局面。对于以农为本的古代中国而言，经济中心区即粮食主产区。不同朝代农业区划的变化反映了农耕区在全国的地位，决定了不同区域在农业丰歉定级上重要程度的差别。因此，依据各朝农业区划和农耕区的扩展过程，区分出农业核心区和一般区（表6-2）。丰歉2级与3级、5级与6级的区分，主要在于记录对应区域范围的大小和区域在全国的经济地位。2级和6级涉及全国（天下/四方）或范围较广（核心区域的1/3，多个州或道），3级和5级限于少数区域或者是一般区。

表 4-3　过去 2000 年中国农业丰歉定级的区域划分

历史朝代	核心区	一般区
两汉 （公元前 206~220 年）	关中，关东，山东，山西，京师（州），司隶，冀州，兖州	青州，豫州，徐州，朔方，交州，并州，凉州
	相当于现今：黄河中下游平原	黄土高原，海河平原，淮河平原，河西走廊
二国两晋南北朝 （220~581 年）	关中、山东、山西、京畿、会稽、吴郡 （州）秦州，雍州，司隶，兖州，豫州，徐州，青州，冀州	幽州，平州，凉州，梁州，荆州，扬州
	相当于现今：华北平原，淮河平原	华北平原，河西走廊，长江下游
平原 隋唐五代 （581~960 年）	（道）京畿，都畿，河南，山南东道，山南西道，江南东道，江南西道，淮南	关内，河东，河北，黔中，剑南
	相当于现今：华北平原，淮河平原，长江中下游平原	华北以北，华南
宋元时期 （961~1367 年）	京畿，都畿，河南，山南东道，山南西道，江南东道，江南西道，淮南，吴中，剑南，幽州	延州，庆州，黔中、临洮、同原
	相当于现今：华北平原，淮河平原，长江中下游平原，太湖流域	陕西西部，山西北部，华北以北，华南
明清时期 （1368~1910 年）	京都，河南，河北，山南东西道，江南道，闽广	宁夏卫，燕山卫，辽东定辽卫，陕西诸卫
	相当于现今：华北华南平原，淮河平原，长江中下游平原，太湖流域、珠江流域	辽东平原，陕西大部

（3）同年内多条记录的处理。如果一年中多条证据同属一个级别，丰歉级别不累积升（降）级；如果同一年内多条证据反映的丰歉性质一致，但是分属不同级别，按记录相对较多的级别定级，或按照 6 级优先于 5 级、1 级优先于 2 级、2 级优先于 3 级的优先序定级；如果同一年内多条证据反映的丰歉情况不一致，有丰有歉，按记录相对较多或偏离正常级别较大的类型判定，并将丰或欠级别调低或提高 1 级。依此标准确定的年份有 148 年，占总年份的 7.0%。

（4）无记录年份的处理。无记录的 603 年，可能由于"记异不记常"，也可能是记录缺失。根据历史记录"记异不记常"的基本原则，通常按照"平年"处理，定为"4"级。连续 3~4 年无任何记录，定其中间的 1 年为偏丰年（5 级），其中 47 年定为偏丰年份（占无记录年份的 7.8%，占总年份的 2.2%）。连续 5 年以上无资料的，认为确实存在缺记。对照中国古代战争年表及朝代更替情况，有 1 个连续 5 年（1216~1220 年）、3 个连续 6 年（公元前 200~ 前 195 年、598~603 年、1271~1276 年）、1 个连续 10 年（1230~1239 年）以及 1 个连续 12 年（1246~1257 年）无记录年份出现在战争多发时期，有 1 个连续 5 年（589~593 年）、1 个连续 6 年（894~899 年）、1 个连续 8 年（3~10 年）以及 1 个连续 9 年（1261~1269 年）无记录年份出现在朝代更替时期；对于上述时段按照每 5 年中 2 年为平年（4 级）、2 年为偏歉年（3 级）、1 年为歉年（2 级）定级；以此标准定级的年份占无记录年份的 12.1%（占总年份的 3.4%）。其余的连续无记录年份，根据历史丰歉规律，按照每 5 年中 3 年为平年、1 年为偏歉年（3 级）、1 年为偏丰年（5 级）赋级。

依照上述方法，确定逐年丰歉等级（表 6-3）。成书于西汉的《淮南子·天文训》（编著于公元前 140s）和《盐铁论·水旱篇》（编著于公元前 50s）中均提到"三岁而一饥，六岁而一衰，十二岁而一康（荒）"，主要反映了西汉时期的农业丰歉规律。统计西汉时期逐年农业丰歉等级的比例构成，结果显示：严重歉收年（1 级）的重现期为 11 年一遇，歉收年（2 级）约 6 年一遇，而偏歉年（3 级）约为 5 年一遇，丰年（5 级、6 级）分别为 7~8 年一遇，该比例构成及重现期，与上述文献记载的粮食丰歉规律大致相当。与中国现代的粮食生产丰歉对比，由于粮作物种植区域的扩大、作物品种的复杂多样、农田基础设施的建设，现代粮食损失成数比古代低，但是，农业丰歉等级的比例分布，古代可与现代对比（表 6-4）。

表 6-3　公元前 210~1910 年逐年评定的丰歉等级的构成

农业等级	严重歉收年	歉收年	偏歉年	平年	偏丰年	丰收年
	1 级	2 级	3 级	4 级	5 级	6 级
年份数 / 年	180	357	458	725	271	125
占总年数的比例 /%	8.5	16.9	21.6	34.3	12.8	5.9
折算当量（C_i）	-4.0	-2.0	-1.6	1.0	2.7	5.8

表 6-4　西汉时期、现代逐年农业丰歉等级的结构分布

	农业丰歉	严重歉收年	歉收年	偏歉年	平年	偏丰年	丰收年
西汉时期（公元前 210~25 年）	农业等级	1 级	2 级	3 级	4 级	5 级	6 级
	占总年数的比例 /%	9.1	17.0	20.9	24.8	15.2	13.0
	重现期	11	5.5	4.6	4.1	7.2	7.7
现代（1950~1990 年）	粮食损失率 A 总产量的比例 /%	20~35	10~20	5~10	3~5	0~3	-5~0
	占总年数的比例 /%	7.3	17.1	24.4	26.8	12.2	12.2
	重现期	13.7	5.9	4.1	3.7	8.2	8.2

2. 10 年分辨率的丰歉指数构建与丰歉等级序列重建

为揭示年代际以上尺度的丰歉变化特征，消除逐年丰歉等级年际波动的影响，同时降低连续缺记年份逐年赋值在时间和丰歉状况上可能存在的不确定性，采用基于平年与丰歉年出现年数的比例（相对当量）折算的方法构建了 10 年分辨率的丰歉指数，在此基础上重建 10 年分辨率的丰歉等级序列。

根据逐年农业丰歉等级的评定结果，统计丰歉年的结构构成（表 6-3）。以平年为 1，根据平年与丰歉年出现年数的比例关系，折算丰、歉年相对于平年的当量（C_i，其含义是第 / 类年份每出现 1 次，平年出现的平均年数），以 10 年为单位，计算各年代的农业丰歉指数，见下式。

$$H - \left(\sum_{i=1}^{6} C_i \cdot P_i \right) / 10$$

式中，H 为 10 年丰歉指数；/ 为逐年丰歉等级（i=1，2，…，6）；C_i 为 i 级的丰歉折

算当量（表 6-3）；P_i 为同期 10 年内出现各 i 级的年数。

由此计算得到西汉至清朝每 10 年的农业丰歉指数，其最小值为 -3.20（1320s），最大值为 4.08（公元前 180s），平均值为 0.0。

根据计算得到的丰歉指数值评定每 10 年相对的丰歉等级，从歉到丰共分为五级（1级至 5 级）（表 6-5）。分级的原则主要是依据丰歉指数的分值频次曲线，在频次出现明显差异的转折点处确定划界值（如图 6-1 所示），亦是频次低值点；其次考虑 1~5 级的年代数量呈正态分布。

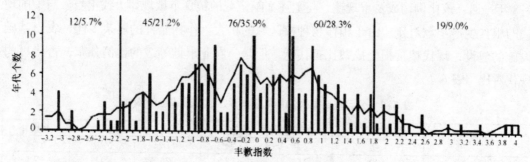

图 6-1　农业丰歉指数分值分布频率曲线

表 6-5　10 年农业丰歉等级统计

统计指标	10 年丰歉等级				
	1 级	2 级	3 级	4 级	5 级
丰歉指数区间	（-3.2，-2.1]	（-2.1，-0.9]	（-0.9，0.5]	（0.5，1.8）	（1.8，4.1]
年代个数	12	45	76	60	19
百分比 /%	5.7	21.2	35.9	28.3	9.0
丰歉指数均值	-2.44	-1.07	0.05	1.08	2.7

1 级至 5 级的丰歉指数的数值区间分别为:(-3.2，-2.1]，(-2.1，-0.9]，(49，0.5]，(0.5，1.8]，(1.8，4.1]。该区间阈值，按照逐年收成成数（1 级 ~6 级分别取 4 成、5 成、6 成、7 成、8 成、9 成）折算，大致分别相当于作物收成 4.4 成 ~5.2 成，5.3 成 ~6.0 成，6.1 成 ~6.8 成，6.9 成 ~7.4 成，7.5 成 ~8.4 成，每个级别平均收成为 4.9 成、5.7 成、6.5 成、7.1 成、7.8 成（表6-6）。

表 6-6　10 年丰歉等级对应的收成成数的数值范围

指标	丰歉等级				
	1 级	2 级	3 级	4 级	5 级
丰歉指数均值	-2.44	-1.07	0.05	1.08	2.7
收成成数区间	4.4~5.2	5.3~6.0	6.1~6.8	6.9~7.4	7.5~8.4
收成成数均值	4.9	5.7	6.5	7.1	7.8
级差 / 成	0.8		0.8	0.6	0.7

第三节　农业丰歉序列的变化特征

公元前 210~1910 年农业丰歉具有明显的阶段性（如图 6-2 所示），大致可以划分出五个阶段，在各阶段内，存在次一级的丰歉波动，丰或歉的持续时长一般为 70~90 年或者 140~160 年（表 6-7）。

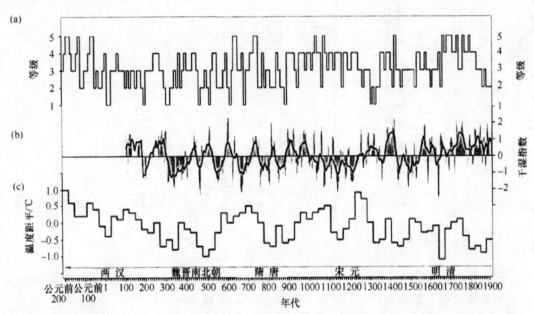

图 6-2　西汉至清朝（公元前 210~910 年）10 年分辨率的农业丰歉序列及其与气候变化的对应关系

（a）农业丰歉等级序列；（b）东部干湿指数序列及其 30 年 FFT；（c）东部冬半年温度距平序列及
其变幅

第一阶段，公元前 210~ 前 51 年，农业收成整体偏丰为主，丰歉等级的平均值为 3.69，高于平均水平。丰收年代（4 级和 5 级）比例占 56.25%，其中 5 级年代占 37.50%，是整个序列的平均比例的 4 倍；歉收年代的比例较低，没有 1 级年代。在第一阶段中，次一级丰歉阶段存在 2 个偏丰阶段（丰歉等级平均值分别为 4，4.67）以及 1 个偏歉阶段（丰歉等级平均值为 2.25），次级偏丰阶段占本阶段总年份的 74.4%，主要分布在西汉前期及后期。

表 6-7　不同阶段农业丰歉等级的结构比例

时段	丰歉		结构比例 /%				
	特征	平均丰歉	1 级	2 级	3 级	4 级	5 级
公元前 206~1910 年	平	2.96	9.91	26.89	29.25	25.47	8.49
公元前 206~ 前 51 年	偏丰	3.69	0.00	25.00	18.75	18.75	37.50

时期	丰歉						
其中：公元前 206~ 前 121 年	偏丰	4.00					
公元前 120~ 前 81 年	偏歉	2.25					
公元前 80~ 前 51 年	偏丰	4.67					
公元前 50~620 年	偏歉	2.36	23.88	29.85	32.84	13.43	0.00
其中：公元前 50~340 年	偏歉	2.26					
341~460 年	偏平	3.08					
461~620 年	偏歉	2.06					
621~1240 年	偏丰	3.27	4.84	22.58	22.58	40.32	9.68
其中：621~750 年	偏丰	3.54					
751~890 年	偏歉	2.21					
891~1240 年	偏丰	3.60					
1241~1660 年	偏歉	2.79	4.76	33.33	42.86	16.67	2.38
其中：1241~1380 年	偏歉	2.36					
1381~1450 年	偏丰	3.57					
1451~1660 年	偏歉	2.81					
1661~1910 年	偏丰	3.60	0.00	20.00	20.00	40.00	20.00
其中：1661~1830 年	偏丰	4.18					
1831~1910 年	偏歉	2.38					

第二阶段，公元前 50~620 年，农业收成整体偏歉为主，丰歉等级的平均值为 2.36，远低于平均水平。歉收年代（1 级和 2 级）比例占到 53.73%、平年也占 32.84%，均高于整个序列的平均比例（分别为 36.80% 和 29.25%）；丰收年代的比例较低，没有 5 级年代。在第二阶段中，次一级丰歉阶段存在 2 个偏歉阶段（丰歉等级均值分别为 2.26，2.06）以及 1 个偏丰阶段（丰歉等级均值为 3.08）。次级偏歉阶段占本阶段总年份的 82%；次级偏丰阶段仅占 18%，主要分布在南北朝前期。

第三阶段，621~1240 年，农业收成整体偏丰为主，丰歉等级的平均值为 3.27。丰收年代（4 级和 5 级）比例占到 50.00%，其中 4 级年代占比接近于整个序列平均比例（25.47%）的 2 倍；而歉收年（1 级）、偏歉年（2 级）和平年（3 级）的比例均偏低。在第三阶段中，次一级丰歉存在 2 个偏丰阶段（丰歉等级均值分别为 3.54、3.6）以及 1 个偏歉阶段（丰歉等级均值为 2.21），次级偏丰阶段占本阶段总年份的 56.5%，主要出现在唐朝前期、唐朝后期、五代及宋朝前中期。

第四阶段，1241~1660 年，农业收成整体上偏歉为主，丰歉等级的平均值为 2.79。丰收年代（4 级和 5 级）比例仅占到 19.05%，并且偏歉年代（2 级）和平年（3 级）比例均远高于全时段平均水平。在第四阶段中，次一级丰歉存在 2 个偏歉阶段（丰歉等级均值分别为 2.36、2.81）以及 1 个偏丰阶段（丰歉等级均值为 3.57）。次级偏歉阶段占本阶段总年份的 80%；次级偏丰阶段仅占 20%，主要出现在明朝前期。

第五阶段，1661~1910年，农业收成整体上偏丰为主，丰歉等级的平均值为3.6，远高于平均水平。丰收年代（4级和5级）比例占到了60%，没有歉收年代（1级）。在第五阶段中，次一级丰歉存在1个偏丰阶段（丰歉等级均值为4.18）以及1个偏歉阶段（丰歉等级均值为2.38），次级偏丰阶段占本阶段总年份的68%，主要出现在清朝前中期。

对过去2000年10年分辨率的农业丰歉等级序列进行连续小波变换发现，过去2000年中国的农业丰歉波动变化具有明显的100~120年周期和40~60年周期（如图6-3所示）。其中，100~120年周期主要出现在公元前50~800年、1040~1540年和1310~1640年之间；40~60年周期间断分布于公元前130~20年、430~660年及800~960年之间。

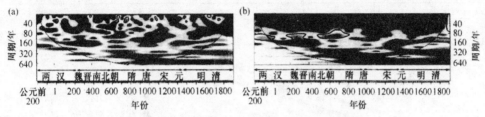

图6-3　过去2000年中国农业丰歉波动周期
（a）各原始序列；（b）各5点FFT低频序列

第四节　气候变化与农业丰歉变化的关系

气候变化通过改变生长季水热资源条件影响农业生产。目前尚无可覆盖研究时段的高分辨率生长季气温重建序列，选用依据历史文献证据重建的过去2000年中国东部冬半年（10月至翌年4月）温度距平序列反映冷暖变化，该序列重建所采用的历史文献证据与农业生产密切相关（包括：物候，初终霜日期，柑橘等亚热带作物及茶、竹等经济作物的分布与北界，作物霜灾、冻害，农事活动和农作制度的时空分布，等等），分辨率可达30年，部分时段可达10年，其变化与生长季热量资源的变化存在对应关系。干湿变化选用"过去1500年中国东部干湿比率序列"，该序列是利用中国历史文献及器测资料重建的中国东部的干湿比率，分辨率达到年，集成了华北、江淮、江南三个子区域及序列。上述两个序列在空间上（25°~40°N，105°E以东）基本覆盖我国东部主要农业区。

将气候变化（冷暖、干湿）与重建的农业丰歉等级进行比对，探讨两者的关系。

一、百年尺度上丰歉变化阶段与气候变化阶段的对应关系

在百年尺度上，气候温暖阶段，农业丰收，而在气候寒冷阶段，农业歉收，体现出明显的"暖丰冷歉"特征（如图6-2所示），这种对应关系在清朝之前尤为明显（表6-8，图6-4）。暖期中，平均丰歉等级明显高于整个研究时段均值（3.1），农业丰收（等级4和等级5）的比例达到44.3%，歉收（等级2和等级1）比例只有24.5%；冷期的平均丰歉

等级明显低于序列均值，歉收（等级 2 和等级 1）比例达 33.9%，除明清冷期外，魏晋南北朝冷期和唐后期五代冷期中农业歉收比例更高（42.6%），农业丰收比例更低（25.5%）。百年尺度上，气候湿润时，农业丰歉等级均值为 3.2，干燥时，农业丰歉等级均值为 3。

表 6-8　过去 2000 年不同冷暖期农业丰歉变化

冷暖期		平均温度距平 /℃	丰歉等级均值	丰歉特征
公元前 210~180 年	两汉暖期	0.27	3.3	偏丰
181~540 年	魏晋南北朝冷期	-0.25	2.69	偏歉
541~810 年	隋唐暖期	0.48	3.11	偏丰
811~930 年	唐后期至五代冷期	0.28	2.72	偏歉
931~1320 年	宋元暖期	0.20	3.43	偏丰
1321~1910 年	明清冷期	-0.39	3.32	偏丰

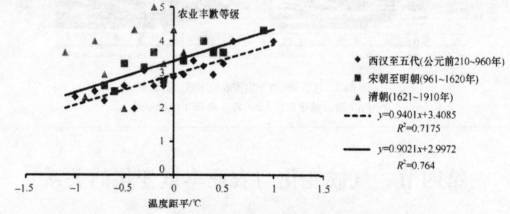

图 6-4　不同时段丰歉等级均值与温度距平的相关性

在相同温度条件下，相比西汉至五代时期（公元前 210~960 年），宋朝至明朝时期（961~1620 年）的丰歉等级均值约高 0.5 级（如图 6-4 所示）。我国南方地区开发极大地扩展了农业种植面积，并提高了单位面积产量，加之技术进步影响，农业生产对于气候变化的适应能力逐步加强，整个社会系统对于气候变化的适应能力也随之提高，使得在过去 2000 年中气候变化对农业生产的影响逐渐减弱。明清时期，海外高产旱地农作物的引进，特别是玉米、马铃薯、番薯的引进，加之农业生产技术的发展，进一步减轻了气候条件（特别是温度）对于农业生产的制约和影响。

二、年代尺度上丰歉与冷暖、干湿的对应关系

在年代尺度上，农业丰歉均值与冬半年气温变化距平值呈正相关。线性拟合的结果显示，温度距平为 0℃，丰歉等级约为 3，即平年；温度每升高 1.1℃左右，农业丰歉等级约升高 1 级，增产 0.9 成，即温度升高 1℃，粮食增收 0.75 成（如图 6-5 所示）。与现代气温每变化 1℃各季作物的熟级可变化 1 级、产量变化 10%（即 1 成）大体相当。

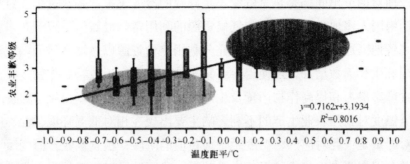

图 6-5 不同冬半年温度距平所对应的 10 年丰歉等级范围及其均值拟合趋势线

年代尺度上，农业丰歉与一定范围内的干湿（干湿指数为 -1.10~1.20）有对应关系，呈现湿度适中（干湿指数 -0.10~0.35）产量偏丰，偏干、偏湿均减产，且偏干减产幅度大于偏湿（如图 6-6 所示）。

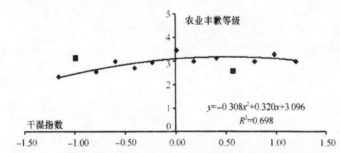

图 6-6 不同干湿指数所对应的 10 年丰歉等级均值及拟合趋势线

把温度距平 ≥ 0、< 0 分别定义为暖、冷，把干湿指数 < -0.1、-0.1~0.35、> 0.35 分别定义为干、适宜、湿，划分出六种温湿组合，分别计算各类温湿组合情况所对应的丰歉等级均值（表 6-9），统计显示，丰歉等级均值为：暖宜 > 暖湿 > 冷宜 > 暖干 > 冷湿 > 冷干，具体而言，暖湿、暖干、冷湿、冷干各气候组合条件下，农业丰歉等级均值分别为 3.25、2.95、2.78 和 2.7。温暖湿润的气候更有利于农业丰收，丰收等级比例为 64.3%；而寒冷干燥的气候农业则更多地出现歉收，歉收等级比例为 60%。

表 6-9 过去 2000 年不同温湿组合条件下中国农业丰歉等级

温湿组合类型及其比例结构				农业丰歉等级			
组合类型	温度距平 /℃	干湿指数	出现时段所占比例 /%	最低级	最高级	均值	农业丰歉类型
暖宜	≥ 0	-0.1~0.35	13.3	2	5	3.4	偏丰
暖湿	≥ 0	> 0.35	13.5	1	5	3.25	偏丰
冷宜	< 0	-0.1~0.35	10.2	1	5	3	平年
暖下	≥ 0	< -0.10	23.2	1	5	2.95	平年
冷湿	< 0	> 0.35	20.9	1	5	2.78	偏歉
冷下	< 0	< -0.10	20.9	1	4	2.7	偏歉

对农业生产而言，水热条件可作资源，可致灾害，严重影响着农业丰歉。季风气候下，

中国农业生产面对的突出问题是热量资源不足导致的冷冻灾害和降水过多或过少导致的涝、旱灾害。中国人多地少，对土地和气候资源的利用常趋极致。受限于热量资源的不足，长期以来各地区通过改革耕作熟制、充分利用热量资源以达增产目的。气温的升高不仅使得积温和生长天数增加，还使得冷害频次减少，有利于改善农作物生长的热量条件，挖掘粮食增产潜力和提高作物产量及生产稳定性；因此，温度变化与粮食丰歉存在正相关关系。温度对我国农业生产的不利影响主要出现在相对低温环境，偏冷时段与霜灾、冻害相对严重是彼此对应的，温度距平为负值的阶段，粮食歉收；而变暖可增加我国的热量资源，因变暖发生热害的影响微乎其微。我国季风气候下的降水常趋极端，降水适量的情况下作为资源被利用，而降雨多或少对于农业生产都会产生不利影响，降水少以发生旱灾为主，降水多则以发生水灾为主，水旱灾害均可造成减产；因此，在偏干或偏湿的阶段，粮食歉收增多。

第七章　我国经济波动与气候变化的关系

第一节　气候变化对经济影响的研究综述

对于自然经济占主导的传统农耕时代，国民经济的发展极大地依赖于农业经济的发展状况，这就为气候变化通过影响农业生产进而影响国家宏观经济的运行提供了可能。

20 世纪 60 年代，国外已经出现大量探讨气候变化对经济发展影响的研究。20 世纪 60~80 年代，历史学界的年鉴学派正值鼎盛，他们强调将气候等地理环境要素引入到历史分析中。其代表人物之一是 Le Roy Ladurie，在其出版的大量成果中使用作物产量、葡萄收获日期、冰川活动等文献记录来探讨过去千年的气候变化及其对人类经济活动的影响，包括 14 世纪以后的小冰期时期瘟疫在欧洲和美洲的横行肆虐及其所引起的生态和人口危机。Le Roy Ladurie 指出西方农业经济发展存在 150~300 年的周期现象，并探讨了气候变化对农业经济长波循环的可能影响。20 世纪 60 年代率先在美国兴起的环境史学也强调探讨人与自然的相互影响及其变迁（高国荣，2005），但侧重人类活动对气候等自然环境的影响。

大量研究案例显示，气候变化是影响人类经济活动的重要因素，主要通过影响极端事件、水资源利用、生产资料、社会战乱等影响经济波动。在人类经济发展史上，经济发展相对迅速、相对繁荣的时段（如罗马时期与中世纪）一般对应温暖湿润的气候，而发展相对缓慢、相对萧条的时段（如西罗马帝国时期、大迁徙时期及 15~17 世纪）对应寒冷与不稳定的气候。全球变暖给欧洲、亚洲和北美洲带来过繁荣时代，与这些时代相交替的是全球变冷所带来的饥荒与流行病时代。12 世纪北美洲印第安农夫因面临干旱考验而不得不放弃原有家园，区域经济趋于瓦解。12 世纪气候由暖变冷，格陵兰周边渔业资源萎缩，危及定居在格陵兰岛的土著居民的生计与生存，冷湿气候还使得欧洲许多地区小麦价格上涨。14 世纪左右气候由中世纪暖期向小冰期转变导致海平面下降，使得太平洋许多小岛屿文明陷于食物危机、对外贸易中断和社会动乱，并走向灭亡。小冰期期间，寒冷气候曾给欧洲造成大规模农业歉收、减产，耕地废弃，饥荒与瘟疫盛行，人口流亡，社会骚乱，这些进一步影响整个国民经济的健康发展。例如，16 世纪 80 年代开始，中欧地区气候开始恶化，持续的冷湿、霜冻灾害气候使得多个国家谷物接连歉收，大量存储谷物霉变而无法补偿气候恶化带来的经济损失，酿酒业开始衰落并严重影响国家收入，人民生活负担加重，营养水平下降加大了对流行病的敏感性，人口的增长受到严重限制。

定量探讨气候变化对经济波动的影响研究主要受经济数据的限制。欧洲中世纪以来，保留着相对完整的经济统计数据，许多经济史学家定量重建了长达几百年的历史经济序列。最著名的莫如 E.H.Phelps Brown 和 Sheila V.Hopkins 重建的英格兰南部建筑工人工资率序列。他们利用前人整理的房地产账目记录，通过寻找各个时期相应的固定工资率作为该期间工资变动的边界控制，重建了过去 700 余年（1264~1954 年）的工资变化序列。随后在利用已有价格指数序列基础上又重建了复合商品的价格指数序列，并与工资率计算得到了同期的工人实际工资变化序列。这些序列成为后续研究的重要数据来源或参照对象，并得到进一步的改善。例如，Clark 在重建了新的商品价格序列基础上，重建了新的工人实际工资序列，并新建了农业工人的实际工资序列。Allen 重建了可同时进行时间和空间上对比的价格与工资序列，探讨了中世纪到第一次世界大战期间欧洲工资与价格的大分流过程。此外，其他一些学者也基于历史记录重建了人口序列，基于"什一税（tithe）"记录重建了农业产量序列，基于各部门人口结构重建的经济结构序列和农业劳动生产率序列及城市化序列等。直至构建 GDP 指标探讨长期的经济变化模式，如经济长波理论。

国内外一些学者利用类似上述这些序列，开展了有关历史气候变化对欧洲地区社会经济的影响研究。Zhang 等利用相关分析与因果检验证明了小冰期的寒冷气候通过影响生态与农业生产进而引发欧洲经济萧条、人口波动到整个社会统治危机的一系列连锁响应。Pei 等指出欧洲 17 世纪经济危机的爆发含有短期气候影响粮价叠加长期气候效应共同作用的结果。由于受到经济序列长度和资料分布区域的限制，国外有关历史气候变化对经济影响的量化研究主要集中在近 500 年来的欧洲地区。

借助丰富的历史文献，国内在探讨历史气候变化对经济发展的影响研究方面成果较为丰硕，主要集中在粮价波动、经济重心转移及区域经济开发等方面。

粮价波动是考察气候变化对古代经济波动影响的最常用指标之一。葛全胜等对此总结，历朝低粮价时，大多气候暖湿、政治清明、农地拓展，粮食供给量大幅增加；高粮价时，大多战争频繁，有低温、旱蝗等灾厄。暖湿气候甚至被认为是唐朝前期低廉粮价的首要原因。气候变化影响粮价波动的实证研究主要集中在明清时期。王业键等将清代长江三角洲地区的粮价与华北、华东地区的冷暖分期和旱涝等级序列进行对照，发现清代长江三角洲地区的粮价高峰大都出现在冷期自然灾害多的年份，但受货币、人口、水利等因素影响，长期气候变迁与粮价并无明显关系。谢美娥对台湾的研究发现气候趋暖、严重自然灾害较少的时期，正是台湾米出口的兴盛期；年成丰歉对米价的升降变动，只在一定程度内产生影响。Zhang 等将重建的 961~1900 年的十年米价波动序列与同期的全国温度和旱涝事件序列进行统计分析，发现过去千年的米价波动与长期的旱涝变化关系并不明显，与温度呈现负相关但不显著，但存在与温度变化相似的 320 年周期。道光萧条时期，白银外流被认为是导致当时货币贬值、粮价飞涨的主要因素，李伯重认为这一过程难免有同期全球性气候恶化的影响。

气候变化对历史朝代经济盛衰的影响近年来为一些学者所关注。赵红军与尹伯成（2010 认为公元 11 世纪后气候的变冷加速了人口南移与南方经济的开发，诱发宋代经济革命的产生，同时也对南宋后期的经济转型构成重大挑战，导致经济发展日益衰颓。中国经济从 18 世纪的长期繁荣转入 19 世纪中期以后的长期衰退，全球气候变化所引起的农业与手工业生产条件恶化是重要因素之一。明朝中期的经济萧条、北朝市场经济的衰退也与气候的变冷及其带来的灾害增加密切关联。

史学界一般认为南方经济超过北方的基本格局奠定于南宋，气候变化被认为是其中一个重要因素。受气候恶化影响，加以天灾人祸的相互作用，人口发生多次大规模南迁，使南方逐渐取代北方成为新的全国经济重心。气候转寒偏干被认为有利于改善江南地区过度潮湿的环境，利于围湖开垦，而北方移民带来的较先进的农业和手工业技术促进了江南农业的多样化及手工商业的发展。经济重心的南移使得北方经济发展和政治统治更加依赖于漕运，南粮北运一旦受阻可能对整个王朝命运造成致命打击。

此外，区域尺度的经济开发也受短期区域气候变化驱动。方修琦和萧凌波等学者依据地方志及《清实录》等资料重建了清代内蒙古东部地区（简称东蒙，后同）和东北地区耕地开垦、农业收成、人丁增长等指标序列，并对比同期华北地区的旱涝序列，得出移民开垦作为华北平原难民对华北水旱灾事件的异地响应，促进了东蒙和东北地区农业经济的阶段性发展与繁荣。

第二节　宏观经济序列的重建

秦朝统一至清朝末（公元前 220~1910 年）的两千多年通常被称之为中国的帝制时期。该时期经济制度和结构相对统一（小农经济），国民经济体系高度依赖于农业生产，而另一个显著特点是社会经济发展呈现显著的兴衰波动，在社会稳定性上表现为"分久必合，合久必分"的治乱循环，政治上表现为新旧朝代的更替，人口上表现出人口数增长与下降的交替，经济层面则表现为繁荣与萧条的枯荣。

该时期中原内地大致经历了 21 个主要历史朝代。各个历史朝代的疆域虽各不相同，但社会经济的发展都主要建立在若干核心经济区的发展上。早期中国的核心经济区主要分布在黄河中下游地区，唐宋以后扩展并转移至长江中下游一带。其他区域，如西北地区和西藏地区，对全国经济总量的贡献在历史时期是微不足道的，而且个别区域在大部分历史时期并不在当时中原王朝版图之内。有关历史农业生产和经济活动的证据主要来自中国东部（100°~125° E，25°~40° N）。

从整个帝制时期来看，中国的宏观经济发展以传统农业经济的发展为主导。而传统农业生产技术进步甚微，如汉代与清代的粮食亩产分别约为 299 斤 / 亩（1 斤 =0.5kg，1 亩≈ 0.067hm²）和 356.5 斤 / 亩，清代相比汉代高不到 20%，且技术进步带来的正效应往往被人口增长所抵消，自汉代以来，中国的每个农业劳动力每年产粮 2000 斤左右，一直徘徊了 2000 余年。落后的农业技术决定了国民经济的发展主要依赖耕地的拓垦和人口的增加等要素的驱动而非技术进步的推动。换言之，传统中国经济在相同经济状态下的经济发展水平没有本质的区别，这在经济鼎盛和崩溃时期表现尤为明显。因此经济崩溃时期也被作为本章经济等级评价的基准。本节将经济水平理解为国家层面的总体财富水平，对宏观经济盛衰的评价以帝国为基本分析单元，用整体的经济状态来衡量。

一、资料来源与预处理

宏观经济史料提取于 25 部中国历史和经济史著作（表 7-1）。搜集的作品以通史或通史系列中的断代史类著作为主（包括中国通史、经济通史）及一些农民负担史、财政史等专题经济史著。这些著作基本上涵盖了中国现有的几部 / 套权威历史和经济史著作，其中大多为当代中国著名史学大家（如白寿彝、范文澜等）和经济史学大家（如傅筑夫、朱伯康、赵德馨等）主编，集合了相关领域众多知名学者的共同成果，出版年份以 20 世纪 80 年代以后为主。以上著作可视为中国经济史领域专家对古代中国经济波动的权威看法或观点的可靠数据来源，从中提取的历史经济相关的文字描述可以视为作者在综合多方面社会经济指标信息的基础上对某一历史时期经济印象的综合表达，可以满足语义差异法的要求。利用经济史著作提取信息相比直接利用原始经济史料更具有优势。首先，从理论上来说，过去两千年余年来中国文献中的文字描述语言并无重大差别，这对当代的著作也一样，许多著作的描述甚至直接引用史料的描述。其次，这些作品均为学术专著，书中的描述和结论是知名学者基于对大量原始经济史料的系统分析才得出的，因而更具权威和可信。而且若干著作对原始经济史料的引用和分析极为丰富。最后，不同学者之间的描述可相互验证和补充，避免片面判断，降低主观性。虽然著作间会存在相互引用的问题，但某一结论引用率越高，越能代表该结论的权威性和可靠性。

表 7-1 过去 2000 年经济序列重建的资料来源

编号	作者 / 主编	书名（及卷号、版本）	出版单位及地点	出版年份
1	傅筑夫	《中国封建社会经济史》（卷 1~5）	北京：人民出版社	1981~1989
2	史仲文，胡晓林	《中国全史》（经济卷 3~9）	北京：人民出版社	1994
3	朱伯康	《中国经济通史》	北京：中国社会科学出版社	1995
4	赵德馨	《中国经济通史》（卷 2~8）	长沙：湖南人民出版社	2002
5	周自强	《中国经济通史》（卷 2~9，第二版）	北京：经济出报出版社	2007

编号	作者/主编	书名（及卷号、版本）	出版单位及地点	出版年份
6	田昌五，漆侠	《中国历代经济史》（卷1~4）	台北：文津出版社	1996
7	宁可	《中国经济发展史》	北京：中国经济出版社	1999
8	李剑农	《中国古代经济史稿》	武汉：武汉大学出版社	2006
9	白寿彝	《中国通史》（卷4~10）	上海：上海人民出版社	1989~1999
10	范文澜，蔡美彪	《中国通史》（卷2~10）	北京：人民出版社	1994
11	张岂之	《中国历史》（卷1~4）	北京：高等教育出版社	2001
12	蒋福亚	《魏晋南北朝社会经济史》	天津：天津古籍出版社	2005
13	葛金芳	《宋辽夏金经济研析》	武汉：武汉出版社	1991
14	李龙潜	《明清经济史》	广州：广东高等教育出版社	1988
15	严中平	《中国近代经济史》（上下）	北京：人民出版社	1989
16	汪敬虞	《中国近代经济史》（1895~1927）	北京：人民出版社	2000
17	赵德馨	《中国近现代经济史》（1842~1949）	郑州：河南人民出版社	2003
18	刘佛丁	《近代中国的经济发展》	济南：山东人民出版社	1997
19	李宏略	《中国农民负担史》（卷1）	北京：中国财政经济出版社	1991
20	项怀诚	《中国财政通史》（卷2~7）	北京：中国财政经济出版社	2006
21	周伯棣	《中国财政史》	上海：上海人民出版社	1981
22	陈明光	《唐代财政史新编》	北京：中国财政经济出版社	1991
23	汪圣铎	《两宋财政史》（卷1~2）	北京：中华书局	1995
24	彭信威	《中国货币史》（第二版）	上海：上海人民出版社	2007
25	郑学檬	《中国古代经济重心南移和唐宋江南经济研究》	长沙：岳麓书社	2003

从上述著作中收集的直接证据类型包括综合经济状态和过程描述，间接证据类型包

括人口、耕地、农民生活负担、政府财政收支等具体指标描述。将所收集的记录按照一定的数据表结构建立专题数据库，数据库包括原始记录数据表、派生数据表、统计数据表三层结构。原始记录数据表（表7-2）主要包括直接从历史和经济史著作中收集到的经济状态及各相关指标的词汇描述。派生数据表（表7-3）是从原始记录表中主要提取三类有用记录，分别为宏观经济状态、宏观经济发展过程及其前后对比、农民负担与财政收支状况，在此基础上将来源于不同著作的记录按时间分辨率相近的原则将上述各记录类型整合到对应时段，并进行编码、统计记录数量等，以便于不同记录观点间的综合对比。统计数据表（表7-4）是对派生数据表做进一步的量化处理，建立初始经济等级序列和10年分辨率的经济等级序列，用于量化序列重建或分析制图。各个数据表之间用同一字段相连，便于查询和处理。

表7-2　中国历史时期宏观经济序列重建的原始记录表结构

字段	字段解释	字段	字段解释
ID1	记录编码	间隔	记录的分辨率
朝代	记录对应的朝代	原始记录	史料对经济状况及相关指标的词汇描述等
帝王	记录对应的帝王名字	现代资料来源	原始记录的现代著作出处
起始时间	记录的起始时间	ResID	原始记录的现代著作编码
终止时间	记录的终止时间	古代资料来源	原始经济史料的古代著作出处

表7-3　中国历史时期宏观经济序列重建的派生记录表结构

字段	字段解释	字段	字段解释
ID1	与原始记录表中的ID1一致，用逗号分隔	间隔	时段的分辨率
ID2	同一记录经拆分后，对时间分辨率相近的不同记录进行整合后的各时段的编码	记录概况	不同著作对经济状况的词汇描述，格式为"ResID：记录描述"
朝代	记录对应的朝代	记录类型	主要包括三类词汇描述：宏观经济状态（L1），宏观经济过程及其前后对比（L2），农民负担和财政收支状况（L3）
帝王	记录对应的帝王名字	记录数量	记录整合后该时段的记录总数量
起始时间	时段的起始时间	赞成记录数量	多数记录观点一致的记录总数量
终止时间	时段的终止时间	反对记录数量	与多数记录观点不一致的记录总数量

表7-4　中国历史时期宏观经济序列重建的统计数据表结构

字段	字段解释	字段	字段解释
ID2	与派生记录表中的ID2一致	所用记录类型	判断初始经济等级所用的记录类型，如L1、L2

朝代	记录对应的朝代	记录数量	判断初始经济等级所用的各类型记录的总量
帝王	记录对应的帝王名字	赞成记录数量	多数记录观点一致的记录总数量
ID3	与初始经济等级对应的时段编码	反对记录数量	与多数记录观点不一致的记录总数量
起始时间	ID3 时段的起始时间	ID4	与 10 年分辨率经济等级对应的年代编码
终止时间	ID3 时段的终止时间	年代	与 10 年分辨率经济等级对应的年代
间隔	ID3 时段的分辨率	10 年分辨率经济等级	对初始经济等级进行加权平均后取整得到的各年代经济等级值
初始经济等级	多尺度数据融合后判断的各时段的初始经济等级		

宏观经济史料共收集到 1091 条记录。按照各记录语义类型及其反映宏观经济波动能力的大小，将记录归并为三组具有不同等级判断优势度的记录，由高到低分别为：宏观经济状态（458 条，占 42%）、宏观经济过程与对比（576 条，占 52.8%）及农民生计和国家财政状况（57 条，占 5.2%）。特别是最后一组记录，反映的是具体指标的波动，与前两组指标反映的整体经济的波动可能不一致，但前两组是主要的判断依据，占记录总量的 95%。

对上述三类词汇类型，可用一个标准词汇概括语义相近或其所指示的经济位相相近的不同词汇描述，从而建立与历朝宏观经济状态相关词汇的语义分级标准（表 7-5）。本节采用 5 级量表刻画一个标准经济周期内经济状态从崩溃（1 级）到鼎盛（5 级）的位相变化（如图 7-1 所示）。传统中国经济在经济崩溃时期状况相似，可作为经济等级评价对比的基准；而经济鼎盛期以过去 2000 年中最为强盛的汉、唐等朝代中经济最好的时期作为参照。

表 7-5　宏观经济波动位相的词汇语义描述及其分级标准

概况等级	宏观经济状态描述举例	宏观经济前后过程对比描述举例		农民生计与国家财政描述举例	
		上升	下降	生计	财政
崩溃 1	全盘崩溃/荡然无存；陷入绝境；满目疮痍/荒凉；空前浩劫；烟火断绝/极目荒凉	崩溃之状不减战时	陡然一落千丈/逆转；急剧崩溃；突然中断；跌入低谷	无法保证生存需求。赋役负担繁重到了极点；民不聊生；大饥馑，人相食	社会财富极端匮乏，财政枯竭，陷于穷乏；财政崩溃
凋敝 2	濒于崩溃；经济危机、混乱；一片衰败景象；残破，凋敝，萧条，低落	恢复相当有限；恢复缓慢；始终无多大起色；获得喘息复苏的机会	经济生产萎缩；迅速恶化	衣食较为匮乏。空前贫困，普遍陷于饥荒；破产严重，普遍进行小规模的武装反抗	财政异常困难；财政状况急剧恶化；亏空严重；十分拮据

一般3	社会（农业）生产正常；虽不至于繁荣但安居乐业；还不至于太混乱	开始好转，生产有所恢复；由恢复开始转入发展时期	陷入徘徊/停滞倒退；不太景气；日趋凋敝；明显衰退，大不如前	勉强满足基本需求。生活有所改善；赋役偏重，出现流民	财政渐入正轨；财政失衡；支应日益膨胀，不太宽裕；收支相抵
繁荣4	欣欣叫荣的景象；初步繁荣、小康局面；民康俗阜；经济状况较稳定	迅速/稳定发展；根本好转；全面回升、恢复；继续/进一步向前发展	经济开始衰落/回落下降；逐渐走向下坡	能较好地保证基本需求。得以休养生息；赋税负担有很大减轻；开始破产流亡，但不严重	蓄积岁增；足够的粮食储备以减免税收；财政亦更见充裕；颇有蓄积
鼎盛5	相当繁荣的财富积累；空前/全而繁荣；蓬勃高涨；前所未有的富庶；繁荣顶点/高峰	飞跃、大跃进；经济繁荣延续；依然繁荣；近于直线上升；蓬勃发展	勉强维持繁荣，不能继续发展	较好地满足多数人的基本需求。百姓家给人足；百姓殷富	财政绰有余裕；国库充裕；财政颇为殷实

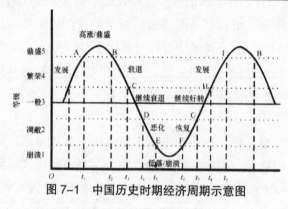

图 7-1 中国历史时期经济周期示意图

二、10 年分辨率宏观经济等级序列重建

历史及现代史学著作中关于历史经济状况的叙述的主要特点为：主要以一个朝代的多年代乃至百年际经济兴衰周期为描述对象，所采用的描述方式亦可归结为双极形容词叠加表示程度的副词的方式，描述的内容主要包括各时期的经济状态和经济发展趋势两个方面，前者对应于一个经济周期的不同位相，而后者以初始期或前期的状态为参照系；记录的时间分辨率包括从年分辨率的经济事件到各朝代及帝王的不同阶段（多年代至百年）的多个时间尺度，以帝王尺度（一般不超过 20~30 年）为主。

结合记录多分辨率的特点，拟采取多分辨率数据融合的方法（降尺度）—从多年代的帝王尺度（通常 20~30 年）及朝代尺度（百年）分辨率到 10 年分辨率的降尺度转换，通常从原始记录入手，在对每条记录所刻画的等级或等级变化进行判定的基础上，通过整合由数年至上百年不同时间分辨率的记录，利用不同记录起止时间点的差异或时间分辨率的差异，对相对低分辨率的记录进行时间分割来逐步将时间分辨率提高到 10 年，然后再以年代为基本时间单元进行取整处理。

在中国历史上的 21 个主要朝代中，有 10 个为统一王朝的时期，它们的经济状况就代表全国的经济状况，包括秦朝（公元前 221~ 前 206 年）、西汉（公元前 206~25 年）、东汉（25~220 年）、西晋（280~317 年）、隋朝（589~618 年）、唐朝（618~907 年）、北宋（960~1127 年）、元朝（1279~1368 年）、明朝（1368~1644 年）和清朝（1644~1911 年）（毛耀顺，2002）。其他时段多为分裂时期，但仍有一些朝代统治着中国大半个疆域，它们的经济活动可作为分裂时期国家经济状况评价的主要依据。这些朝代包括三国时期的曹魏政权（220~265 年）和西晋初期（265~279 年）；十六国时期南方的东晋（317~420 年），北方的后赵（319~351 年）和前秦（351~394 年）；南北朝时期北方的北魏（386~534 年）和南方的宋（420~479 年）、齐（479~502 年）、梁（502~557 年）、陈（557~589 年）；最后就是南宋（1127~1279 年）、金朝（1128~1234 年）和元朝初期（1234~1279 年）。上述分裂期中，317~589 年和 1127~1279 年是南北方朝代对峙的两个主要时期，也是本章研究中分南北对各朝经济或财政活动进行评定的两个主要时期。其他少数时期，如五代十国（907~979 年），各朝历时短，统治区域或经济区相对破碎，主要在综合区域政权经济活动基础上给出全国的平均经济状态评价。

1. 记录分辨率的识别与记录整合

记录分辨率的识别据记录本身信息或参考学者毛耀顺对各帝王或朝代的起止年份划分。此外，对于时间定位含糊的记录（如武帝初期、唐朝晚期、1840 年以前或以后），其起止时间的确定参考相同或相近时段的其他记录的时间特征，或重大经济活动相关的转折点年份（如进行大规模赋税改革的起始年份）。为方便记录间的对比，将记录覆盖时段重叠比例大的相近时间分辨率（相似时间尺度）的记录进一步整合得到 274 个时段（其中 317~589 年和 1127~1279 年南方朝代有 43 个时段，公元前 221~1911 年其他朝代有 231 个时段）。需要指出的是，这些时段是根据多数记录的分辨率（起止时间）综合确定的，其可行性主要是考虑到多数记录的时间分辨率通常对应一个时段或一个帝王统治时期，而非精确到年。以上 274 个时段的长度从几年到几百年不等，其中长度在 10 年、30 年、50 年以下的时段分别占 29.6%（81 个）、65.7%（180 个）、80.7%（221 个）。相应的，这三种时段的记录数量分别占 20.2%（220 条）、54.8%（598 条）、80%（864 条）。约有 130 个时段（398 条记录）长度较短，可视为高分辨率数据；而另外 144 个时段（693 条记录）长度较长，可作为低分辨率数据。两类分辨率时段中，平均每个时段记录条数分别为 3 条和 5 条。

2. 宏观经济趋势序列重建

重建宏观经济趋势序列的关键在于，在参考低分辨率的宏观经济过程数据所传递的经济发展大势基础上，利用高分辨率记录判断关键转折点的经济等级。转折点通常为经济等级相对明确判断且存在明显转折的时间节点，多位于朝代的经济崩溃和鼎盛时期或标志经济转折的重大经济事件年份。

转折点的年份主要依据以下几个原则来确定。

（1）精确原则。优先参考转折年份明确的记录描述，如"光武中叶以后，经济日渐恢复"，"建武十二年全国统一后，集中恢复和发展生产，社会经济逐渐恢复"，则以36年（建武十二年）作为转折点。

（2）端点或中点原则。某一时段各条记录的分辨率均无法精确到具体年份时，以经济等级能相对明确判断的该时段的端点或中点作为转折点，如"隋炀帝继位后，开皇时期的上升趋势便陡然逆转，转瞬之间，社会经济又陷于全面的大崩溃"，可知隋炀帝时期（604～618年）经济等级为1，取其中点611年为转折点，经济等级为1。取端点还是中点主要取决于对史料描述的综合权衡，如此例中604年已判断为经济等级为5（589～604年）的转折点，而618年距经济开始崩溃时间较远，不适合作为经济崩溃的起始点，因此以604～618年期间的中点作为等级1的起始点。

（3）多数原则与折中原则。不同记录的起止时间相互矛盾时，以多数记录的起止时间为准。例如，对于东汉中期，多数记录认为和帝时经济依然繁荣，和帝以后经济才开始衰落，因此以105年作为经济繁荣的终止点。多条记录的起止时间相差较大、又无明显的多数时，采取折中处理，如取中间值。

（4）相关重大历史事件辅助原则。以战争开始或结束、重大赋税改革时间等作为转折点。例如，西汉武帝（在位期间为公元前141～前87年）继位之初经济鼎盛，但此后由于不断对外用兵致使经济走向衰落，武帝末年经济濒临崩溃。由于缺乏经济开始衰落的具体时间，而公元前119年开始进行大规模赋税改革是当时财政和经济趋于衰落的重要表现，因此以公元前120年作为经济鼎盛的终止点。

对于转折点经济等级的判断，不同记录的观点可能相互冲突。其原因可能是由于不同经济史学家本身对该时段的经济状态有不一致的评价，也可能是受不同写作风格的影响。处理方法是，如果该时段所有记录的经济等级一致，则等级的判断按照表7-5的标准进行；如果不同记录反映的经济状态性质一致但分属不同等级（同为凋敝1级～3级或同为繁荣3级～5级），则按多数记录的等级定级，或按5级优先于4级，4级优先于3级，1级优先于2级，2级优先于3级的顺序定级，在各自记录频数一致时则优先参考第二组中的对比描述记录定级；如果不同记录反映的经济状态性质不一致（如分别为崩溃和繁荣），按多数记录的等级定级或取折中值。

无论是上述转折点年份的确定还是等级的判断，在资料选取上优先参考第一组状态描述证据（高优先级），当第一组评价依据数据缺乏时或无法做出判断时，再参考第二组（中优先级）前后过程对比描述，依次类推。按照上述几个原则，使用上文中130个时段内的高分辨率记录，共判断出109个关键转折点及其经济等级（其中317～589年和1127～1279年南方朝代有20个，公元前221～1911年其他朝代有89个）[如图7-2（c）所示]。转折点之间的连线反映了记录在144个时段低分辨率记录的宏观经济相对趋势性变化信息。

3.10年分辨率经济序列重建

进一步使用高分辨率记录对低分辨率记录进行时间分割，以增加上述趋势控制序列的等级采样点。等级的判定及资料使用的优先次序遵循与上文关键转折点等级判断相类似的原则。由于经济崩溃和经济繁荣／鼎盛的时期资料最丰富，经济等级也相对容易判断，因此，优先确定此类时段的经济等级，再进一步确定其他时段的经济等级。

按上述方法，最终得到148个时段（其中317~589年和1127~1279年南方朝代有24个，公元前221~1911年其他朝代有124个）的经济等级，重建出两条无固定时间分辨率的初始经济序列。主要据第一组、第二组和第三组证据得到的等级分别占68.2%（101个）、18.2%（27个）和13.6（20个）。经济等级（或时段）持续时间在1~10年，11~20年，21~30年，31~40年，41~50年，51~60年之间的等级分别有43个（占总数148的29.1%），57个（38.5%），34个（23%），7个（4.7%），6个（4.1%），1个（0.6%）。

对上述148个时段的经济等级，当10年内存在两个等级，以各等级在该10年内所占的时间比例为加权系数计算两个等级的加权平均值作为该10年的最终经济等级；当10年内只存在一个等级时，则以该等级作为该10年的经济等级。最终得到两条10年分辨率的经济等级序列（如图7-2所示）。

4. 南北空间加权

对上述两条10年分辨率经济序列进行南北空间加权得到全国范围的10年分辨率经济等级序列。以南北人口比作为空间加权系数。第一个南北对峙时期（321~590年）以西晋太康元年（280年）南北人口比1：2（南方：4816685人；北方：10367032人），作为南北加权系数。第二个南北对峙时期（1131~1280年），即南宋金元时期。宋金时期，南北人口比例大致维持在0.4~0.6之间，但有关中国古代经济重心南移的研究表明，南宋是经济重心南移的完成阶段，宋金对峙时期，南方户数多于北方，而人口数少于北方（南宋孝宗淳熙十四年的户数为12376522户，口数为24311789人，金世宗大定二十七年户数为6789449户，口数为44705086人）。郑学檬认为金代的辖境比北宋的北方地区大得多，且南宋户口统计存在种种问题，南宋的实际口数应该不会少于北宋旧境在内的北方地区口数。因此采取折中原则，取1：1作为该时期南北经济等级的加权系数。最后将加权结果四舍五入为整数，得到公元前221~1911年全国范围的10年分辨率宏观经济波动序列（图7-2）。

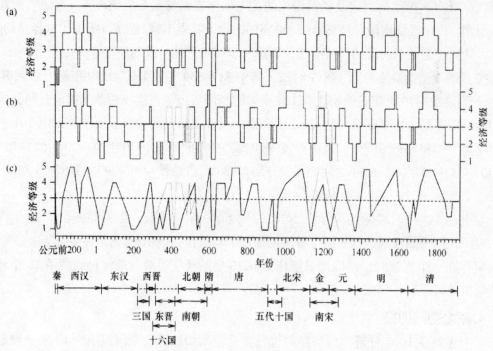

图 7-2　公元前 221~910 年中国宏观经济等级序列重建

（a）南北空间加权后的全国 10 年分辨率经济序列；（b）10 年分辨率的经济等级序列，有粗灰色实线时段，粗灰、黑实线分别为分裂时期的南方、北方 10 年经济序列；（c）趋势控制序列，有粗灰色实线时段，粗灰、黑实线分别为分裂时期的南方、北方经济趋势控制序列

三、经济序列的不确定性评估

统计发现，1 级 ~5 级各经济等级比例分别为 10.3%、24%、28.6%、22.5%、14.6%，大致呈正态分布，在一定程度上可以反映重建结果的合理性。在保证资料来源可信和重建方法合理的基础上，影响序列产生误差的因素主要来源于资料记录的可获得性及不同记录衡量古代经济水平的一致性程度。主要从数据的数量和质量（包括覆盖面、资料数量及时间分辨率等）及人为判断误差两方面进行重建序列的误差评估。

（1）从数据来看，图 7-3 显示各个时段均有资料覆盖，但各时段资料覆盖的数量存在差异。将总共 274 个时段的记录进行叠加计算每十年的记录数量，对于全国或分裂时期的北方序列，其中公元前 120~10 年、760~960 年、1071~1120 年、1191~1260 年、1531~1640 年、1840~1910 年等时段资料数量偏少，每十年资料数量约分别为 14 条、11 条、12 条、16 条、14 条、11 条，低于平均记录 20 条；而对于分裂时期的南方序列，1121~1280 年（南宋时期）资料数量偏少，平均约 12 条记录。对数据有无状况及其分辨率的评估可以参考以下标准：以 10 年内只存在一个判断等级（不包括相邻年代的经济等级值相同的情况）作为该 10 年内没有数据，其他情况均视为有数据，即 10 年分辨率是可靠的。对图 7-2（b）中的两条序列进行统计，得到 10 年内有数据的有 95 个年代，占总共 255 个年代的 37.3%。连续 1 个、2 个、3 个、4 个、5 个 10 年没有数据的年代分别有 41（16.1%）、52（20.4%）、36（14.1%）、

16（6.3%）、15（5.8%），即 30 年内有数据的占 73.8%。因此，该序列至少可以反映 30 年尺度上的经济波动。记录间隔在 35 年以内的占了资料总量的 68%，主要集中在两汉时期（公元前 206~220 年），魏晋南北朝至唐中期（220~800 年）及北宋中期至明朝初期（1100~1400年），尤其是在朝代初期和末期的更替时期，记录间隔较短。

（2）主观判断误差主要受不同学者在经济波动认识和词汇描述（写作风格）的差异两方面影响。从对词汇的语义分析及不同记录观点的对比来看，后者占主要影响。图 7-3 中绿线部分为相对于判断等级的比较明显（误差在两个等级以上）的冲突记录数量的分布状况，可以看出观点分歧较大的时期多分布在朝代后期，如西汉和东汉后期，明清后期，表明朝代后期的经济等级的误差相对较大。词汇描述差异的影响一部分已通过表 7-5 的语义分级标准及上述不同记录观点冲突情景下等级判断原则得到一定的消除。影响序列误差的另一个因素可能是，作者间观点不一致但使用相同的词汇描述，或者观点一致但使用不同的词汇描述。但是，绝大部分的同类词汇描述在语义上不会有本质的差异，比如不太可能用"繁荣"描述经济的凋敝，反之亦然。因此只要判断等级与实际等级之间不是本质性的区别（或两者之差在两个等级以内），即很少将实际等级 4 级（或 1 级）判断为 2 级（或 3 级），上下偏离各 1 个等级均是可以接受的范围，估计这类等级比例至少可以达到 80% 以上。语义差异法本身也是允许一定的主观判断误差范围的。

综合上述两方面的分析，可以大致判定重建的经济序列在唐朝中期以前误差水平相对较低，而在唐朝中期以后误差偏高；从单个朝代来看，朝代初期和朝代末期的误差较朝代其他时期偏低；从经济等级上看，等级为 1 级、4 级、5 级的误差偏低，而 2 级、3 级的误差偏高。

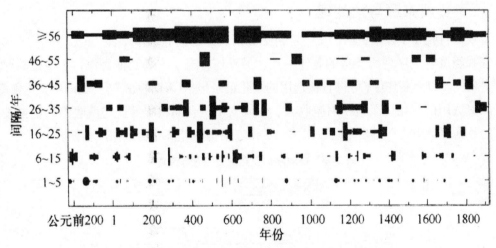

图 7-3　经济序列重建资料记录的时间覆盖及资料数量

第三节　财政收支序列的重建

　　财政收支是描述经济子系统国家可支配收入相对变化的指标，指示经济运行状况的好坏。在财政方面，中国自秦朝统一以后，开始建立起全国统一的赋税和财政制度。在此后的 2000 余年里，封建财政得以不断完善和巩固，在财政的管理、功能、收支项目和数量等方面随着社会的发展和人为的调整都有较大差异。例如，在某些时期国家财政甚至完全退化为实物财政。这些方面都很难用统一的指标进行比较。然而，不管是哪种财政组织形式，财政平衡或财政健康是每个历史朝代赖以存在的基础。财政的相对盈亏变化可作为统一的量化指标。此外，中国自古以农立国，市场和货币经济不发达，国家财政主要体现为实物的供给与需求关系主要的收入来源和支出去向都相对固定。其中田赋是古代国家最基本、最重要的收入来源，被历朝列为正供。虽然田赋收入比例在某些时期有所下降，但直到清朝前期，田赋（地丁银）收入的比例仍然达到近 80%。这就使得气候变化有可能通过影响农业生产进而影响朝代的财政波动。

　　财政收支序列的重建过程大体与宏观经济等级序列一致。不同之处主要有两个方面：一，按不同词汇描述反映财政收支波动的能力，将记录证据划分为直接证据和间接证据两种类型，并优先参考直接证据。二，考虑到财政记录的分辨率相对偏高且直接证据类型占多数，可直接对原始证据进行不同时段的财政等级评定。

一、资料来源与预处理

　　财政史料收集于以下中国历史、经济史和财政专题史等著作（表 7-6）。其中 19 部著作与宏观经济等级序列所参考的著作一致，另外还补充了 5 部其他著作，主要是与财政专题史相关。以上著作中，可供直接选用的量化记录包括国库储备状况、财政收支差额等，可供间接选用的量化记录包括财政收入、财政支出、仓储状况等。将所收集的记录按照一定的数据表结构建立财政专题数据库，数据表结构与经济专题数据库相似。

表 7-6　财政序列重建的资料著作来源

编号	作者／主编	书名（及卷号、版本）	出版单位及地点	出版年份
1	傅筑夫	《中国封建社会经济史》（卷 1~5）	北京：人民出版社	1981 ~ 1989
2	史仲文，胡晓林	《中国全史》（经济卷 3~9）	北京：人民出版社	1994
3	朱伯康	《中国经济通史》	北京：中国社会科学出版社	1995
4	赵德馨	《中国经济通史》（卷 2~8）	长沙：湖南人民出版社	2002
5	周自强	《中国经济通史》（卷 2~9，第二版）	北京：经济日报出版社	2007

编号	作者／主编	书名（及卷号、版本）	出版单位及地点	出版年份
6	白寿彝	《中国通史》（卷4~10）	上海：上海人民出版社	1989~1999
7	范文澜，蔡美彪	《中国通史》（卷2~10）	北京：人民出版社	1994
8	张岂之	《中国历史》（卷1~4）	北京：高等教育出版社	2001
9	蒋福亚	《魏晋南北朝社会经济史》	天津：天津古籍出版社	2005
10	李龙潜	《明清经济史》	广州：广东高等教育出版社	1988
11	严中平	《中国近代经济史》（上下）	北京：人民出版社	1989
12	汪敬虞	《中国近代经济史》（1895~1927）	北京：人民出版社	2000
13	赵德馨	《中国近现代经济史》（1842~1949）	郑州：河南人民出版社	2003
14	李宏略	《中国农民负担史》（卷1）	北京：中国财政经济出版社	1991
15	项怀诚	《中国财政通史》（卷2~7）	北京：中国财政经济出版社	2006
16	周伯棣	《中国财政史》	上海：上海人民出版社	1981
17	陈明光	《唐代财政史新编》	北京：中国财政经济出版社	1991
18	汪圣铎	《两宋财政史》（卷1~2）	北京：中华书局	1995
19	彭信威	《中国货币史》（第二版）	上海：上海人民出版社	2007
20	陈明光	《六朝财政史》	北京：中国财政经济出版社	1997
21	马大英	《汉代财政史》	北京：中国财政经济出版社	1983
22	黄天华	《中国财政史纲》	上海：上海财经大学出版社	1999
23	孙文学，齐海鹏	《中国财政史》（第二版）	大连：东北财经大学出版社	2008

与各朝代财政平衡状况相关的直接和辅助证据，共搜集到相关记录1101条。其中，直接证据共710条，内容包括财政平衡状态及相关的辅助描述，前后财政平衡状态的对比，粮食储备状况等；辅助证据共391条，内容包括财政收入，财政支出，赋税制度的调整，社会秩序及粗一级分辨率的直接和辅助证据记录等（表7-7）。需要说明的是，虽然财政史料与宏观经济史料在资料来源上有很大重叠，但财政史料证据类型更为集中，大多是与财政平衡直接相关的词汇描述（直接证据居多），而且多数财政证据是在宏观经济史料中所收集的财政收支证据的基础上补充而来，大都未用于宏观经济等级的评价。

二、10年分辨率财政等级序列重建

根据词汇语义差别E分财政等级的标准如表7-7所示。将财政平衡划分为五个等级，从1级到5级分别代表从严重匮乏到富足充裕。财政的匮乏或充足，是相对于当时的需求而言的，即所划分的等级反映的是一种偏离均衡状态的相对波动状况。等级评定的具体方法和步骤如下。

表7-7　财政平衡状况的词汇语义描述及其分级标准

财政等级		1	2	3	4	5
盈亏概况		严重失衡或匮乏	失衡/亏短	收支相抵/欠佳	略有结余/偏好	富足/充裕
直接证据	财政平衡状态+辅助描述	财政困难；国用不足；国库渐空；财政拮据			财政丰裕/充裕	
		府库空虚		—		
		财政崩溃/崩溃边缘；危机深渊/濒临绝境；长期收不抵支的空前危机；府库空竭，以致百官绝俸/竭泽而渔/恶性贬值/卖官更为普遍	财政危机；经常性的入不敷出/捉襟见肘；库藏空虚，不得不加赋/卖官/借贷/减俸/财政改革等	收支相抵；财政紧张/面临压力/大窘；困难不大，仍有减税之事；支出有所节制；稍显困难，恢复盐铁官营；赤字偶现，可动用积蓄弥补亏空	绰赠有余裕；收支紧张，但仍有盈余；结余和存银开始锐减；不是特别殷实，有待进一步改善；储备日渐丰富，可适当增加官俸/应付灾荒等	府库相当充裕；巨额/大量积蓄；府藏盈溢/丰盈；富有结余；财政充裕，足以支持对外征伐/大型工程建设等
	对比	财政更加困难；趋于/更加恶化；财政赤字进一步扩大；财政状况稍有好转/改善			财政状况较明显好转/改善；财政形势较稳/未进一步恶化；财力进一步发展/一定程度的衰退	
		财政危机进一步恶化/更为严重；府库更加空竭	财政愈加困难/危机趋于明朗，还不至于崩溃；稍有一些改善	由入不敷出逐渐转为有所结余	日益丰足；危机得到扭转；不如以往，由最佳状态开始走下坡路	财政根本/显著改观或好转；进一步朝着富足发展
	粮储	仓廪匮竭，饥荒连年；太仓积粟"无一年之蓄"	粮食积贮不丰；所蓄无以备饥馑		虽遇水旱灾害，公私仍丰足	府县仓廪蓄积甚丰，至红腐不可食
辅助证据	收入	税源枯竭	收入混乱不堪	收入步入正轨/不稳定	收入丰裕；来源非常稳定	
	支出	支出耗竭；大兴土木、征伐，开支激增；财力有限，支出受到限制			财政日渐充实，帝王逐渐浪费起来	
	赋税	财政危机，开始赋税大改革；竭泽而渔的加派		—	普免天下钱粮	
	其他	大动乱，大破坏		—	社会生产秩序比较安定	

1. 财政评价对象的选择

财政是与封建国家相互依存的，与宏观经济等级序列所选取的朝代一致，主要选择中国历史上的21个主要朝代的财政状况作为评价对象。其中，317~589年和1127~1279年是南北方朝代对峙的两个主要时期，分南北对各朝财政活动进行评定。其他少数分裂时期主要依据各政权财政状态的全国平均状况进行评定。

2. 记录分辨率识别与时段划分

在识别各条记录起止时间（时间分辨率）的基础上，划分出共158个时间断面（其中两大分裂时期317~589年和1127~1279年南方朝代有31个时段，公元前221~1911年其他朝代共有 127 个时段)。这些时间断面代表了可区分的最小时段，以便把相近分辨率的记录整合到一起，参与该时段财政等级的判定。需要说明的是，与宏观经济史料的时段划分相似，这些时段并非等于各条记录的分辨率，但却代表了多数记录的分辨率。这是因为，绝大多数记录所覆盖的年限对应一个时段（通常为一个帝王统治时期）。即使有些记录对应的是年，该记录也多用于描述某个阶段的财政状况。因此，可以将其做进一步的整合，便于后续的相互对比。对各条记录起止时间的识别判断原则与宏观经济序列相同。除以上 158 个时段外，另外还可识别出 46 个更长年限的时段。这些时段中的记录可以提供重要的财政平衡信息，但分辨率相对较低。由于它们不直接参与财政等级的判定，将这类记录归为辅助证据。以上 204 个时段所覆盖的年限有从数年到几百年的变化，其中长度在 10 年、30 年、50 年以下的时段分别占 21%、76%、84%。

图 7-4(c) 是将 46 个时段的资料记录叠加到相应的 158 个各时段的记录上后，总的资料记录数量的时间分布状况。图中显示，资料记录基本均匀分布于各个时段，每个时段的平均记录数量为 12 条。记录偏少的时段集中于分裂时期（如魏晋南北朝时期，五代十国时期，其中两大分裂时期 317~589 年和 1127~1279 年南北方朝代平均每个时段记录为 8 条）。如果只考虑 158 个时段中的直接和辅助证据，则平均记录为 6 条。

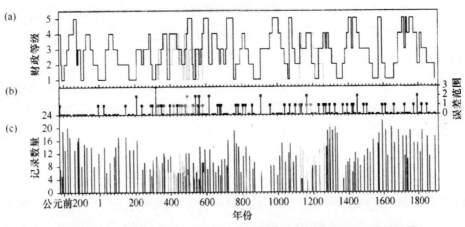

图 7-4　公元前 221~911 年初始财政等级序列的重建及其资料数量

（a）初始财政等级序列，无固定时间分辨率；（b）各时段财政等级的可能误差范围；（c）叠加后的各时段资料记录数量。黑实线代表各主要朝代相应的项目，其中有粗灰色实线的部分，黑实线代表分裂时期北方朝代的相应项目，粗灰实线为南方朝代相应项目

3.各时段财政等级评定

据表 7-7 中的分级标准判定以上 158 个时段的财政等级。财政平衡等级的判定，以直接证据为主，辅以辅助证据（如提供相关的转折点信息等）。直接证据中优先考虑涉及宏观意义上的财政平衡（如全局性的财政，钱粮一起考虑的财政），及侧重财政平衡的前后阶段变化或对比的描述记录。其中以直接证据为主定级的时段有 148 个，占总时段数的 93.7%；完全以辅助证据定级的时段有 10 个，占总时段数的 6.3%。

4. 记录观点相左的处理

在综合对比多位学者观点的基础上，对财政等级作出判定。除了记录本身观点确实有冲突外，还有另外两个主要原因导致同一时期不同记录观点相左。第一个原因是，某些词汇本身的等级区分能力有限而难以据此判断唯一的财政等级（例如，只能区分出财政平衡性质的一致或不一致），如表7-7所示。第二个原因即不同学者在写作风格上存在差异，从而导致词汇等级区分能力的下降或观点的不一致。如果不同记录所反映的财政状况性质一致（3级以下或3级以上），但分属不同级别，按多数的记录观点进行定级。当各记录观点资料数量相等或多数记录等级仍然难以断定时，优先参考前后对比记录定级，或按照5级优先于4级，4级优先于3级，1级优先于2级，2级优先于3级的原则进行评定。如果多条记录性质不一致或存在至少两个以上的等级误差，按多数记录观点定级，或取折中值，此类时段有14个，占判定时段总数的8.8%。

5. 特殊时段的处理

多属于社会动乱期，主要有两类。第一类是不存在主要的政权或国家财政完全退化为实物财政，财政等级的评价只能依据农业收成状况和粮仓储备状况进行评价，如曹魏时期。第二类是北方少数民族建立的朝代，在还没有建立起基于农业赋税的财政制度以前，国家财政主要依赖于军事掠夺。这两类时期约有400年，占总研究时段的19%。以上两类时期，如果根据上述几个原则仍难以判断等级，则优先赋予正常等级3级。

6. 时间尺度均一化

据上述步骤，确定1.58个时段的财政等级，得到两条无固定时间分辨率的初始财政等级序列，结果如图7-4所示。其中，等级年限在1~10年，11~20年，21~30年，31~40年，41~50年，51~60年内的分别有42个（占总数的26.6%），76个（48.1%），31个（19.6%），6个（3.8%），2个（1.3%），1个（0.6%）时段。

为获得统一的10年分辨率，以各等级在该10年内所占的时间比例为加权系数计算加权平均值作为该十年的财政等级；当10年内只存在一个判断等级时，则以该等级作为该10年的财政等级。最终得到两条10年分辨率（其中一条为分裂时期南方朝代的财政等级序列）的财政等级序列。在此基础上，采取与宏观经济等级序列相同的南北空间加权系数，对第一个分裂时期（321~590年）按290年南北人口比例1：2为加权系数，第二个分裂时期（1131~1280年）按折中的南北人口比例1：1为加权系数，对两大分裂时期的南北方朝代财政等级进行空间加权，并四舍五入为整数，得到公元前221~1911年全国范围的10年分辨率财政等级序列。

三、财政序列的不确定性评估

序列的不确定性主要与资料数量、语义区分及序列的分辨率有关。资料数量的问题上文已有论述。语义的区分实际上是基于不同记录观点之间的相互补充和对比，因此不可避免地存在一定主观性，尽量依据原则将这种主观性减至最低。但词汇等级的区分度及不同作者因写作风格上的差异仍不可避免地导致一些时段在等级判断上存在一定的容许范围。依据记录类型、记录数量、词汇语义的区分度及各记录观点的一致性四个方面，对图 7-4 中的初始序列各时段财政等级的可能误差范围作了大致的判断 [如图 7-4（b）所示]。统计显示，误差范围在 1 个等级之内的占了 93%。这在一定程度上说明绝大多数的误差属于财政性质一致内的误差，即误差范围通常在 1 个级别以内。存在误差的等级多集中在分裂时期，及朝代中后期 [如图 7-4（a）所示]。这与史实状况较相符，因为这些时段历史遗留的财政史料偏少，分辨率偏低，且史料本身有"记异不记常"的特点，使得等级的判断偏低于正常等级 3，从而加大了这些时段财政等级的不确定性。

从序列的分辨率来看，对重采样后空间加权前的序列进行统计（以 10 年内只存在一个判断等级，不包括相邻两个等级相等的情况，作为该 10 年内没有数据，其他情况均视为有数据），10 年内有数据的有 120 个年代，占总共 255 个年代的 47.1%。而连续 1 个、2 个、3 个、4 个、5 个 10 年内没有数据的分别有 45 个（17.6%）、50 个（19.6%）、27 个（10.6%）、8 个（3.1%）、5 个（2%）。可见序列在表达 10 年尺度波动上稍有欠缺，但可以反映 20~30 年尺度的波动。

第四节　宏观经济与财政平衡的变化特征

一、秦至清末宏观经济波动的阶段性

秦至清末（公元前 220~1910 年）的 2130 年来，中国的宏观经济波动在多个时间尺度上表现出明显的盛衰循环，特别是多年代到百年尺度上的波动旋回（如图 7-5 所示）。总体来看，中国在两汉时期经济繁荣的时段偏多，东汉后期至魏晋南北朝时期经济长期处于濒临崩溃的状态，进入唐宋时期经济再一次复苏，并经历了长达 600 余年的经济相对繁荣期，到明清时期经济状况相对有所下降。中国经济发展的这种宏观阶段性变化特征与傅筑夫等经济史学家的观点基本一致。

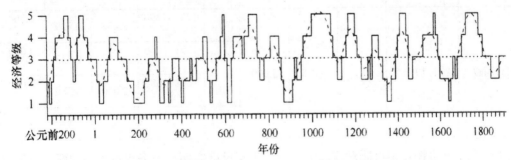

图 7-5　中国公元前 220~910 年宏观经济波动序列

研究时段内各经济等级的比例大致服从正态分布（表 7-8），其中等级 3（一般）出现的比例最大，达 28.6%，表明经济状况处于"一般"或者"正常"的时期最多，符合事物发展的一般规律。据均值同时参考中位数和方差的变化，可将公元前 220~1910 年的经济波动划分为以下几个主要阶段，每个阶段内部可进一步识别出次一级的盛衰波动，结果见表 7-8 和表 7-9。

表 7-8　秦朝至清末（公元前 220~1910 年）中国经济波动各阶段各等级的比例

主要阶段	各等级百分比 /%				
	1	2	3	4	5
公元前 220~1910 年	10.3	24	28.6	22.5	14.6
公元前 220~150 年	8.11	16.22	32.43	32.43	10.81
151~610 年	25.00	35.42	29.17	8.33	2.08
631~1230 年	6.67	13.33	25.00	28.33	26.67
1231~1910 年	4.41	29.41	29.41	22.06	14.71

表 7-9　秦朝至清末（公元前 220~1910 年）中国宏观经济波动的各阶段统计特征

主要阶段					次级波动				
状态	持续时间	均值	方差	中位数	状态	持续时间	均值	方差	中位数
相对繁荣	公元前 220 ~ 150 年	3.216	1.230	3.000	凋敝	公元前 220~前 181 年	2.000	0.667	2.000
					繁荣	公元前 180~10 年	3.789	0.731	4.000
					凋敝	11~60 年	1.600	0.300	2.000
					繁荣	61~150 年	3.444	0.278	3.000
相对凋敝	151 ~ 630 年	2.271	1.010	2.000	凋敝	151~250 年	1.500	0.278	1.500
					繁荣	251~300 年	3.200	0.200	3.000
					凋敝	301~410 年	1.909	0.691	2.000
					繁荣	411~520 年	2.727	0.618	3.000
					凋敝	521~630 年	2.455	1.673	2.000
相对繁荣	631~1230 年	3.550	1.472	4.000	繁荣	631~860 年	3.696	0.767	4.000
					凋敝	861~960 年	1.800	0.622	2.000
					繁荣	961 ~ 1230 年	4.074	0.994	4.000
相对凋敝	1231~1910 年	3.132	1.281	3.000	凋敝	1231~1390 年	2.438	0.929	2.000
					繁荣	1391~1600 年	3.667	0.833	4.000
					凋敝	1601~1680 年	2.000	0.286	2.000
					繁荣	1681~1910 年	3.522	1.170	3.000

4 个主要盛衰循环很可能对应经济波动的千年尺度周期。经济相对繁荣的两个时期分别为公元前 220~150 年和 631~1230 年，平均经济等级在 3.2 以上（表 7-9）。各时期经济繁荣的时期（等级 4~5）至少占 43%，最大达 55%，平均比例约为 49%，比整个研究时段等

级 4~5 的比例（37.1%）高出 32.1%（表 5.9）。而经济基本保持繁荣的时期（等级 3~5）平均占 78%。历史上经济繁荣的汉朝、唐朝和宋朝都基本分布在这个时期。经济相对凋敝的两个时期分别为 151~630 年和 1231~1910 年，其中 151~630 年的平均经济等级约只有 2.3，等级 1~2 的比例高达 60.4%；1231~1910 年有所改善，但平均经济等级仍然低于 3.2，等级 1~2 的比例为 33.8%。两个时期等级 1~2 的平均比例（47.1%）高出整个研究时段比例（34.3%）。

方差显示，相对繁荣阶段的经济波动幅度较相对凋敝阶段偏大，这主要是由于相对繁荣背景下的经济发展容易被短期的经济下滑扰动，而处于凋敝状态背景下的经济发展总体维持在一个较低的水平，可谓"由繁荣到萧条易，由萧条到繁荣难"。从图 7-5 可看出，多数时期，经济从鼎盛到凋敝或崩溃仅发生在短短的几十年（10~50 年）时间内，而从崩溃到鼎盛却需要更长甚至上百年的时间。从平滑序列所展现的波动特征来看，经济增长期长于经济衰落期的规律（即右偏性）较为明显。

大循环的各主要阶段内部可进一步识别出次一级盛衰阶段，持续时间在 40~270 年之间，平均持续时间约为 130 年，其中短波动平均持续时间约为 60 年，长波动持续时间约为 160 年。

二、秦至清末财政平衡波动的阶段性

帝制中国 2000 余年来的财政平衡也呈现出盈亏波动的阶段性变化特征（如图 7-6 所示）。与宏观经济波动特征相比，财政平衡的波动旋回也主要体现在多年代到百年尺度上，但千年尺度的波动旋回特征并不明显。研究时段内各财政等级的比例大致服从正态分布（表 7-10），等级 3 的比例最大，达到近 31%。据均值同时参考中位数和方差的变化，可将公元前 220~1910 年的财政波动划分为 7 个主要阶段，每个阶段内部可进一步识别出次一级的盈亏波动，结果见表 7-10 和表 7-11。

7 个主要波动阶段中，财政相对充裕的 4 个时期分别为公元前 220~ 前 31 年，441~760 年，961~1210 年和 1381~1910 年，平均财政等级接近 3 或 3 以上。各阶段财政偏充裕的时期（等级 4~5）至少占 34%，最大达 48%。4 个阶段的平均比例约为 39.3%，比整个研究时段等级 4~5 的比例（28.7%）高出 36.9%。而财政基本能维持平衡的时期（等级 3~5）平均占 72%。这四个相对充裕时期主要集中在中国历史上几个强盛的统一王朝，如西汉、隋唐、宋和明清。而财政等级在 4 以上的时期又主要分布在朝代的前中期。财政相对亏缺的三个时期分别为公元前 30~440 年，761~960 年及 1211~1380 年，平均等级约为 2.3。其中各阶段等级 1~2 的比例在 50%~65% 之间，4 个阶段的平均比例（56.7%）高出整个研究时段等级 1~2 的比例（39.8%）的 42.5%。

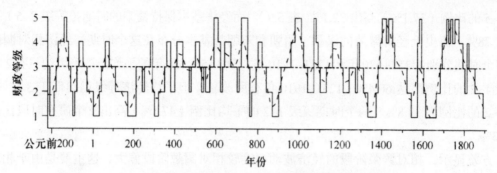

图 7-6　中国公元前 220~910 年财政收支等级序列

表 7-10　秦朝至清末（公元前 220~1910 年）中国财政波动各阶段各等级的比例

主要阶段	各等级百分比 /%				
	1	2	3	4	5
公元前 220~1910 年	14.085	26.291	30.986	19.718	8.920
公元前 220~ 前 31 年	15.789	15.789	31.579	31.579	5.264
公元前 30~440 年	19.149	36.170	27.660	17.021	0.000
441~760 年	3.125	18.750	43.750	18.750	15.625
761~960 年	20.000	30.000	40.000	10.000	0.000
961~1210 年	0.000	24.000	28.000	32.000	16.000
1211~1380 年	23.529	41.176	29.412	5.883	0.000
1381~1910 年	16.981	20.755	24.528	20.755	16.981

表 7-11　秦朝至清末（公元前 220~1910 年）中国财政平衡波动的各阶段统计特征

主要阶段					次级阶段				
状态	持续时间	均值	方差	中位数	状态	持续时间	均值	方差	中位数
相对充足	公元前 220~ 前 31 年	2.947	1.386	3.0	亏缺	公元前 220~ 前 181 年	1.750	0.917	1.5
					充足	公元前 180~ 前 111 年	3.857	0.476	4.0
					亏缺	公元前 110~ 前 81 年	1.667	0.333	2.0
					充足	公元前 80 ~ 前 31 年	3.400	0.300	3.0
相对亏缺	公元前 30~440 年	2.426	0.989	2.0	亏缺	公元前 30~40 年	1.571	0.286	2.0
					充足	41~110 年	3.286	0.238	3.0
					亏缺	111~210 年	1.600	0.267	2.0
					充足	211~290 年	3.000	0.286	3.0
					亏缺	291~350 年	1.667	0.267	2.0
					充足	351~440 年	3.333	0.750	4.0
相对充足	441~760 年	3.250	1.097	3.0	亏缺	441~580 年	2.714	0.681	3.0
					充足	581~760 年	3.667	1.059	3.5

续表

主要阶段					次级阶段				
相对 亏缺	761~960 年	2.400	0.884	2.5	亏缺	761~790 年	1.667	0.333	2.0
					充足	791~840 年	3.400	0.300	3.0
					亏缺	841~960 年	2.17	0.697	1.5
相对 充足	961~1210 年	3.400	1.083	3.0	充足	961~1040 年	4.125	0.696	4.0
					亏缺	1041~1210 年	3.059	0.934	3.0
相对 亏缺	1211~1380 年	2.176	0.779	2.0	充足	1211~1310 年	2.700	0.456	3.0
					亏缺	1311~1380 年	1.429	0.286	1.0
相对 充足	1381~1910 年	3.000	1.808	3.0	充足	1381~1520 年	3.786	0.797	3.5
					亏缺	1521~1570 年	1.400	0.300	1.0
					充足	1571~1600 年	4.000	1.000	4.0
					亏缺	1601~1680 年	1.500	0.286	1.5
					充足	1681~1800 年	4.167	0.515	4.0
					亏缺	1801~1910 年	2.300	0.900	2.0

方差显示，相对充裕时段的财政波动较相对亏缺时段大，这与宏观经济序列的阶段波动特征一致。但从波动旋回的偏态性特征对比来看，虽然财政波动也经常出现从富足充裕（等级 5）到严重匮乏（等级 1）的快速恶化，但财政衰落期的长度相对有所增加。平滑序列显示，许多旋回的财政增长期与衰落期的长度大体一致，即右偏性没有宏观经济序列明显。

各相对充裕或相对亏缺阶段内部存在次一级的盈亏波动，相对充裕期多对应朝代前中期，而相对亏缺期多对应朝代后期和末期。各次级波动的持续时间在 30~180 年之间，平均持续时间约为 60 年或 150 年（表 7-11）。

三、宏观经济与财政平衡波动特征对比

宏观经济和财政等级序列的波动特征非常相似，大多数宏观经济偏好的时期也是国家财政相对充裕的时期，反之亦然。

表 7-9 和表 7-11 中各次级波动的阶段存在很大的重叠；周期分析也发现两者的主导周期基本一致。此外，对两条序列各等级之差进行统计显示，同一时期等级相同的时段（差为 0）占了 40%，相差在一个等级以内的占了 88.3%（如图 7-7 所示）。宏观经济等级和财政平衡等级均是衡量经济系统运行状况的指标，前者侧重国家财富总量的波动，后者则侧重国家可支配收入的变化。而且国家财政是宏观经济的重要表现形式之一，财政平衡状况也是经济史著作中用于评价宏观经济好坏的常用指标。因此，两条序列在波动特征上存在很大的相似也是有原因的。

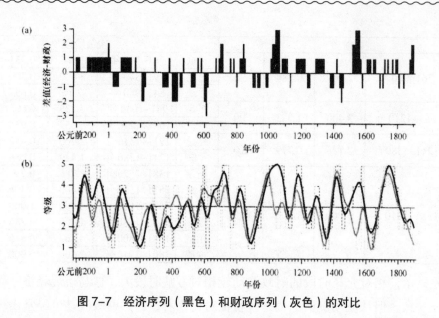

图 7-7 经济序列（黑色）和财政序列（灰色）的对比

（a）原始经济等级与原始财政等级的差值图；（b）虚折线图和实曲线分别为原始序列和其 3 点 FFT
平滑曲线

　　然而，两条序列也存在明显差异，而且有些差异具有明显的共性特征。首先从序列之差来看，存在四个差异显著的时段，分别集中在 210~620 年，710~860 年，1020~1120 年和 1520~1590 年，等级之差在 2 以上的时段主要分布在这几个时段。两平滑序列进一步显示，在 380~480 年、580~660 年、1000~1080 年和 1460~1580 年四个时期宏观经济和财政平衡呈反向趋势变动，其中前两个时期为财政偏好对应经济偏差，后两个时期财政衰落早于经济衰落（或财政下降对应经济上升）（如图 7-7 所示）。

　　对于上述平滑序列之间四个时期的差异，可结合历史背景初步分析其原因。380~480 年对应于魏晋南北朝时期的北魏早期，北魏在实行均田制以前（480 年前后）并没有完全建立起农业基础之上的财政制度，国家仍然依赖于军事掠夺性的财政，以经济的破坏换取财政的相对充裕。580~660 年对应隋末唐初，虽然隋朝在建立 30 年后即迅速崩溃但并没有导致财政上的完全崩溃，此前经济的空前繁荣给中央政府留下充实的财政积累，所谓"中外仓库，无不盈积"，"开皇末，计天下储积，得供五六十年"。得益于前期的财富积累，唐初的统一战争得以顺利进行，但以经济的破坏为代价，财政主要用于战争消耗而非经济生产。1000~1080 年和 1460~1580 年分别对应北宋中后期和明朝中后期，即典型的中衰时期，官僚臃肿、行政效率下降、土地兼并、人口流失、外族入侵等问题导致收入减少、支出膨胀、财政危机日益加深。此阶段，经济虽仍然保持缓慢上升趋势，但经济上升带来的收入增加往往不足以满足日益扩大的开支。因此，财政的衰落通常早于经济，这在其他几个历时较长的统一朝代，如汉朝、唐朝、清朝等都有所体现（如图 7-7 所示）。对低频序列的滞后相关分析发现财政平衡的变动领先于宏观经济的变动约有 10 年时相关系数最大，但基于原始序列和高频序列的滞后相关分析并没有发现两者存在时滞关系，可能的一个原因是虽然财政的衰落早于经济，但财政的增长期与经济的增长期基本上是同步的（图 7-7），财政上的充裕需要物质上的繁荣作保证。

以上分析也表明，相比宏观经济的波动，财政平衡可能受制度因素影响更为显著，这种影响通常随时间或朝代历时的累积而加重，财政衰落的惯性比宏观经济大。而宏观经济可能更多地体现粮食生产、耕地开垦和人口增长等影响的惯性。此外，财政平衡与国家疆域规模的关系也较为紧密，因国家规模（如统治区域）大小不同而有财政上的小平衡和大平衡之分，这在历史分裂时期较为明显，财政平衡大丰大歉的波动更为明显。同时，财政平衡同时受到收入和支出的影响，对短期人类活动的影响也较为敏感，突出表现为 60 年的短周期波动更加显著。上述这些都可能导致宏观经济和财政平衡的波动特征呈现差异。

第五节　气候变化对经济波动的影响

一、百年尺度冷暖／干湿期经济统计特征对比

探讨宏观经济和财政平衡的波动是否与气候变化存在时间上的共振关系，最直观的方法是将古气候序列与所重建的经济等级序列放在同一时间坐标上进行对比。不同时间尺度（重点为百年尺度）冷暖或干湿期与宏观经济、财政平衡的时间对应关系，如图 7-8 所示。

1.冷暖／干湿期的宏观经济特征对比

对比经济序列与温度序列可以看出（如图 7-8 所示），两大经济偏好阶段（分别为公元前 220~150 年和 631~1230 年）基本上对应百年尺度暖期，而两大经济偏差阶段（分别为 151~630 年和 1231~1910 年）对应百年尺度冷期。特别是 180~540 年期间，长期的经济凋敝对应魏晋南北朝冷期（相对于 1851~1950 年，全国平均温度距平为 -0.1℃）。多年代到百年尺度上的次级经济盛衰阶段也与气候（特别是中东部温度）的冷暖阶段相对应。可见，在百年尺度及多年代尺度上，经济波动与温度变化总体呈现暖盛冷衰的时序对应关系，气候温暖阶段，经济状况偏好，而气候寒冷阶段，经济状况偏差，这在明清以前尤其明显。相较而言，经济与降水变化也有湿盛干衰的对应关系，但主要体现在更短的年代到多年代尺度上（图 7-8）。

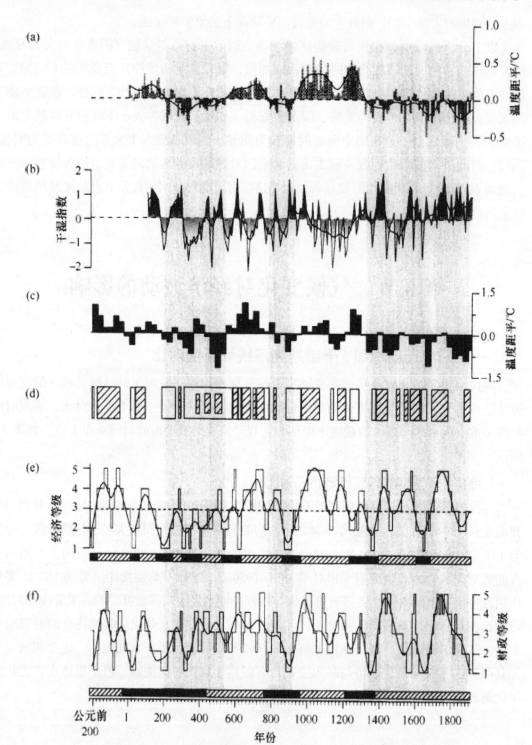

图7-8 公元前220~1910年中国宏观经济波动、财政平衡与气候变化序列的对比

将所重建的经济序列与史学界对历史中国繁荣（盛世、治世、中兴等）与危机（乱世、衰世等）时段的传统划分进行对比，可以发现大多数好的时期对应经济快速上升或繁荣时期，而坏的时期对应经济衰落或凋敝时期。五个历时最长的朝代（汉、唐、宋、明和清）

是中国历史上社会经济最为繁荣辉煌的时期，经济等级在 4 以上的主要分布在这些时段内。除明清时期外，大多数的顺世阶段发生在百年尺度暖期背景下，而历时较长的乱世多发生在百年尺度冷期。明清时期顺世时段偏长，社会环境相对稳定有利于经济状况的发展，这可能是导致该时期经济波动与百年尺度冷期不对应的一个原因。

不同气候期的经济特征见表 7-12 和表 7-13。统计显示，百年尺度冷暖期间的平均经济等级达到显著差异（P=0.001）（表 7-12）。暖期中平均经济等级明显高于整个研究时段均值（3.07），经济繁荣期（等级 4 和等级 5）的比例比冷期的高出 72%；1~1910 年期间，约 63%（50 个年代）的繁荣期（79 个年代）发生在暖期。与此相反，冷期中平均经济等级明显低于整体均值，经济凋敝期（等级 1 和等级 2）的比例要高出暖期的 1.6 倍（表 7-12）。这一特征与前人关于冷期中农业歉收比例增加、内乱频率上升的统计结果一致。如果以经济等级小于等于 2 作为经济危机期，在识别的 16 个主要经济危机期中，13 个发生在朝代交替期，表明经济危机的高发期大都位于冷期背景下的朝代更替期。

表 7-12　历史时期（公元前 220~1910 年）百年尺度气候期宏观经济特征对比

气候类型	均值	t 检验	P	繁荣（等级 4 和等级 5）		凋敝（等级 1 和等级 2）	
				频次（年代）	占比	频次（年代）	占比
冷期（共 1080 年）	2.8			29 个	27.4%	45 个	42.5%
暖期（共 1050 年）	3.34	3.3		50 个	46.7%	28 个	26.2%
比率（冷 / 暖）	0.84	—	0.001	0.58	0.59	1.61	1.6
干燥期（共 860 年）	2.91	1.45	0.15	27 个	28.42%	34 个	35.79%
湿润期（共 950 年）	3.17	—		37 个	38.95%	30 个	31.58%
比率（干 / 湿）1.13	0.92			0.73	0.93	1.13	1.13

表 7-13　历史时期（公元前 220~1910 年）各百年尺度冷暖期背景下的宏观经济统计特征

时期	样本量	均值	标准差	变异系数（标准差 / 均值）	各等级占比					偏度
					1	2	3	4	5	
全时段	213	3.07	1.21	0.39	10.3	24.0	28.6	22.5	14.6	0.01
W1	42	3.02	1.18	0.39	11.9	21.4	28.6	28.6	9.5	-0.14
W2	24	3.38***	1.24	0.37	8.3	16.7	25	29.2	20.8	-0.35
W3	39	3.67***	1.13	0.31	0	20.5	23.1	25.6	30.8	-0.21
C1	34	2.26***	0.93	0.41	23.5	35.3	32.4	8.8	0	1.50
C2	14	2.57***	1.22	0.48	28.6	14.2	28.6	28.6	0	-0.19
C3	60	3.17	1.15	0.36	5.0	26.7	31.7	20.0	16.6	0.14

冷暖间的差异也体现在整个研究时段（公元前 220~1910 年）各百年尺度冷暖期经济统计特征的相互对比上（表 7-13）。在暖期，等级 3~5 的比例相对于整体均值偏高，使得等级的频率直方图左偏（偏度 < 0，表 7-13）。冷期中的变异系数偏大，表明冷期经济发展更不稳定。与其他冷期对比，明清小冰期背景下经济状况（等级均值为 3.17）略好于整体均值水平，经济波动也较其他冷期稳定很多。

相较而言，百年尺度干湿两种气候背景下平均经济状况差异不显著，但均值及各等级的比例表明，湿润气候背景下的经济状况要好于干燥气候背景下的经济状况。Su 等的结果显示，冷干的气候组合背景对农业生产的不利影响最大。气候变化对农业丰歉的影响可进一步传递至宏观经济领域，从而使气候与经济之间的关系也可能出现这一特征。统计显示，在寒冷和干燥的气候组合背景下共有 41 个年代，平均经济等级只有 2.36，其中等级 1 和等级 2 的比例高达 56%，表明冷干的气候条件将极大增加经济危机爆发的可能性。

2. 冷暖 / 干湿期的财政平衡特征对比

对比气候变化序列和财政收支序列，明清以前，财政变化与百年尺度的冷暖波动有着较为一致的对应关系，总体呈现暖充冷匮的特征（图 7-8）。明清时期，两者在多年代尺度上的对应关系较百年尺度上明显，财政偏好时期对应多年代尺度的相对暖阶段。总体来看，在年代到多年代尺度上，财政波动可能受到朝代更替、社会环境等因素的影响，与温度变化的对应不如长期趋势明显。多数财政充裕时期对应顺世时段，但财政亏缺时期既可能对应乱世，也可能对应顺世。这主要是由于影响财政波动的因素更为复杂。与降水序列的对比来看，两者的对应关系在年代到多年代尺度上更为明显，财政偏亏时期基本对应偏干的时期，但存在一定的时间滞后（图 7-8）。

对百年尺度冷暖期和干湿期的财政等级进行统计对比，发现暖期的平均财政等级（2.91）略高于冷期（2.76），湿润期的（2.98）略高于干燥期（2.72），但冷期和暖期、干燥期和湿润期间的差异都不显著。不过，从各等级的比例来看，冷期背景下财政充裕（等级 4 和等级 5）的比例与暖期大体一致，但财政匮乏（等级 1 和等级 2）的比例较暖期偏大，而干燥期背景下财政匮乏的比例与湿润期大体一致，但财政充裕的比例较湿润期显著偏小。这表明冷干的气候背景可能大大增加财政危机的概率。

考虑到财政与降水序列的年代到多年代波动特征显著，同时为进一步对比财政与温度和降水在更短时间尺度上的时序对应关系，参考 Su 等做法，将原始温度距平 ≥ 0℃、< 0℃ 分别定义为暖期、冷期；原始降水序列 < -0.1、-0.1~0.35、> 0.35 分别定义为干燥、适中、湿润，得到 6 种温湿组合类型及各类型对应的财政统计特征。结果显示，寒冷 - 干燥的气候背景确实对财政影响最大，财政危机（等级 1 和等级 2）爆发的可能性达 62.2%。这是由于寒冷—干燥的气候不利于粮食的稳定生产，农业歉收的概率大大增加，并进而影响国家的财政收入来源。相反地，温暖—湿润的气候条件更有利于维持国家财政的平衡。这与气候变化对农业丰歉的影响有所差异。农业生产在温暖 - 适宜的降水条件下最有可能获得丰收，表明气候变化对财政的影响不如对农业的直接，其机制更为复杂。其他 4 种气候情景下，与百年尺度气候期背景下的统计特征相似，平均财政等级相差不大。但各个等级的比例表明，同等降水条件下，暖期对财政的影响好于冷期；同等温度条件下，湿润好于干旱。然而，财政偏充时期（等级 4 和等级 5）在暖 - 湿或暖 - 适气候背景下的比例分别只有 36.1% 和 29.4%，远低于农业偏丰时期所占的比例（47.7%）。此外，暖期、湿润和适中降水期的等级 4 和等级 5 的比例分别占所有等级 4 和等级 5（101~1910 年）的 57.7%、63.5%；冷期、干旱期中的等级 1 和等级 2 比例均占所有等级 1 和等级 2（101~1910 年）的 52.8%。这进一步说明，气候变化与财政波动的关系较农业生产更为复杂，财政波动受到人类活动等非气候因素的调节作用更强。

二、气候变化与宏观经济、财政波动周期的共振性

1. 宏观经济波动周期

探讨 18 世纪以来资本主义经济生活的长波特征一直是经济史领域的一个研究热点。然而，对于更久远的农耕时期，长达 150~300 年的农业经济长波却少有定量的研究，除了从人口和粮价的角度做些量化探讨。这主要是受到资料，尤其是量化经济指标数据匮乏的限制。

基于所重建的宏观经济等级序列，采用小波分析进一步揭示宏观经济波动的周期性特征。结果显示，过去 2000 年中国宏观经济波动存在明显 60 年周期，100 年周期，160~200 年周期，250 年周期，320 年周期和 800 年周期（如图 7-9 和图 7-10 所示）。原始经济序列在公元前 220~1 年和 250~700 年存在 60 年的短周期，而 100 年准周期则间断分布于整个研究时段。160 年准周期出现在 100 年、800 年和 1500 年前后，约在 1500 年前后 160 年周期逐渐变长为 200~250 年周期，可见明清时期经济波动周期有变长的趋势。此外，400~1400 年期间存在一个较高功率谱值分布区，表明该时段还可能存在 320 年周期。将高频信号扰动剔除后，上述百年以上的周期在 3 点 FFT 平滑序列上更为显著，主要表现为周期在时间分布上更加连续，且统计上更为显著。最显著的准周期是 100 年，其次是 160~200 年周期和 320 年周期 [如图 7-10（b）所示]。

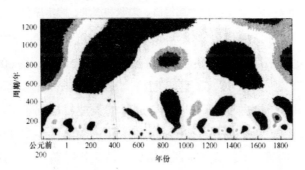

图 7-9　经济序列的 Morlet 连续小波功率谱实部值

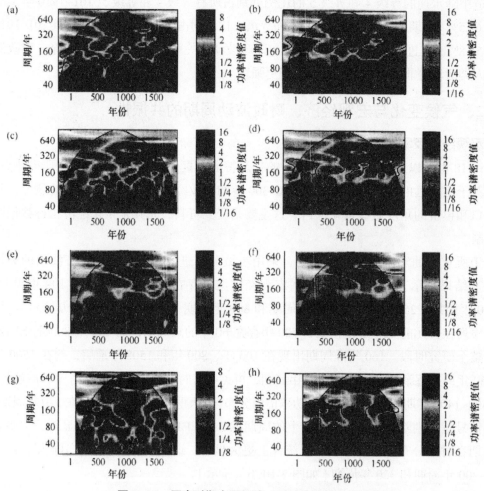

图 7-10　历史时期中国经济、财政和温度、降水序列

以上的分析结果表明，古代农业经济的波动可能确实存在 150~300 年的长周期。Hartwell 考察了中国北方东部地区煤铁制造业在 750~1350 年间长达 600 年的兴衰，发现存在唐后低谷—北宋高潮—南宋衰落的区域经济大旋回。Skinner 在考察中国北部和东南沿海一带的区域经济循环时也发现存在 150~300 年的长波特征。本节的分析结果不仅验证中国过去 2000 年经济发展确实存在 150~300 年的经济周期，还发现存在 60 年、100 年和 800 年的主导周期。而且，社会动荡时期（如魏晋南北朝时期）经济波动周期有所缩短，和平时期经济波长变长；随着时间推移，特别是明清以后，经济周期有变长的趋势，经济波动幅度减小，经济崩溃时期缩短。

2. 财政平衡波动周期

基于原始财政序列的小波分析结果显示，60 年准周期和 100 年准周期间断分布于整个研究时段 [如图 7-10(c)所示]。在公元前 220~1 年和 1200~1600 年存在 160 年的周期。而 320 年周期在 600 年以后有所体现，但直到 1400 年以后才达到统计显著性水平。将高频信号扰动剔除后，上述的长周期在 3 点 FFT 平滑序列上更为显著，表现为时间分布上更为连续，且统计上更为显著。最显著的准周期是 100 年，其次是 160~200 年准周期和 320 年准周期。公元前 200~400 年及 800~1100 年间还出现 200~250 年周期 [如图 7-10 (d) 所示]。

总体看来，进入魏晋南北朝时期，财政波动周期缩短，60~80 年的短周期波动更为显著；唐中期以后，财政周期有变长的趋势。这可能受到朝代更替周期的影响，魏晋南北朝时期朝代更替频繁，国家财政制度濒临崩溃，加以战乱、政治腐败等因素影响，财政波动剧烈，表现出强烈的年代际波动特征（图 7-10）。唐朝以后朝代更替周期变长，相对稳定的社会和政治环境有利于建立稳定的财政制度，维持财政机制的正常运转，从而可以相对避免财政平衡因外界影响而出现短期的强烈波动。

三、气候变化与经济波动相关性的时空差异

1. 气候变化与经济变化相关程度的阶段性

气候变化对社会经济的影响非常复杂。不同阶段，社会经济背景不同，适应气候变化的能力也不同，使得社会经济受到气候变化影响的程度及其响应的方式等都可能存在差异，其表现之一即不同时段气候与社会经济要素的关联强度不一样。滑动相关分析结果可以反映气候与经济变量间的线性相关程度随时间的整个连续性变化过程。

宏观经济与冷暖和干湿指标在多数时期以正相关为主，但这种正相关关系在某些时段有所减弱甚至呈反相位变化。这种反相位变化在周期相关中也有体现。例如，对全国温度（TempC.G）[如图 7-11(c) 所示] 而言，负相关时期主要集中在 1130~1550 年，最大值在 1210 年和 1470 年附近。该时段也是经济与中国东部温度（TempE.G）相关性减弱的主要时期 [如图 7-11(b) 所示]。

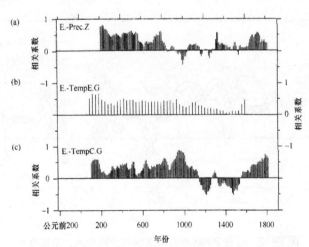

图 7-11 过去 2000 年宏观经济波动与温度、降水变化的滑动相关分析

明显同步负相关时段处于社会动荡或分裂期，通常伴随大规模的外族入侵（主要为北方少数民族）。从长期来看，因社会长期陷于战乱而放大气候不利影响的作用在魏晋南北朝时期是非常明显的，这也许是宋代以前宏观经济波动与气候变化相关性更显著的原

因之一，特别是当选取中国东部的气候指标（TempE.G、TempC.G 和 PreC.Z）时，相关性更好（表7-14）。不过，目前还难以说明社会战乱扰动对气候—宏观经济关系的影响是减弱作用居主导还是增强作用居主导。

表7-14　过去2000年气候因子与宏观经济波动在短期与长期尺度上的相关分析

气候因子	样本长度	原始序列相关系数		3点FFT低频序列相关系数	
		宋以前	宋以后	宋以前	宋以后
TempE.G	公元前210~1890年	0.44***	0.353*	0.864****	0.404**
TempC.G	1~1910年	0.448****	0.241**	0.558****	0.352****
Prec.Z	101~1910年	0.304***	0.067	0.164	-0.031

对财政序列同样进行类似的滑动相关分析发现，气候变化与财政平衡的相关性在某些时段也有所减弱，甚至呈反相位变化。与气候-经济的关系类似，气候变化与财政波动相关性减弱的时期也大都位于社会动乱期如朝代更替期。其中，温度—财政变化相关性减弱最明显的几个时期分别为840年前后、1000~1300年及1500~1640年；降水—财政变化相关性减弱甚至反相最明显的几个时期分别为200年前后、460年前后，850年、1100~1260年及1300~1540年（图7-12）。

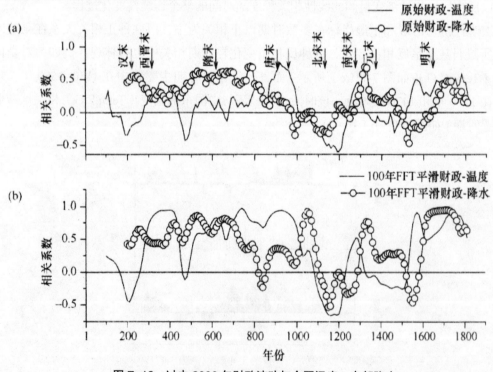

图7-12　过去2000年财政波动与全国温度、东部降水

总体而言，在公元1000年以前，经济和财政波动与气候变化表现出更强的相关性，而在此后1000年里相关性有所减弱。可能的机制是公元1000年以前，由于年代相对久远，生产技术相对落后，农业生产对气候条件的依赖性更大，造成经济系统对气候变化更为敏感；此后的1000年里，随时间的发展，社会不断进步，加以区域经济重心逐渐南移等

在一定程度上弱化了对气候条件的依赖，使得两者之间的关联有所减弱。

2. 不同时间尺度上气候 – 宏观经济和气候 – 财政相关性的差异

尺度问题越来越成为一个重要的方法论问题，尤其是对于交叉学科研究，如探讨社会与自然过程间的复杂相互作用。与某个尺度相对应的规律在其他尺度上可能就不适用，或者其表现形式有所差异，因此考虑尺度问题对规律的挖掘和解释至关重要。通过滤波技术可以获得时间频率较为一致的时间序列，从而保证在相同时间尺度上做进一步的量化分析。

基于原始序列数据的分析结果表明，经济波动与温度和降水变化均呈显著（P < 0.01）的正相关关系（表 7-15）。而且，经济与中国东部温度序列（30 年分辨率）也有较好的相关性（r=0.322，P < 0.01）。也就是说暖湿气候总体利于中国古代宏观经济的发展。低频的经济与温度序列的相关性更为显著，但与降水关系不显著；与此相反，高频的经济与温度序列的相关性不显著，但与降水关系显著（表 7-15）。这表明降水变化的影响主要体现在相对高频的时间尺度上（r=0.25，P < 0.01）。不过经济与温度的高频序列相关性不显著可能受到高频噪声的影响。然而，从序列的对比来看，在气候总体趋于干旱的情形下，降水的趋势性变化与经济的长期变动在个别时期也有着很好的对应，如在 1000~1600 年期间，降水趋于减少而极端干旱事件频发；而降水的相对增加对应经济曲线的回升趋势（如图 7-13 所示）。

表 7-15　宏观经济和气候因子不同频率序列（1~1910 年）的相关与滞后相关分析

频率类别	指标对	滞后/年			
		0	10	20	30
原始序列	经济-温度	0.32***	0.28***	0.24***	0.19***
	经济-降水	0.2***	0.15*	0.08	0.03
低频序列	经济-温度	0.45***	0.42***	0.39***	0.34***
	经济-降水	0.12	0.11	0.09	0.04
商频序列	经济-温度	0.04	0.02	-0.02	-0.07
	经济-降水	0.25***	0.10	0.01	0.05

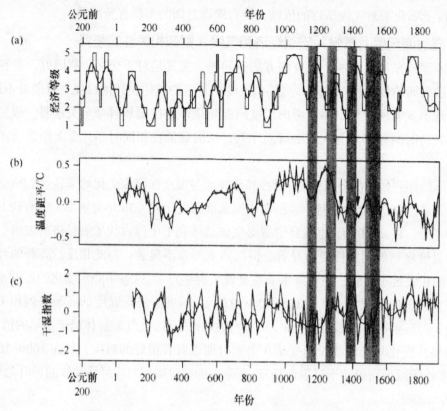

图 7-13　过去 2000 年宏观经济序列与气候序列的对比

　　受人类社会适应的调节，气候变化与经济波动之间可能并非完全同步，从而导致气候影响与社会经济响应之间可能出现时间上的错位。例如，Zhang 等发现，战争频率对温度变化影响的响应存在约 10 年的滞后期。对比原始序列及各自低频和高频序列的计算结果发现（表 7-15），温度和降水变化对经济波动的影响，均未发现明显的时间滞后。经济与温度在当期的（滞后期为 0）相关性最大，但当经济序列滞后于温度序列 0~30 年内时，两者的相关系数均达到显著，特别是温度和经济的低频序列更为显著，表明温度变化对经济波动影响的持续时间至少可达 30 年。而降水序列只在经济序列滞后 0~10 年内时，两者的相关系数才通过显著性检验，相关系数随滞后期的增加迅速减小，表明降水变化的影响持续时间主要体现在短期上。

　　以上分析表明，温度与降水对经济波动的影响机制存在差异，或者说作用的时间尺度存在差异。前人的研究也表明，不同气候要素对不同社会因子的长尺度和短尺度效应存在差异。长尺度温度变化被认为比短尺度温度变化、短尺度干旱阈值或降水能更好地解释人口数量和人口分布变化、欧洲宏观经济循环及大规模的人类社会危机。短尺度的气候变化仅仅抬升产品价格，而长尺度的气候变化导致经济危机。本节的分析中，短尺度的降水减少也可能导致古代农业中国出现宏观经济危机，但对其具体的影响机制尚需谨慎论证。

　　相关分析结果显示，财政平衡的波动与气候变化也存在定量的关联。财政平衡与温度变化（r=0.144，P < 0.05，n=191）、降水变化（r=0.154，P < 0.05，n=181）均呈显著的正相关（表7-16）。财政平衡的低频变化受低频的温度和降水变化影响显著，特别是温度变化的影响更为显著。与宏观经济波动不同，财政平衡的长尺度变化与降水的趋势性变化也呈显著性相关。短尺度的财政波动与温度变化关系不显著，但与降水波动的关系在90%水平上显著（表7-16）。这表明温度与降水对财政平衡波动的作用也存在时间尺度的差异。

表7-16　过去2000年财政波动与温度、降水变化的相关分析

气候因子	样本长度	相关系数		
		原始序列	高频序列	低频序列
全国温度	1~1910年	0.146**	-0.117	0.276***
东部降水	101 ~ 1910年	0.154**	0.122*	0.189***

对温度 - 财政与降水 - 财政两组变量分别进行滞后相关分析的结果表明（如图7-14所示），财政对降水变化影响的响应存在约10年的时间滞后，表明短期降水异常引发的干旱事件很可能是财政衰退的重要原因。但是，财政与降水变化之间的相关系数在财政滞后20~50年里迅速衰减，表明降水变化对财政波动的影响主要体现在短尺度上（后续10年）（如图7-14所示）。此外，财政波动在滞后或提前降水变化50年时两者均呈显著负相关，表明财政波动和降水变化可能存在共同的50年短周期（如图7-14所示）。

相比而言，财政变化提前于温度变化10~30年时，温度与财政波动相关性更好。这一结果表明，温度变化可能不是短尺度财政波动（如10~30年尺度上）的主要驱动因素。财政波动可能受其他因素，如朝代更替、社会动乱及降水变化（或干旱）等的驱动更为显著。气候变冷对财政的影响很可能是起到加速或放大已有的财政恶化过程的作用。然而，温度变化在滞后财政波动20~50年内相关系数衰减较慢，表明温度变化的影响持续时间较长。

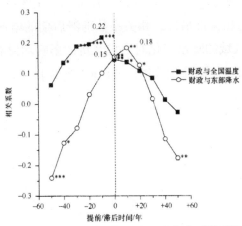

图7-14　过去2000年财政与温度和降水序列滞后相关分析

短期的气候波动也会降低作物产量，如由于低温造成的生物不稳定和气候灾害导致的直接损失。相对于气候变化的长期效应，短期效应通常被认为容易在社会适应和自我

调节机制中得到缓解。例如，短期降温的直接效果可能仅仅是一些生态敏感区域（如农牧交错带、亚热带北界）作物的歉收，其影响只局限于局部区域尺度。这可能是短期温度变化和短期的经济或财政波动相关性不显著的一个原因。相反，短期的极端旱涝事件却可能在大范围空间尺度上造成突发的负面影响，这种影响往往可能在短期内超越社会适应范围，激化社会矛盾。历史上大规模的农民起义通常伴随着极端旱涝事件（特别是短期降水减少引发的干旱事件）和饥荒。干旱被认为是导致古代中国作物减产的最严重的自然灾害，其严重的经济、社会和政治影响广泛见于历史记载。气候转冷背景下的极端干旱事件经常被认为是导致明清财政危机、经济萧条甚至是王朝崩溃的重要原因之一。

3. 降水－宏观经济和降水－财政相关性的区域差异

中国的温度变化特别是中国东部冬半年温度变化的区域差异较小，但降水变化的区域差异显著，即使在中国东部地区，降水变化的空间模式也非常复杂，降水分布存在很大的区域差异。相对于与温度变化的关系，经济和财政与降水变化的相关性较弱，很可能是受到中国强烈的降水区域差异的影响，其表现之一是不同冷暖期背景下的南北分异。在气候冷期，雨带（夏季降水）北移，长江中下游一带偏旱，形成南旱北涝格局，而在气候暖期则相反；在中世纪暖期，中国北方降水减少，而南方长江中下游地区增加；但在小冰期时期华北平原降水增加，而南方减少。Hao 等也发现，过去 2000 年里，华北平原在四个 30 年尺度的暖阶段均偏旱，但在小冰期（1650~1850 年）相对偏暖的 1741~1770 年期间，中国大部分地区都偏湿。郑景云等研究了中国东部过去 2000 年百年冷暖背景下的旱涝格局，发现每个冷暖时段的旱涝格局都不相同，但在多数温暖时段，长江以北地区总体偏旱、以南地区涝。

统计显示，华北、江淮和江南三大区域的降水变化差异对宏观经济波动的影响没有太大区别，宏观经济波动与三大区域的降水序列均呈正相关，特别是与江南区域降水相关性最好 [如图 7-15（a）所示]。此外，华北、江淮和江南区域的降水变化与经济波动都在当期（滞后期为 0）的相关性最好，相关系数随滞后期的增加（0~20 年）均迅速减小并不再显著，表明三个区域的降水变化对宏观经济的影响均没有明显的时滞现象，而且降水的影响均在 0~20 年内迅速衰减 [如图 7-15（a）所示]。

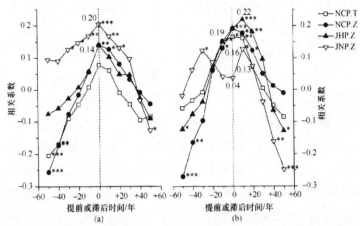

图 7-15　经济（a）和财政（b）与区域降水序列的滞后相关分析

对于财政平衡序列，除江南区域 [如图 7-15（b）所示] 降水外，华北和江淮区域的降水均与财政波动呈显著正相关。华北地区降水变化对财政的影响未发现明显的 10 年滞后期，江淮和江南地区的降水变化在财政滞后 10 年时与财政的相关性显著增强，表明国家财政的波动与华北地区降水具有较好的同期性，财政的波动对华北地区的降水变化更为敏感；而国家财政的波动对江淮和江南两个地区的降水变化存在一定的响应滞后。

上述降水区域差异对财政平衡的影响特征可以从华北地区独特的历史地理、经济和社会背景来解释。过去 2000 年来，华北平原在影响帝国财政平衡方面一直扮演着重要（或许是最重要的）的作用。华北地区长期是古代中央政府财政收入的主要来源地，至少在南宋以前是如此，因为黄河中下游区域是当时的核心农业和经济区。尽管晚唐以前缺乏详细的税收数据，按人口的区域比例来看，也有理由相信来自华北区域的田赋收入在三大区域总收入中的比例高达近 60%。南宋以后，帝国经济重心逐渐南移至长江中下游地区，主要是江淮区域。北方中国（秦岭淮河以北）的人口比例从约为 62% 降至 32%。这一转变直接影响王朝财政收入的区域结构。华北地区赋税比例相对下降，而江淮和江南区域的赋税比例相对上升。

但是，华北平原仍然是地阔人多的财富重地，在帝国财政收入中占据举足轻重的位置，足以影响帝国全局性的财政平衡。此外，华北历来是畿辅重地，除了几个南方王朝，大多数朝代的首都均位于该区域。这就意味着政府会优先给予该区域特殊关照，以便维持畿辅的和平稳定。特别是当这些邻近区域遭遇严重的旱涝灾害时，来自中央政府的救灾物资可及时送达，因为存在运输距离短的地利优势。此外，该区域的人口基数大而生计方式又相对单调，且该区域较南方受旱灾影响的风险更大，如 11~13 世纪华北地区和江淮地区的旱化趋势比江南地区更为严重，人地矛盾更为突出。所有这些因素都可能增加气候变化影响华北区域农业经济活动进而影响国家财政波动的概率。财政波动较宏观经济波动对外界多种因素的扰动更为敏感，而且唐宋以后南方经济在宏观经济序列中的比例有所增加，这也许是降水变化的区域差异对宏观经济影响区别不显著而对财政影响显著的一个原因。

  分别以 100 年 FFT 的低通滤波序列及 100 年 FFT 高通滤波序列代表长尺度、短尺度变化，说明气候变化与宏观经济、财政平衡的多尺度关系。表 7-17 显示，低频的经济波动与三大区域的降水变化均呈显著的正相关，与江南降水相关性最强，华北次之。而在短尺度上，与江淮的降水呈显著正相关，与江南不相关。可见，在长尺度上全国经济受江南降水的影响最显著，而在短尺度上受到江淮降水影响更为明显。相较而言，低频的财政波动与三大区域的降水趋势均呈显著的正相关，但在短尺度关系上存在明显差异。华北地区高频的降水变化与财政波动呈显著正相关，江淮地区两者正相关但不显著，而江南地区则在 90% 水平上呈显著负相关。这一结果也可说明南方地区更易受短尺度的洪涝灾害事件的不利影响，并进而影响国家的财政平衡。在 1820 年前后的清朝中期江南地区曾出现一个偏涝时期，频繁的大范围水灾导致多个地区主要农作物减产，棉花歉收，"棉花地荒歉者及今四年矣。棉本既贵，纺织无赢，只好坐食，故今岁之荒，竟无生路也"，给当地农业生产、人民生计和手工业发展造成严重打击，许多地区因此无法按时上交赋税。

表 7-17 宏观经济与财政序列和降水变化在不同频率尺度上的相关分析

区域	指标	经济			财政		
		100 年 FFT 高通滤波序列	原始序列	100 年 FFT 低通滤波序列	100 年 FFT 高通滤波序列	原始序列	100 年 ITT 高通滤波序列
华北	NCP.Z	0.09	0.14**	0.19***	0.16**	0.19***	0.225***
江淮	JHP.Z	0.19***	0.137*	0.129*	0.098	0.19***	0.302***
江南	JNP.Z	0.045	0.202***	0.323***	-0.13*	0.036	0.196***

四、气候变化影响的格兰杰因果检验

  相关分析结果本身无法证明气候变化与经济波动之间是否存在因果关系。前人研究发现，在大陆尺度上，气候变化特别是长尺度的气候变冷与经济危机存在因果关联。采用格兰杰因果分析检验方法，分析中国过去 2000 年来的宏观经济和财政平衡波动与气候变化的因果关联。

  表 7-18 中的检验结果表明，只有降水和财政的低频和高频序列通过了因果关系的显著性检验，这说明降水变化可能确实是财政波动的一个驱动因素。然而无论是低频序列还是高频变化，原始降水和财政序列及其他几对序列均没有通过显著性检验，这表明对于中国过去 2000 年来，气候变化与宏观经济循环不存在严格的格兰杰因果统计关系。格兰杰因果关系检验通常要求气候变化（原因）要早于经济波动（结果）。然而，气候变化与宏观经济循环和财政波动作为气候影响传递过程中的两个环节，会受到其他诸多要素相互作用和反馈的影响，并间接影响气候与经济波动间的关系，因此两者不是简单的因果关系，或者至少无法通过统计意义（格兰杰）上的因果关系检验。

表 7-18 不同频率序列的格兰杰因果检验

零假设	序列类型	AIC 滞后期	F	P
温度不是经济的格兰杰原因	原始序列	2	0.852	0.428
	低频序列	5	0.85	0.516
	高频序列	14	0.548	0.9
降水不是经济的格兰杰原因	原始序列	2	0.213	0.808
	低频序列	5	0.398	0.85
	高频序列	12	1.062	0.397
温度不是财政的格兰杰原因	原始序列	2	0.852	0.428
	低频序列	4	0.348	0.845
	高频序列	14	0.596	0.865
降水不是财政的格兰杰原因	原始序列	2	0.213	0.808
	低频序列	4	2.853	0.025[**]
	高频序列	13	1.863	0.039[**]

第八章　历史气候与我国社会经济变化的协同性

第一节　历史气候与我国社会经济变化协同性研究综述

气候系统和社会经济系统都有其自身的运行周期，气候周期变化作为外强迫作用于社会经济系统的各个子系统，而社会经济各个子系统又相互作用，使得社会经济系统的运行极为复杂，气候变化在社会经济系统发展中所发挥的作用不能用简单的因果关系链或线性关系来解释。目前，国内外关于历史气候与社会经济变化的协同性研究主要集中在探讨历史气候与社会不同层面的历史旋回韵律的时空对应关系，大量研究成果均揭示出历史上人口波动与迁徙、经济波动、社会治乱变化、乃至朝代更替等社会兴衰事件与气候变化存在密切而复杂的对应关系。

国内外很多历史学家注意到，近 3000 年来中国的人口和社会经济发展呈现周期性的兴衰波动，被称之为"朝代循环"或"朝代更替"，并被用来解释中国社会演化、经济兴衰等历史现象。中国历代王朝"其兴也勃焉，其亡也忽焉"，存在着夺权—掌政—腐败—消亡的"历史周期律"，社会经济随着朝代的兴衰而兴衰。从秦末的农民起义到清末的辛亥革命，社会波动的周期为 200 年左右。对于社会经济周期变化大多从社会经济系统内部原因来解释。例如，封建专制导致的阶级对立在王朝发展的过程中不可避免地加剧，最终导致阶级矛盾以暴力冲突的形式爆发出来，从而影响社会的稳定，甚至是王朝的兴衰；统治集团内部斗争也可能导致王朝衰败；而朝廷的政策和统治者的个人原因（张林发和唐德荣，1999）也被认为是王朝兴衰的重要原因。

除此之外，人地矛盾也被越来越多人认为是决定社会稳定性的重要因素。人口生产和农业生产各有其自身的演化规律，在一个地区开发早期，人口对社会经济是有促进作用的，但是到了王朝的中后期，人口压力与耕地紧张是中国古代社会波动甚至崩溃的主要原因之一。中国历史上的人口从战国末期的 3000 万增长到现在的 13 亿，期间经历了周期性的巨大波动，其模式大致是：一段时期较高速度的发展，更长时期的缓慢增长和停滞，短时间内的剧减，然后逐渐走向恢复，进入一轮新周期朱国宏认为人口存在与"治乱循环"相对应的周期性波动，并认为人口周期波动是"治乱循环"的结果，明清以前这个对应关系很明显，而明清以来的人口相对稳定增加，则是"治乱循环"周期拉长或者说是和平时期大大长于战乱时期的结果；而明清治世时间延长则是因为农业经济发展，缓和了人地矛盾，提高了人地矛盾危机警戒线。张善余认为人口周期波动的自然原因有自然灾害、气候变化引起的土地承载力变化，气候变化作用于外族导致的外族入侵。Nefedov 基于模型推断未垦荒地和库存粮食的数量决定了人口周期的长度。

气候的周期性波动可能在中国历史的周期性反复重演中扮演了重要角色，气候变化通过影响人类系统不同的子系统从而对整个人类系统产生影响。过去数十年，特别是近10 年的研究表明，我国历史上的历史时期的农业丰歉、人口变化（人口数量波动、人口分布变化）、经济盛衰、治乱循环、农耕—游牧文明界线进退与政治格局变动及文化的变迁均可能和气候的冷暖波动或旱涝变化存在明显关联。基于气候变化与历史时期我国社会"治—乱世"循环之间关系的对比分析，国内多数学者倾向于认为，中国历史上的气候变化是影响中国历史朝代循环、以及大乱—大治交替的因素之一，暖期气候对我国是有利的，历史上经济发达、社会安定、国力强盛、人口增加、疆域扩展的时期往往出现在暖湿时期；反之，寒冷干燥的气候导致农业生产停滞、农牧交错带向南推移，国内矛盾激化、游牧民族入侵，呈现"乱世"局面。

尽管对于气候系统影响社会经济系统以及社会经济系统各子系统相互作用有了一定的了解，但受重建手段与方法的限制，有关过去 2000 年气候变化（特别是温度和干旱）对历史社会的影响很少从人类的响应角度来探讨，对气候变化引发历史兴衰的机理解释比较模糊，如气候变化在朝代循环中的作用是决定性因素还是强化因素，对气候的冷暖与干湿变化的影响谁占主导作用还存在分歧等。在考察气候变化与社会经济关系的时候需要保持严谨认真的态度，具体的作用机制还需要进一步严谨认真的研究。

根据协同性原理，作为外强迫的气候周期变化会对社会经济系统各个子系统的周期变化产生影响，而社会经济各个子系统之间的相互作用使得每个子系统的周期变化都可能对其他系统产生影响，每个系统内在的变化周期与来自气候变化或其他子系统强迫作用产生的周期之间会产生相干效应，两个周期之间相互作用，在某些时间点会建设性干涉，使系统的某种特征被强化；而在另外一些时间点，会摧毁性干涉，使系统的某种特征被削弱甚至破坏，系统因此通过无序到有序或有序到无序的自组织过程而完成不同状态之间转化，系统的状态是由在社会经济系统中的各周期通过协同作用所决定的。历史气候与社会经济变化的协同性问题还存在诸多待解决的关键问题。例如，气候系统与社会系统不同子系统是否具有相同的变化周期？气候变化周期的相干效应只是触发控制社会系统的某些关键反馈过程，还是控制着社会系统的变化周期，亦或是导致社会变化周期产生某种变异？气候变化的影响是如何被生产、人口、经济系统的协调效应放大或缩小？气候变化影响是否存在阈值？不同时期相似气候背景下是否存在同样的气候影响—社会响应？

第二节 历史冷期与暖期对我国社会经济影响的对比

一、百年尺度冷期与暖期影响的对比

根据葛全胜对中国东部冬半年温度距平的阶段划分，公元前210~1910年（西汉至清朝）中国东部百年尺度上存在3个暖期，分别是公元前210~180年（两汉暖期，W1）、571~780年（隋唐暖期，W2）和931~1320年（宋元暖期，W3），3个冷期，分别是181~570年（魏晋南北朝冷期，C1）、781~930年（晚唐五代冷期，C2）和1321~1910年（明清冷期，C3）（表8-1，图8-1）。

表8-1　百年尺度气候冷暖期及转折期划分

冷暖期划分			冷暖转折期划分		
特征	起讫时间	温度距平/℃	特征	起讫时间	最大变幅/℃
暖期	公元前210~180年 571~780年 931~1320年	0.277 0.228 0.177	暖转冷	91~240年 691~840年 1231~1350年	-0.7 -1.2 -1.5
冷期	181~570年 781~930年 1321~1910年	-0.446 -0.500 -0.393	冷转暖	481~600年 871~990年	0.4 0.9

对比过去2000年百年尺度上气候冷暖阶段与人类各子系统的状态变化（如图8-1所示），总体呈现"冷抑暖扬"的特点。

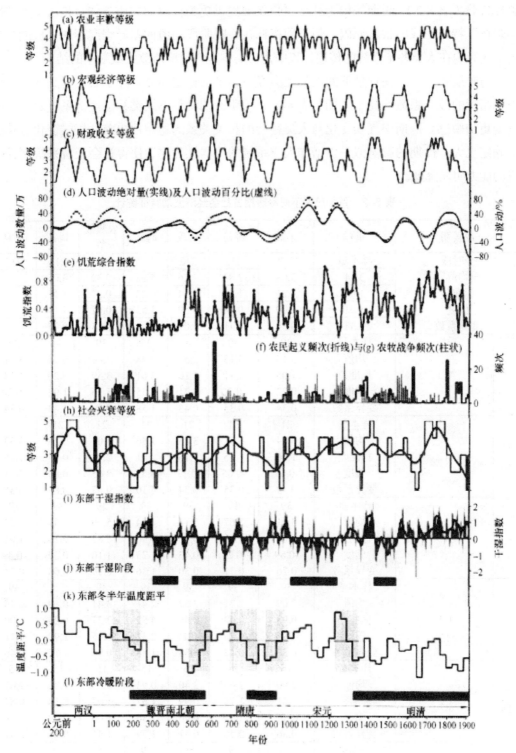

图 8-1 百年尺度上气候冷暖 / 干湿与社会经济对比

暖期的气候背景总体利于社会经济的健康发展。百年尺度暖期背景下，农业丰歉、宏观经济、财政收支和社会兴衰的均值均高于研究时段整体均值。其中，农业丰歉在冷暖阶段的均值差异通过了 10% 的显著性检验，其他各指标的均值差异均通过了 5% 的显著性检验（表 8-2）。暖期气候为社会更快发展提供更为优越的物质条件，是历史上"冷抑暖扬"特征形成的根本原因。但不同指标在冷暖阶段均值的差异程度不同，可能是气候变化影响在人类各子系统的传递过程中为人类响应与适应所放大或缩小的结果。

与暖期相比，冷期背景下的人类社会经济系统的稳定性差。除了农民起义外，冷期中各指标的波动系数均高于暖期（表 8-2），表明冷期背景下人类社会经济系统对外界的扰动更加敏感。冷期中气候变化与人类社会的相关关系的稳定性更差，气候变化影响的不确定更大。冷期的影响似乎以增加人类系统的脆弱性为主，使得社会经济系统调控危机的能力明显降低。

表 8-2　百年尺度不同冷暖期各社会经济波动特征统计

冷暖期		指标	丰歉	经济	财政	起义	农牧战争	饥荒	兴衰
全时段		样本量	212	212	212	212	212	212	212
		均值	3.14	3.08	2.83	2.26	3.92	0.32	3.05
		标准差	1.03	1.21	1.17	4.54	4.22	0.27	1.12
		偏度	-0.10	0.00	0.14	3.59	1.53	0.67	-0.04
		变异系数	0.33	0.39	0.41	2.01	1.08	0.85	0.37
暖期	W1	样本量	39	39	39	39	39	39	39
		均值	3.10	3.15	2.56	2.28	3.64	0.14	3.31
		标准差	1.05	1.11	1.10	3.61	3.59	0.20	1.13
		偏度	0.22	-0.20	0.21	1.55	1.16	1.92	-0.30
		变异系数	0.34	0.35	0.43	1.58	0.99	1.43	0.34
	W2	样本量	21	21	21	21	21	21	21
		均值	3.24	3.52	3.43	1.86	4.05	0.28	3.33
		标准差	1.26	1.25	1.16	7.61	2.73	0.24	1.15
		偏度	-0.17	-0.65	-0.12	4.55	2.65	0.88	-0.30
		变异系数	0.39	0.35	0.34	4.10	0.67	0.85	0.35
	W3	样本量	39	39	39	39	39	39	39
		均值	3.41	3.67	3.15	1.44	5.90	0.41	3.23
		标准差	0.88	1.13	0.96	1.96	5.82	0.26	1.01
		偏度	-0.69	-0.21	0.43	1.23	1.10	0.29	-0.49
		变异系数	0.26	0.31	0.30	1.36	0.99	0.63	0.31
冷期	C1	样本量	39	39	39	39	39	39	39
		均值	2.69	2.21	2.62	2.41	3.41	0.19	2.46
		标准差	0.98	0.92	0.99	4.52	3.27	0.23	1.00
		偏度	-0.22	0.20	-0.17	2.41	1.45	1.90	0.11
		变异系数	0.36	0.42	0.38	1.88	0.96	1.17	0.40
	C2	样本量	15	15	15	15	15	15	15
		均值	2.80	2.60	2.40	0.93	0.73	0.25	2.67
		标准差	1.01	1.18	0.99	1.67	1.03	0.18	0.82
		偏度	-0.02	-0.27	0.06	2.36	1.06	0.49	-0.17
		变异系数	0.36	0.46	0.41	1.79	1.41	0.71	0.31
	C3	样本量	59	59	59	59	59	59	59
		均值	3.32	3.17	2.83	3.17	3.88	0.48	3.15
		标准差	0.99	1.16	1.38	5.29	4.32	0.25	1.19
		偏度	0.07	0.14	0.15	2.38	1.15	0.10	0.08
		变异系数	0.30	0.37	0.49	1.67	1.11	0.52	0.38

从图 8-1 可以看出，相比冷期，暖期中宏观经济、财政收支和社会兴衰从发展低谷中恢复起来的速度更快，并且良好状态持续的时间更长。由农业丰歉、宏观经济、财政收支、人口波动和社会兴衰构成的雷达图，存在着明显的"暖期外扩，冷期内收"的变化趋势（图 9.2）。从雷达图对比上述 3 个暖期之间的差异并不明显，而 3 个冷期中，C3 的各项社会经济指标与 C1 和 C2 却有明显差异，C3 较前 2 个冷期表现出更好的农业、经济、财政、人口和兴衰水平，但也伴随着更多的饥荒、起义和农牧战争（图 8-2）。

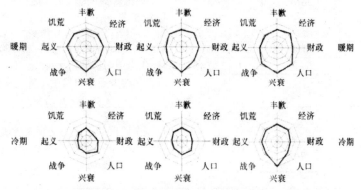

图 8-2　百年尺度不同冷暖期各社会经济波动特征的雷达图

公元前 210~1910 年，百年尺度上气候冷暖阶段与人类各子系统状态变化的"冷抑暖扬"特征在明清之前更加明显，在明清时期趋于减弱。明朝和清朝处于小冰期时期（C3：1321~1910 年），但是社会经济各指标均较其他冷期更好，并且与之前的暖期也相差不大（表 8-2，图 8-2）。在以农立国的古代中国，明清时期，海外高产旱地农作物的引进，特别是玉米、马铃薯、番薯的引进，极大地扩展了中国的农业种植面积，加之农业生产技术的发展，进一步减轻了气候条件（特别是温度）对于农业生产的制约和影响，农业生产对于气候变化的适应能力逐步加强，整个社会系统对于气候变化的适应能力也随之提高。这可能导致了在过去 2000 年中气候变化对社会经济的影响逐渐减弱，在明清时期尤为明显。

二、30 年冷暖单元内丰歉、饥荒与农民起义特征

基于 30 年分辨率的中国东部冬半年温度序列，表 8-3 和表 8-4 的划分标准，分别统计公元前 210~1910 年 30 年冷暖单元对应的社会各子系统（丰歉、饥荒与农民起义）的不同年景年代数的比例，分析 30 年冷暖单元内丰歉、饥荒与农民起义特征。

表 8-3　过去 2000 年中国冷暖单元类型的划分

气候类型		温度距平	百年尺度冷暖背景	年代数
冷年代	冷期中的冷年代	< 0℃	冷期	107
	暖期中的冷年代	≤ 0℃	暖期	12
暖年代	冷期中的暖年代	≥ 0℃	冷期	12
	暖期中的暖年代	> 0℃	暖期	81

表8-4　过去2000年中国社会经济各指标的情景划分标准

指标	情景	划分标准	划分依据
农业丰歉等级	丰收	> 3	根据丰歉等级的涵义，3级代表"平常"状态，4级和5级分别代表"偏丰"、"丰收"，2级和1级分别代表"偏歉"和"歉收"
	常年	=3	
	歉收	< 3	
宏观经济等级	繁荣	> 3	根据经济等级的涵义，3级代表"平常"状态，4级和5级分别代表"繁荣"、"鼎盛"，2级和1级分别代表"凋敝"和"崩溃"
	常年	=3	
	凋敝	< 3	
财政平衡等级	充裕	> 3	根据财政等级的涵义，3级代表"平常"状态，4级和5级分别代表"充裕"、"富足"，2级和1级分别代表"匮乏"和"匮竭"
	常年	=3	
	匮乏	< 3	
饥荒综合指数	重度	> 0.45	依据指数值的频次曲线及其趋势拟合线，在趋势变化出现明显转折之处确定划分饥荒程度的阈值；其次考虑全时段内不同程度饥荒年代数量呈正态分布
	中度	0.12~0.45	
	轻度	< 0.12	
农民起义频次	多	≥ 3 次 /10a	依据全阶段的农民起义频次均值为2.2次/10a，将2作为划分阈值
	少	1~2 次 /10a	
	无	0 次 /10a	
社会兴衰等级	兴盛	> 3	根据兴衰等级的涵义，3级代表"平常"状态，4级和5级分别代表"兴旺"、"鼎盛"，2级和1级分别代表"衰落"和"危机"
	常年	=3	
	衰败	< 3	

由图8-3和表8-5可以看到，公元前210~1910年期间总计有116个年代在冷单元内，96个年代在暖单元内，冷单元的年代数比暖单元约多10%。在冷单元内（定为100%），歉收年的年代数所占比例最高，丰收所占比例最低，粮食歉收和常年合计占70.7%；中度饥荒年的年代数所占比例最高，中度和重度饥荒年合计占77.6%；有51.7%的年代发生了农民起义。在暖单元内（定为100%），丰收年和常年合计占86.5%，丰收或常年所占比例都明显高于歉年；重度饥荒年的年代数所占比例最低，而中度和轻度饥荒年合计占76%；无农民起义年占66.7%。

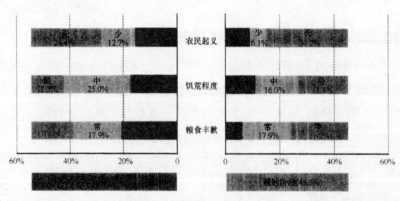

图8-3　公元前210~1910年冷暖时段内中国社会各子系统的不同年景年代数占全时段的比例

冷、暖气候条件对比，暖年代中丰年、常年出现的概率分别是冷年代中的1.6倍和1.2倍，而暖年代中歉收出现的概率仅为冷年代的36%。冷年代，重度饥荒、中度饥荒年的出现概率是暖年代的 1.3 倍，轻度饥荒年代的概率与暖年代的重度饥荒年代出现的概率相当。冷年代中多农民起义、少农民起义出现的概率是暖年代的 1.4 倍和 1.7 倍，而无农民起义出现的概率为暖年代中的 72%。

表 8-5　公元前 210~1910 年冷、暖时段内中国社会各子系统指标的均值及不同年景年代数的比例构成

时段	粮食丰歉年景比例构成（%）及等级均值		饥荒年景比例构成（%）及指数均值		农民起义年景比例构成（%）及频次均值（次 /10a）	
	歉收：常年：丰收	均值	重度：中度：轻度	均值	多：少：无	均值
全阶段	26.9:35.8:37.3	3.14	28.3:41.0:30.7	0.32	24.5:18.9:56.6	2.2
冷时段	37.9:32.8:29.3	2.87	31.9:45.7:22.4	0.35	28.4:23.3:48.3	2.9
暖时段	13.5:39.6:46.9	3.46	24.0:35.4:40.6	0.27	19.8:13.5:66.7	1.4

冷单元中，轻度饥荒年代出现的概率相当于丰收年代的 76%，而在暖单元中为 86%。冷单元无起义年代出现的概率约为丰收年代、轻饥荒年代的 1.7 倍和 2.2 倍，而在暖单元中分别为 1.4 倍和 1.6 倍。冷单元多起义年代出现概率是歉收年代的 75%、重度饥荒年的 89%，在暖单元中多起义年代出现概率是重度饥荒年的 83%。

三、汉唐时期 30 年冷暖单元气候影响的对比

汉朝和唐朝均是我国历史上兴盛的统一王朝，总体上处于相对温暖背景下，两个时段内 30 年尺度上气候变化与农业丰歉、宏观经济和财政平衡之间的对应关系既有相似性又存在一定的差异。

从平均温度来看，汉朝和唐朝的平均温度距平非常接近，均显著高于 1951~1980 年均值。从温度变化到农业丰歉，宏观经济再到财政平衡，各指标在汉唐时期的均值差异越来越大，分别为 0.05℃、-0.05℃、0.17℃、0.52℃。标准差和变异系数显示，唐时期的温度变率大于汉时期，相应的唐时期的农业丰歉和宏观经济的波动率也明显偏大，特别是农业丰歉的波动。相比唐时期，汉时期从农业丰歉到宏观经济和财政平衡，各指标变异系数递增的现象更加显著。换言之，唐时期的温度高变率对应着几乎相同甚至更低的宏观经济和财政平衡的变率，表明唐时期经济系统的稳定性更好，对气候变化的敏感性可能有所下降；但在农业生产层次，仍然受到高温度变率的影响。

汉唐两个时期，暖时段的比例均接近 80%。但汉唐两个时期暖时段和冷时段的平均温度差别显著，与汉相比，唐时期暖时段平均温度高，而冷时段平均温度低，这是导致唐时期温度变率大的主要原因。

对于汉时期，暖时段农业丰收和常年的出现概率分别达到冷时段的 2.5 倍和 2.3 倍，而且暖时段歉收的比例（只有 1 个年代）只相当于冷时段歉收比例的 27%。暖时段宏观经济常年和繁荣的比例合占 73%，而在冷时段，这一比例只能达到 44%（无经济繁荣等级）。相比之下，冷时段内宏观经济凋敝的比例是暖时段的 2 倍。对于财政平衡，暖时段常年和充裕的年代合占 57.6%，而冷时段内该比例为 0%。冷时段内，财政匮乏的比例高达 100%，是暖时段（42.4%）的 2.4 倍。

对于唐时期，相比汉时期，暖时段农业丰收和歉收的比例均有所增加（丰收：唐为37.5%，汉为30.3%；歉收：唐为29.2%，汉为18.2%）。冷时段内也存在类似比例增加的特征（丰收：唐为16.7%，汉为11.1%。歉收：唐为83.3%，汉为66.7%）。唐时期暖时段丰收的出现概率是冷时段的2.2倍，低于汉时期（3倍）；暖时段歉收的比例只有冷时段的35%，高于汉时期的27%。统计显示，唐时期冷时段内的歉收（等级1和等级2）年份约占唐时期所有歉收年份的42%，而汉时期这一比例达到了50%。

上述结果表明，在唐时期，相对偏暖背景下农业歉收的风险相对增加，而相对偏冷背景下歉收风险（尤其是丰歉等级为1的情形）相对下降。冷暖时段的农业丰歉均值差异也能体现这种关系。从均值的对比来看，无论是暖时段还是冷时段，唐时期宏观经济和财政平衡的均值均大于汉时期相应均值。这一方面是由于唐时期冷时段内宏观经济繁荣或财政充裕的出现概率有所增加，另一方面则是因为暖时段内宏观经济凋敝或财政匮乏的风险相对下降。

第三节 历史气候变化与社会经济波动周期的协同特征

对全国温度距平和中国东部降水序列与社会经济代用序列进行小波相干分析，气候变化与社会各子系统要素的小波相干功率谱和共振周期统计，如表8-6和表8-7所示。结果显示，社会各子系统要素与气候变化存在着明显的共振周期。社会各子系统要素与温度变化的共振周期主要为100~160年以及200~320年，与降水变化的共振周期主要为40~80年以及100~160年。

表8-6 过去2000年中国社会各要素与温度变化的小波相干统计

指标	原始序列			低频序列		
	周期/年	时段（年份）	位相	周期/年	时段（年份）	位相
TA-AG	300	470~780	正位相	300	440~820	正位相
	140	1200~1420	正位相	80	440~600	正位相
	40	960~1480	负位相	40	900~1100	负位相
TA-PF	300	300~700	正位相	300	300~700	正位相
	160	900~1700	正位相	60~80	900~1800	正位相
	80	1220~1600	负位相	20	100~1800	正位相
TA-FI	80~100	1400~1600	不稳定	80~100	1400~1600	不稳定
	40	1420~1560	正位相	40	1400~1600	不稳定
	20	间断分布	不稳定	20	间断分布	不稳定
TA-EG	320	160~940	正位相	320	460~1060	正位相
	240	1220~1600	正位相	80	1100~1420	不稳定
	120	660~900	正位相	40	900~1100	不稳定
	100	1340~1440	不稳定			

续表

指标	周期	时段	位相	周期	时段	位相
TA-FG	320	380~720	正位相	320	380~720	正位相
	60	160~400	正位相	80	1140~1380	负位相
	40	940~1100	负位相	40	940~1120	负位相
					1560~1680	负位相
TA-UF	40	960~1140	负位相	200	1400~1680	负位相
				40	800~1100	负位相
TA-WF	300	340~1220	正位相	300	340~1280	正位相
	200	1300~1700	正位相	80	1220~1460	负位相
	40	1100~1300	正位相			
TA-SG	320	440~1000	正位相	320	400~1000	正位相
	200	1280~1460	正位相	100	1140~1460	正位相
	100	1060~1600	正位相	40	780~960	正位相
	40	860~1020	正位相		1500~1660	负位相
		1480~1640	负位相			

农业丰歉、人口波动、饥荒指数、宏观经济、财政收支和社会兴衰，与温度变化的40 年以上的共振周期，在研究时段内呈现出逐渐变短的趋势，而农牧战争与温度变化的共振周期呈现出逐渐变长后又逐渐变短的趋势。而农业丰歉和饥荒指数，与降水变化的40 年以上的共振周期，在研究时段内呈现出逐渐变短的趋势，财政收支和社会兴衰呈现出逐渐变长的趋势，宏观经济、农民起义和农牧战争则呈现出逐渐变长后又逐渐变短的趋势，转折点大致在 1000 年前后。

表 8-7 过去 2000 年中国社会各要素与降水变化的小波相干统计

指标	原始序列			低频序列		
	周期 / 年	时段（年份）	位相	周期 / 年	时段（年份）	位相
PI-AG	200	400~860	正位相	200	360~820	正位相
	100	700~1500	不稳定	80~100	700~1000	正位相
	40~60	1000~1800	负位相		1160~1400	负位相
PI-PF	100	800~700	负位相	100	460~700	负位相
	40	620~740	正位相			
		1400~1520	正位相			
PI-FI	200	1400~1600	负位相	100	440~700	不稳定
	100	460~680	不稳定			
	40	560~780	负位相			
		1020~1220	正位相			
PI-EG	400	660~1260	负位相	400	660~1260	负位相
	120	300~560	不稳定	120	300~560	不稳定
		1240~1700	正位相		1240~1700	正位相
	60	1360~1680	负位相			
	20~40	400~760	正位相			
PI-FG	160	1120~1700	正位相	160	1120~1700	正位相
	100	460~900	正位相	100	460~900	正位相
	60	220~580	正位相	60	220~580	正位相
	40	580~760	正位相			
		960~1100	负位相			
		1500~1640	负位相			

续表

	400	600~1500	正位相	400	600~1500	正位相
	100~160	400~800	正位相	100~160	400~800	正位相
		1200~1400	负位相		1200~1400	负位相
PI-UF	80	1280~1800	负位相	60-80	1280~1800	负位相
	20~40	520~680	负位相			
		840~960	负位相			
		1760~1860	正位相			
	400	700~1300	负位相	400	700~1300	负位相
PI-WF	160	1480~1720	正位相	160	1480~1720	正位相
	60	1040~1200	负位相	60	820~1040	正位相
	40	720~880	不稳定			
	120~160	1160~1720	正位相	120~160	1160~1720	正位相
PI-SG	80	1600~1800	负位相	80	1600~1800	负位相
	40~60	240~720	正位相	60	300~560	正位相
	20	间断分布	不稳定			

　　除农民起义与气候变化在研究时段内主要呈负位相关系以外，其他社会各子系统要素与气候变化的负位相关系主要出现在 1000 年之后，很有可能是由于社会生产力的进步，减弱了社会对气候变化的敏感性，增强了适应气候的能力（表 8-6 和表 8-7）。

　　温度变化和降水变化，分别与社会各子系统要素的共振主周期也存在差异，暗示了温度变化和降水变化对社会系统影响的潜在机制存在差异。温度变化对农业、人口、经济、农牧战争和兴衰的影响主要体现在长时间尺度，温度变化与各要素之间的共振主周期均在 100 年以上；而对饥荒、财政和起义的影响体现在短时间尺度，与这些要素之间的共振主周期均在 100 年以下。相比而言，降水变化对社会的影响主要体现在短尺度上，除了与财政收支以外，与其他社会要素的共振主周期均在 100 年以下。

第九章 历史气候变化影响的传递过程

第一节 气候变化影响传递过程的研究综述

气候变化的社会影响往往是自然和社会两大系统多种因素在多时空尺度上相互耦合、共同作用的结果，人类社会系统所固有的脆弱性及弹性使得气候变化影响通过一系列反馈过程在社会系统中被放大或被抑制；当社会状态处在以稳定为主导的状态，技术条件大大改善，区域社会经济联系加强及社会稳定发展等带来的社会适应能力的增强，往往掩盖了气候的有利或不利影响。

过去气候变化的社会影响研究不仅要论证过去气候变化可能存在影响，更需要揭示气候变化影响的过程与机理。通过认识过去人类—气候—生态系统在多时空尺度上的相互作用机理与过程，来增强对当代气候变化影响与人类社会适应的理解，是过去全球变化（PAGES）研究的主题之一。有史以来，环境及其动力过程在人类决策和社会演化过程中一直是一个重要的因子，气候变化对人类社会发展的影响从未间断，但人类文明并未因此而止步，而是在适应气候变化的过程中不断发展。尽管由于社会的发展，过去环境变化对社会经济影响的许多具体结果已不可能重现，但历史事件所揭示的人类对气候变化影响的响应过程与机理对当今人类社会应对全球气候变化的重大挑战仍具有一般意义。

近几十年来，已有大量国内外研究案例对气候变化与社会发展之间的关系进行探讨，气候变化对农业生产、人口迁徙、经济兴衰、疾病爆发、农民起义等产生影响，甚至导致朝代更替、社会变迁、文明消亡。通过这些研究，发现这些社会事件与气候变化具有显著的同期性，或存在密切而复杂的对应联系；气候变化影响过程及机理的部分特征被揭示。例如，气候变化对人类社会的影响具有明显的层次性特征，气候变化与人类社会多层次的响应在多时空尺度上存在相互耦合的过程即级联效应，气候—人类社会互动过程中的驱动-响应或反馈关系存在非线性特征、阈值突变、跨尺度交互作用等特征。

迄今为止，气候变化影响人类社会的机理研究仍十分薄弱。由于记录过去气候变化影响与人类响应之间相互作用过程的资料的难以获得，历史时期社会事件发生原因的多解性、社会对气候变化响应过程的复杂性，以及过去气候变化重建结果的不确定性等原因，有关过去气候变化社会影响与人类适应的科学认识尚存在诸多不确定性和分歧。突出表现在两方而：第一，已有研究大都基于温度或干湿序列与单个或少数几个社会文化序列的分析对比，缺乏反映社会经济系统内部各个层次或各子系统自身变化规律的代用指标序列，特别是千年以上长度的人类活动指标序列，从而限制了探讨气候变化影响人类社会的具体机制；第二，尽管多数研究表明，气候变化的社会影响是多种因素综合作用的结果，但各人类活动指标所指示的社会经济涵义及其在与气候变化相互作用过程中所扮演的不同角色（影响的层次性）很难用简单的因果关系链或线性关系来解释，如气候变化背景下的农业丰歉是否是影响整个社会系统的核心环节？社会经济系统内部各个子系统如人口、经济、社会等是如何相互影响的？气候变化的影响如何在这一过程中被放大或缩小？气候变化影响是否存在阈值？不同时期相似气候背景下是否存在统一的气候影响-社会响应规律？这些都是当前研究较少触及却亟待解决的难题。

作为世界上四大文明古国之一，中国人类活动与人地相互作用历史悠久，在生产力不甚发达的历史时期，以农为本的中国传统社会受到环境演变特别是气候变化的强烈影响，中国东部典型的季风气候，以及随之而来的周期性冷暖波动、突发性极端事件（主要为旱、涝灾害），深刻地影响了生产和生活资源的数量和分布，并引发人类自发对其进行响应和适应，使得以农为本的中华文明演进历程与这只"无形的手"息息相关。在中国丰富而悠久的历史文献记录中，对历史上频繁发生的重大气候事件及其对人类社会的强烈影响均有详细的记载，从我国丰富史料中有可能发掘到气候变化影响与人类响应过程的信息，相对于国外同类研究而言，我国在资料方面具有明显的优势，为深入开展历史气候变化影响与适应研究提供极为便利的条件。已有的部分研究显示我国丰富的史料可以支持开展此类研究，这也是我国相较于国外同类研究的优势所在。

历史气候变化对农业生产的影响是对中国社会经济发展影响的开端，并通过复杂的反馈过程影响到人类社会的其他部分。王铮等总结气候变化—分裂的作用链为：气候变化→农业收成下降→农民造反→中央无力以中央军镇压农民而发动军阀→军阀力量滋长→中央地方利益严重冲突→中央失去对地方军阀控制→分裂。刘伟等通过分析气候变冷如何影响农业生产、生态环境、战乱和人口发展，提出了气候变冷导致社会经济发展受阻的概念模型，即气候变冷—粮食减产—饥荒—战乱、人口死亡、疾病传播—社会发展受阻。但上述因果链中的许多过程大多是通过逻辑推理，有待通过更多的数据来验证。特别是气候变化影响对人类系统的影响不是简单的因果关系，而是存在复杂的反馈过程。李伯重认为这种影响可以分为直接的和间接的两个方而，直接影响是指气候变化引起农业产量的增减、农业区域的移动，从而导致人口发生变化；间接影响指的是气候恶化通常激化社会矛盾、触发社会危机，引起原有社会结构解体，同时还会引起外来烈性传染病的传播，从而导致人口减少，反之则引起人口的增加。

相对于我国丰富的历史文献资料而言，迄今有关历史时期环境演变对社会经济影响的研究仍是分散的、零星的，对其中的许多重要问题仍有待进一步深入，尚存在严重分歧，需从气候变化的影响和人类的适应机制方面进行深入剖析。

第二节 气候变化影响在社会系统中的传递路径

一、主要指标

在粮食安全的框架下，由资源环境、生产、经济、人口和社会等多个子系统构成的历史时期社会经济的脆弱性可以用粮食安全的程度来刻画，气候变化影响通过影响—响应链上的一系列复杂过程，由对粮食生产的直接影响通过人口和经济子系统进一步传递到社会子系统，气候变化从一个子系统传递到另一子系统的前提条件是维持系统状态稳定性的阈值被打破。在气候变化影响传递的过程中，各子系统的状态既体现气候变化影响，也是调节其他子系统承受气候变化影响能力的表现。基于"粮食安全"的历史气候变化影响概念模式，选择不同指标序列刻画不同系统变化及传递过程。

气候系统中，温度的冷暖变化对于社会经济波动的影响存在明显差异，并且由于温度序列重建时包含了一定的旱、涝灾害等信息，因此，可选择中国东部冬半年温度距平序列刻画气候系统的变化。

生产子系统中，选择过去 2000 年 10 年分辨率的中国农业丰歉序列刻画中国历史时期的生产子系统粮食生产能力的相对变化，主要针对中国东中部地区。

经济子系统中，宏观经济和财政收支有很高的相关性，选择过去 2000 年 10 年分辨率的中国宏观经济序列刻画中国历史时期的经济子系统，以指示国家整体财富水平的高低。

人口系统中，饥荒发生的条件是人均粮食占有量低于维持生存所必需的临界粮食占有水平，饥荒的出现可能指示着气候变化对人口子系统的影响超过人口子系统维持稳定的阈值进而开始影响社会子系统。选择过去 2000 年 10 年分辨率的中国饥荒综合指数序列刻画中国历史时期的人口子系统的稳定性。

在社会子系统中，社会兴衰是社会子系统状态相对变化的指标，选择社会兴衰序列作为气候变化影响最终传递到社会子系统层次的表现。而全国性农民起义的爆发意味着人类社会有序响应和适应气候变化的阈值已被突破，是整个社会进入不稳定（或高风险）状态的标志，因此选择过去 2000 年 10 年分辨率的中国农民起义频次序列刻画中国历史时期的社会子系统稳定性的阈值。

根据上述指标分析过去 2000 年中国气候变化影响在各子系统即粮食安全环节的传递过程及特点。

二、基于个体粮食安全的传递路径

气候变化→农（牧）业收成→食物的人均供给量→饥民→社会稳定性的影响与响应

链是气候变化影响社会发展的最主要途径，这一过程受经济子系统的调节。

根据冷暖期和不同情景类型的划分，采用系统树图方法，基于层次递进关系，首先分别统计在冷、暖气候情景下，各自出现3种程度粮食丰歉的年代数的比例；再进一步统计每种冷暖—丰歉组合情景下，各自出现3种程度的饥荒年代数的比例；最后计算在每种冷暖—丰歉—饥荒组合情景下，各自出现3种规模农民起义年代数的比例。以此作为冷暖变化→粮食丰歉→饥荒→农民起义的可能影响传递路径。

从"冷暖"层次到"粮食丰歉"层次，冷年代出现歉收的概率远高于暖年代，而暖年代则以出现丰收、常年为主。需要说明的是，粮食丰歉等级作为气候综合影响的结果，其差别既包括了温度差异的影响，也包括了旱、涝等灾害差异的影响。

从"粮食丰歉"层次到"饥荒"层次，三种丰歉年景下，随着粮食收成从丰到歉，轻度饥荒发生的概率逐渐降低，而中度饥荒发生的概率则是增加的。重度饥荒发生在粮食歉收年景下的概率最大。出现饥荒指数极高值（＞0.95）的年代，多是以粮食歉收为背景的。

从"饥荒"层次到"农民起义"层次，三种饥荒年景下，随着饥荒程度从轻到重，无农民起义发生的概率明显降低，少农民起义发生的概率逐渐增加，而多农民起义多发生于中度、重度饥荒背景下，比轻度饥荒年景下发生的百分比增加了22~29个百分点。

理论上，从"冷/暖"起点到"农民起义"终点的这一过程中，最多存在54条可能的路径，实际出现的有50条。如果将终点发生概率大于平均概率（3.7%）的路径定义为主要路径，那么主要路径只有23条。其中，以"冷"为起点的主要路径有13条，主要路径发生的年代占所有冷年代的74.3%，其中有7条路径传递到农民起义。以"暖"为起点的主要路径有10条，主要路径发生的年代占所有暖年代的75.1%，其中有3条传递到农民起义。

无论是以"冷"为起点还是以"暖"为起点的主要路径，达到"农民起义"层次的，其前一个环节必是中度或重度的饥荒；而只达到饥荒层次（无农民起义）的主要路径，其前两个环节主要是丰收、常年或者轻度、中度饥荒的年景，没有同时出现歉收和重度饥荒的年景。而且，整体来看，发生年代数最多的4条主要路径，其终点均是"无农民起义"，说明无论冷暖，古代中国多数时期具有调节能力，气候变化的影响可以被有效控制在"饥荒"层次。

气候变化的影响可能存在从冷暖到粮食丰歉、饥荒和农民起义逐级传递。但这种传递不是简单的因果关系，而是一种复杂的非线性过程。农业歉收是饥荒发生的重要原因，但农业歉收不一定完全对应饥荒的发生。由于人口的自然增长和耕地开垦达到饱和，即使没有气候变化也会导致人均粮食占有量低于安全的阈值；在同样的丰歉情景下，人口多少的不同导致的人均粮食占有量不同，国家的经济及财政实力的不同导致的免税、救济的能力不同，均会造成出现饥荒的可能性不同。在歉收年景（丰歉等级＜3）下不出现饥荒（饥荒指数为0）的年代的比例为9%，可能因为人口少或经济状况好、政府通过减免税收、国家和民间的粮食储备（常平仓、义仓）或从区域以外进行粮食调运等措施有效地缓解了粮食的短缺、避免了饥荒的发生。反之，在丰收年景下出现重度饥荒，则可能与增长过快的人口有关，还可能由于救济不力、粮食分配不公平引起。

这在一定程度上说明了饥荒作为气候变化影响传递过程中受人为因素调控较大的一个环节，既受到自然—（粮食）生产子系统的影响，又受到人口—经济子系统的影响，具有自然和社会双重属性。饥荒的历史记录表明许多饥荒是由自然原因导致的，如旱灾、水灾、蝗虫灾。因此，历史记录中由自然原因引起的饥荒记录，反映了人均粮食占有量不足的粮食不安全的现象。但同时饥荒的发生与否还与社会经济因素有关，一些饥荒是由于政治和经济上的动乱（如战争、贸易遭到破坏）、政府不重视、腐败等原因而产生的；也有一些饥荒通过社会/政府的粮食调配、蠲免杂税等赈济措施得以缓解和消除。因此，历史文献中有一些饥荒记录实质是赈济的记录，这一类型的饥荒事件，并没有导致人口系统崩溃，反之，间接反映此时社会的整体经济状态较为繁荣、国力尚可，有能力实施救济，这些记录表征了政府的功绩。例如，明成祖朱棣（1402~1424年）在位时期，虽然局部地区有饥民、流民出现，但通过移民就粟或移粟救民政策，灾荒现象均得到了缓解。又如，1743~1744年华北地区大旱导致粮食歉收，据《清实录》的记载，政府通过漕粮截留、仓粮运输、拨银采买等措施直接发放银米对饥民进行赈济，因此没有引起严重饥荒，向外迁徙的难民不及总难民数的5%。类似的饥荒记载大多反映的是中央政府采取赈济和移民措施后得到救济的灾荒事件。可见饥荒记录反映的事件特点是存在差异的，需要甄别应用。

也因此，饥荒与农业丰歉、经济兴衰、农民起义多少之间的关系，不能简单通过相关系数这样的数学统计来显示。进一步分析饥荒与经济状态的组合关系，呈现"轻度饥荒-经济凋敝"组合情景的年代，相当一部分出现在朝代更替时期或政权分裂时期。例如，东汉末年—三国时期（220~250年）、十六国—南北朝时期（390~430年）、唐朝末期—五代十国时期（890~920年）、南宋—北宋更替期（1127年）、元朝—明朝更替期（1360~1370年）等，这些时期社会腐朽加上统治者的黑暗，造成了大规模战乱使得政局动荡，外加外族的入侵和国家政权的分裂，使得气候变化传递链最终向着恶性方向发展，出现与一般逻辑认识不相符合的状态组合。呈现"中度/重度饥荒—经济兴盛"组合情景的年代，相当一部分出现在盛世。例如，东汉的明章之治（70~90年）、隋文帝开皇之治（580~590年）、南宋乾淳之治（1140~1150年）、元朝的至元之治（1280~1300年）、明朝的永乐之治（1400~1410年）、清朝的康乾盛世（1680~1760年）等，这样的组合状态可以认为社会脆弱性降低、可部分化解气候变化及其不利的影响，保障经济社会继续朝着良性的方向发展。

农民起义是我国历史上一个重要的社会现象，与气候变化相关的粮食供需关系失调是诱发农民起义的重要因素之一，因重大自然灾害导致严重饥馑、进而引发大规模社会动乱乃至朝代更替的记载不绝于史。但气候变化对社会稳定性产生影响往往是以社会对饥荒的各种调节能力失效为前提的。公元前210~1910年期间，56.6%的年代是没有农民起义的，多农民起义的年代占整个时段的24.5%；可以看出政府对社会子系统具有一定的调控能力。另外，在严重饥荒年景下无农民起义和少农民起义年代的比例为 73.3%，只有 26.7% 的严重饥荒年景的年代出现多农民起义的情况；说明出现农民起义不一定与严重饥荒挂钩，还有其他社会政治方面的原因。也由此说明，气候变化的影响，在经济社会系统的层级传递过程中，是逐步衰减的。

三、基于社会粮食安全的传递路径

考虑区域（国家）的社会粮食安全，则整体的宏观经济、社会兴衰与粮食安全相互影响、作用（表 9-1）。温度变化与其他各社会经济要素及各社会经济要素之间的相关性没有明显的衰减，这可能意味着气候变化的影响与响应链中，存在气候变化对粮食生产的直接影响通过经济子系统进一步传递到社会子系统的传递途径：温度变化→农业丰歉→宏观经济→社会兴衰。

表 9-1　30 年尺度上温度变化与社会子系统的交叉相关分析

指标	温度	丰歉	经济
丰歉	0.26**	—	—
经济	0.30**	0.34**	—
兴衰	0.29**	0.35**	0.65**

理论上，气候变化影响在此影响链上存在着 54 条可能的传递路径。但实际出现了 45 条传递路径（冷阶段 23 条，暖阶段 22 条）。冷期内，发生频率最高的传递路径为"冷—农业歉收—经济凋敝—社会衰败"，共出现了 19 个年代，占冷阶段的 16%，其次为"冷-农业常年—经济凋敝—社会衰败"，共出现了 17 个年代，占冷阶段的 14.3%。暖期内，发生频率最高的传递路径为"暖—农业丰收—经济繁荣—社会兴盛"，共出现了 22 个年代，占暖阶段的 23.7%，其次为"暖—农业常年—经济繁荣—社会兴盛"，共出现了 13 个年代，占暖阶段的 14%。

以经济为中间环节的传递路径中，可以进一步识别出 6 条具有气候意义的传递路径。在以冷为起点的主要路径中：（1）冷→农业歉收→经济凋敝→社会衰败；（2）冷→农业歉收→经济常年→社会衰败；（3）冷→农业常年→经济凋敝→社会衰败。气候变化影响在上述传递过程中逐渐衰减，从冷影响到农业歉收的衰减率为 62.2%，从歉收影响到经济凋敝衰减率为 48.9%，从经济凋敝影响到社会衰败的衰减率约为 17.4%~19%。冷期的社会衰败共出现了 60 个年代，其中上述 3 条具有气候意义的路径中共出现了 42 个年代；即在冷期，气候变化通过影响农业歉收（常年）、经济凋敝（常年），进而影响了 70% 的社会衰败。这些路径主要分布在以下时段：公元前 30~30 年、181~240 年、291~350 年、401~420 年、601~620 年、751~770 年、861~890 年、931~950 年、1331~1350 年、1451~1470 年、1611~1660 年、1841~1860 年等。

在以暖为起点的主要路径中：（1）暖→农业丰收→经济繁荣→社会兴盛；（2）暖→农业→丰收→经济常年→社会兴盛；（3）暖→农业常年→经济繁荣→社会兴盛。从暖影响到农业丰收的衰减率为 52.7%，从农业丰收影响到经济繁荣的衰减率为 31.8%，从经济繁荣影响到社会兴盛的衰减率为 26.7%。同样，气候变化影响传递过程中的衰减率逐级递减，层次越高，衰减率越小。暖期社会兴盛共出现了 49 个年代，其中上述 3 条具有气候意义的路径中共出现了 39 个年代；即在暖阶段内，气候变化通过影响农业丰收（常年）、经济繁荣（常年），进而影响了 79.6% 的社会兴盛。这些传递路径，主要分布在以下时段：公元前 190~ 前 121 年、公元前 80~ 前 51 年、61~80 年、581~600 年、631~680 年、711~750 年、991~1020 年、1391~1410 年、1711~1770 年等。

可见，从整体的角度看，区域粮食生产丰歉，是经济、社会盛衰的重要背景和基础，形成正反馈，容易将气候变化的影响引向纵深。如果把与个人的粮食安全（饥荒）、社会稳定（农民起义）加入，将气候变化影响组合状态延展为从冷暖（气候系统），经过农业、经济、人口（饥荒）子系统，最后到社会子系统进行分析，得出以下结论。

冷期发生频率最高的组合状态为"冷 - 粮食收成常年 - 经济凋敝 - 重度饥荒 - 无农民起义 - 社会衰败"，出现过 5 个年代。有四种组合状态符合一般逻辑推理，可以用气候变化的影响来解释，这四种组合状态是冷—农业歉收—经济凋敝—中度 / 重度饥荒—多农民起义—社会衰败；冷—农业歉收—经济常年—中度饥荒—多农民起义—社会衰败；冷—农业常年—经济凋敝—中度饥荒—多农民起义—社会衰败。在冷期，气候变化通过影响农业歉收（常年）、经济凋敝（常年）、重度（中度）饥荒、多农民起义，进而影响了 16.7% 的社会衰败。

暖期发生频率最高的组合状态为"暖—粮食收成丰收—经济繁荣—轻度饥荒—无农民起义—社会兴盛"，出现过 12 个年代。有三种组合状态符合一般逻辑推理，可以用气候变化的影响来解释，这三种组合状态是：暖—粮食收成丰收—经济繁荣 / 常年—轻度饥荒—无农民起义—社会兴盛，暖—粮食收成常年—经济繁荣—轻度饥荒—无农民起义—社会兴盛。在暖阶段内，气候变化通过影响农业丰收（常年）、经济繁荣（常年）、轻度饥荒、无农民起义，进而影响了 36.7% 的社会兴盛。

在古代中国，前后两个千年出现的主导路径有所不同，前一个千年主要传递路径多数可以气候变化影响来解释，后一个千年气候变化影响的传递受到社会因素调控增加。这可能与我国经济重心的南迁有一定关系。南宋时期我国的经济重心已经彻底转移至南方，此时国家的统治范围扩大，政治中心与经济重心出现南北分离的现象。其结果一方面是加大了北方在经济上对南方的依赖，促进南北方的联系，同时通过开通运河等措施增大南北方的联系，降低了社会脆弱性；另一方面，由于粮食产出方（南方）和粮食分配制度方（北方）的供给关系变化，使得双方在粮食供给上的协作更多地受人为因素所控制，自然因素（气候变化、自然灾害等）的影响力下降，社会系统对气候变化影响的调控性增强。

四、案例分析：气候变化影响明朝灭亡的机制

在气候变化影响中国历史朝代更替的研究中，明朝（1368~1644 年）的灭亡通常被认为是一个极少争议的典型案例。

传统历史观点认为，明朝灭亡的直接推动力是遍及中国北方的农民起义以及对外战争的失败（特别是与起自东北的满洲人之间战争的失败，后者建立的清朝成为明朝的替代者）；而根本原因在于政治腐败引发的政府统治能力衰退，这种衰退的源头可以一直追溯到嘉靖（1522~1566 年）时期，至万历中叶（1573~1620 年）已十分显著，并最终导致一系列无法挽回的经济危机与社会动荡。在这一话语体系中，晚明大旱和饥荒虽然也常常被历史学家提及，但多是作为历史事件发生的宏观背景出现，以及政府腐败无能的又一注脚；气候要素变化对社会的具体影响，以及社会对其的响应方式，并不是重点关注的内容。

但已有很多研究者注意到了同期发生的一些不同寻常的气候事件（特别是明末的崇祯大旱），并将它们与明朝统治的崩溃联系在一起。例如，张平中等发现，晚明时期对应了东亚季风的一个异常减弱时段；张知彬等和王训明等分别将气候转冷和北方荒漠化的加剧与明朝灭亡联系起来；而谭亮成等则认为，明末中国北部、中部的严重旱灾、饥荒是明朝走向崩溃的重要因素。不过，上述研究多侧重于从某个单一的气候要素对社会的影响入手，而没有将不同尺度（从百年际到年际）、不同气候要素的影响综合起来，分别探讨其影响方式和程度。

基于高分辨率历史气候重建结果及历史文献记录（涉及人口、耕地、粮食单产、粮价、政府财政、农民起义、对外战争等方面），重新检视气候变化在明朝灭亡这一历史事件中扮演的角色，全面评价晚明社会系统面对气候变化的脆弱性，并再现了不同时间尺度气候变化（长期气候趋势和短尺度极端事件）对当时社会的影响过程和机制。

1. 晚明社会经济数据

用来描述晚明社会经济发展状况、衡量其面对气候变化脆弱性的数据主要取自历史文献资料及前人研究成果，包括以下几个方面。

（1）人均粮食产量

中国古代以农立国，粮食生产是整个社会正常运转的根基，但同时较低的技术水平又使其受到气候变化的强烈影响。人均粮食产量是当时社会基本生活水平及其对气候变化敏感程度的直观反映，也是进一步根据气候变化幅度和灾害强度对产量波动进行估算的基础。分别根据明代华北五省—北直隶（包括现今河北大部及北京、天津）、河南、山东、山西、陕西（现今陕西、宁夏及甘肃东部）的耕地、单产、人口数据来计算分省及区域人均粮食产量。

耕地数据来自 1570s 张居正主持的全国土地清丈分省上报数（1583 年汇总），根据古今度量衡换算公式折算，并扣除 7% 经济作物面积后得到各省粮食作物种植面积。粮食单产数据采用郭松义对 16 世纪中期北方旱作农业区的估算值（57.4kg/亩）。人口数据来自《中国人口史·明时期》重建的 1630 年分省人口数据，并根据其提供的各省人口增长率分别估算 1580 年人口数。据此得到 1580 年、1630 年两个时间点上的北方五省人均粮食产量背景值，然后结合气候变化的影响对其进行修正。

（2）粮价

对于一个缺乏市场调节手段的前工业社会，粮价的波动可与作物丰歉导致的粮食供给水平变化直接挂钩；粮价的持续上涨反映出粮食供需格局的严重失衡，并可能危及社会稳定性；从历史上看，粮价的高涨可能意味着社会动荡、战争、人口迁徙、瘟疫、饥荒等一系列严重社会后果即将接踵而来。本书使用彭信威统计计算的 1500s~1640s 之间平均粮价数据（10 年分辨率），将其单位换算为"银两 /100kg"，据此分析晚明时期粮价的变化及其反映的社会经济状况。

（3）中央政府财政数据

晚明中央政府财政数据主要包括太仓岁入、岁出银两以及北边各镇所谓"京运年例银"（即中央调拨北边的军费开支），逐年数据主要来自全汉升《中国近代经济史论丛》文集中的两篇论文《明中叶后太仓岁入银两的研究》《明代中叶后太仓岁出银两的研究》，并参考了黄仁宇对晚明财政、税收状况的研究。财政收入、支出的数量和比例，以及北边军费开支占财政支出的比例，可以直观表征晚明政府的财政状况以及遭受的军事压力。

（4）民变与起义

民变（包括兵变、叛乱、少数民族起事、小规模农民起义等）是社会秩序稳定性的直观反映。基于《中国军事史·历代战争年表》（傅仲侠等，1986）以及《中国通史》《剑桥中国史》等史书的记录，对 1520s~1620s（大规模起义爆发之前）逐年民变事件进行统计，并统计其中由旱灾触发的次数。

明末大规模农民起义始于 1620s 末段，文中 1628~1644 年间北方农民起义的相关信息，主要来自已有的历史研究成果：逐年起义爆发、波及地点数据（精确到县）主要取自《晚明民变》中所做的统计；逐年起义军主力特别是李自成起义军的行动路线信息则主要来自《李自成纪年附考》；并参照《明末农民战争史》、《明末农民战争》等研究结果，以及原始史料记载，对时间、地点信息进行校核，并利用政区沿革史料将古代地名在现代地图上定位。

（5）北边战争

发生在北方边境（具体来说，长城一线以北）上的中央政权与游牧民族的战争，在明代，主要发生在明政府与蒙古人、女真（满洲）人之间。其频次的变化可以直观反映中央政府在北方边境受到军事压力的变化，并进而影响政府的财政状况、军事实力、移民决策等。根据《中国军事史·历代战争年表》，逐年统计北边对外战争频次，并对其中明朝一方获胜次数进行统计。

此外，在分析一些重要历史事实，如晚明北边军屯体系的崩坏、重大军事行动（如万历三大征）的开支、粮食产量的下降时，还会直接引用《明实录》以及其他历史文献中的原始记录。

2.晚明社会崩溃的具体表现

根据社会经济发展特征，以及国力的盛衰，历史学家通常将明代大致划分为早期

（1368~1435年）、中期（1436~1566年）和晚期（1567~1644年）三个阶段。综合各权威通史文献的表述，晚明社会经济的崩溃主要体现在以下四个方面：政治腐败、边境危机、财政枯竭（尽管经过张居正的改革，晚明初期的中央政府岁收一度较之前大有好转），以及社会动荡。

（1）政治腐败

关于晚明政治腐败，历史学家可以给出许多例证，最有名的莫过于万历皇帝（明神宗朱翊钧）自1580s晚期持续至1610s的长达30余年的"怠政"，以及天启年间（1621~1627年）以太监魏忠贤为首的阉党专权；此外，万历皇帝与文官集团之间围绕立储等问题展开的长期争论、文官集团内部贯穿晚明时期的无休止的党争（如东林党与齐楚浙党之争、东林党与阉党之争），也都大大削弱了统治集团的实力。

高层统治者的不作为直接导致整个统治集团的腐败，晚明社会官吏的渎职、贪污现象极为普遍；散布各地的皇亲国戚则大肆兼并土地、聚敛钱财；从中央到地方各级政府官员大量空缺（如1602年，中央缺尚书3名、侍郎10名、科道94名；地方缺巡抚3名、布政监/司66名、知府25名；1603年地方知府缺近1/2）；官吏素质也急剧下降（如陕北边境延安、庆阳历任知府，嘉靖朝32人全为进士出身；万历朝进士、举人各15人；崇祯朝进士4人、举人6人、贡生3人、官生2人）。

（2）边境危机

边境危机主要来自北方的蒙古人以及崛起于东北的女真（满洲）人，在与之的战争中，明政府不仅消耗了大量的军费，而且明军的战斗力也随着军事失败的增多而日益削弱。

15世纪末期，陷于分裂状态的漠南蒙古各部在达延汗（明人称小王子）麾下重获统一，蒙古对明北边的军事压力随之增强。1508~1510年，达延汗占领了陕西以北、河套地区的鄂尔多斯，并以此为基地频繁攻扰内地。此后至嘉靖年间，北边战事不断，特别是达延汗之孙俺答汗在位期间，双方的战争进入高潮，1540s发生的大规模战事达到16次之多。1548年，俺答率军攻大同、宣府，击败明军之后直抵八达岭居庸关外，大掠而去；两年后的1550年，俺答率军从古北口破边墙而入，大掠畿辅，京师大震，史称"庚戌之变"。军事失败迫使明政府提升边防强度，接下来的20年间战争频次和烈度不减，1550s~1560s合计达到32次。1570年，俺答为救其孙把汉那吉，与明朝开始和谈，次年达成协议，明朝封俺答为顺义王，开放十一处边境贸易口岸，史称"俺答封贡"。

此后，北边来自蒙古人的军事压力稍减，但明军在所谓"万历三大征"（1592年宁夏哱拜叛乱、1592~1598年抗日援朝、1594~1600年播州杨应龙叛乱）中耗费大量人力物力、元气大伤之后，东北方向又崛起了新的敌人—女真首领努尔哈赤。1618年，已统一女真各部的努尔哈赤以"七大恨"起兵，正式向明朝宣战；1620年，明军在决定性的萨尔浒之战中惨败，并从此丧失了主动进攻能力。此后的20余年间，明军在与女真（满洲）人的战争中鲜有胜绩，边境危机愈演愈烈。

（3）财政枯竭

晚明财政枯竭突出表现在国库的入不敷出。万历年间，京仓存储由1583年的1818.54

万石急剧下降至 1602 年的 448 万石 1627 年更降至 126.96 万石，不足一年储备；地方预备仓（即常平仓）体系更是名存实亡，嘉靖年间即已多半废弃，万历之后的救荒活动中，预备仓已基本不再发挥作用。仓储的空虚，迫使朝廷为保障日常开支而在相当程度上放弃了救灾责任。

尽管经过税制改革和增税措施，太仓岁入银两从 1528 年（嘉靖初年）的 241 万两一路攀升至 1620 年（万历末年）的超过 600 万两，但晚明政府巨大的开支，特别是军费开支的激增仍使财政捉襟见肘。军费的增加，一方面原因在于边境战事的加剧，另一方面原因在于北边军屯体系在万历年间的加速崩坏（北边军屯大致沿长城一线分布，其初衷在于使边军自给自足）。在此之外，"万历三大征"的超额支出，也大大加速了财政的枯竭（平定哱拜叛乱花费超过 200 万两白银，长达 7 年的抗日援朝战争支出超过 700 万两，平定杨应龙之乱则超过 300 万两）。

至明末时期，农民起义和边境危机加速了财政的破产，尽管税率一再提高，但地方已不堪重负。1632 年，根据 340 个县的上报，其赋税拖欠率在 50% 以上，其中 134 个县没有上缴任何税收。税收不能足额时（这在晚明时期时常发生），明政府要求优先保证运送京师所需；加上 1596 年开始，皇帝派遣太监前往各地充当钦差，全面掌握矿税、商业税的征收权，这就大大减少了地方财政来源，收入的不足导致了晚明地方政府在各类公共事务，特别是救灾和军事行动的后勤保障方面的无力。

（4）社会动荡

社会动荡集中反映在 1560s 开始的民变事件频次的迅速上升，至 1628 年则发展为大规模的农民起义。据统计，1520s~1620s 的 110 年间全国共爆发较大规模的民变事件 102 次。其中 1520s~1550s 仅发生 26 次（6.5 次 /10 年），而 1560s~1620s 发生 76 次（10.9 次 /10a）。

当明末农民起义在陕西首先爆发之后，仅数年之间就席卷华北，至 1640 年之后波及大半个中国。1628~1633 年间，起义军还只有松散的组织，起事原因也只是为了求生；但很快就形成了几支强有力的义军主力部队（如高迎祥、李自成、张献忠等），建立起了紧密的军事联盟，军队至数十万，已敢于与明军正面作战；至 1639~1644 年间，仅李自成和张献忠两支义军主力就已拥众百万，并开始谋求取明朝而代之。农民起义的飞速发展，是晚明社会系统脆弱性趋于极致的表现，也是明政府统治陷于崩溃的证明（表 9-2）。

表 9-2　1628~1644 年间农民起义的迅速发展

时段	主要活动范围	组织、规模	主要诉求 / 行动特征
1628~1633 年	陕西、山西、河南三省 50 余县	组织松散；主力二十六营最盛时"号" 20 万，能战者约 10 万	主要是为了求得生存；以劫富济贫、开仓放粮为主，很少与明军正面作战
1634~1638 年	以陕西、河南、安徽、湖广为中心，波及北方其余各省及四川、江西	形成军事联盟；1634 年主力十三家七十二营约 30 万，1635 年鼎盛时发展至 60 万以上	扩充军队，保持战力；开始敢于与明军正面作战，并取得一些战役的胜利，行动带有更多政治色彩（如焚烧皇陵）

1639~1644 年	长江以北全境及湖广、四川、江西	形成以李自成、张献忠为首的军事、政治集团；军队人数迅速超过百万	开始谋求改朝换代；与明军展开决战，提出鲜明的政治口号，建立地方政权

3. 晚明气候恶化的主要特征

现有的北半球过去千年历史温度变化重建结果均显示，16 世纪晚期至 17 世纪是小冰期中最为寒冷的一个时段，17 世纪也是过去千年、甚至 2000 年中最为寒冷的一个世纪。这一时段的前半段正与晚明时期重叠。

晚明是中国过去千年最为寒冷的时段之一 [如图 9-1(a) 所示]，急剧的降温约始于 1550s。1560s~1650s 的 100 年间，全国平均温度相比 1951~2000 年均值低约 0.5℃ [如图 9-1(b) 所示]，1550s~1650s 年间降温速率约 0.4℃/100 年。华北的气候转冷相比南方更为明显，1560s~1650s 平均温度相比 1951~2000 年低约 0.7℃ [图 9-1(b)]，华北这里正是一系列军屯农场所在地。

相对寒冷的气候带来了更多的冷害、霜灾和冻害，根据对《中国三千年气象记录总集》记录的统计，1571~1644 年间，华北因初霜、初雪提前或终霜、终雪推迟导致的冷、霜、冻害共 36 次，几乎达到两年一遇；1620s 甚至连年遭灾。

同时，重建的过去 1500 年干湿序列显示，晚明时期出现了 3 次快速气候转干时段，分别发生在 1580s，1610s 和 1630s[如图 9-1(c) 所示]，在华北地区和江淮地区表现最为显著，气候转干伴随更为频繁的气候波动及更大幅度的年际变化，导致中国东部各区极端旱、涝灾害的发生概率同步上升（表 9-3）。特别是极端旱灾发生的频次，1581~1644 年间华北地区和江淮地区分别上升了 76% 和 62%(相比整个明代平均值)。更为严重的是，多年连旱的极端旱灾事件发生频次也在上升，如 1627~1644 年特大旱灾（即崇祯大旱）很可能是过去 1500 年间中国东部最为严重的一场旱灾，对于华北地区和江淮地区而言更是如此。

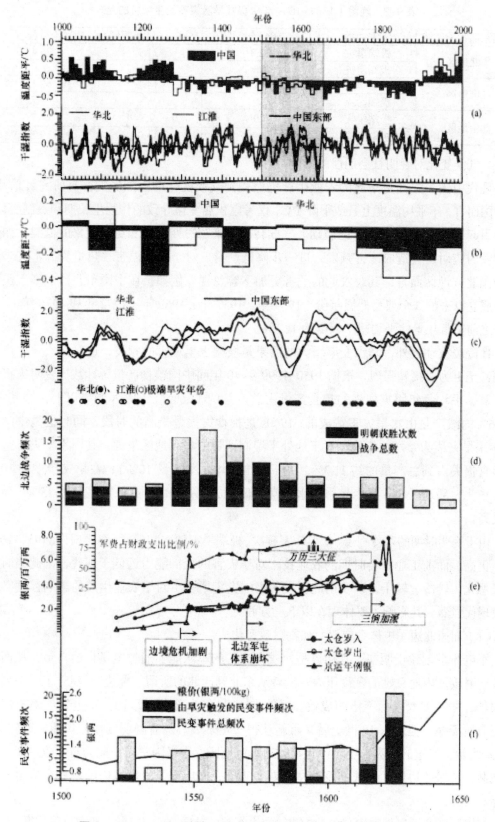

图 9-1　1500~1650 年气候变化、极端旱灾及其对社会系统的影响

表9-3　晚明（1581~1644年）极端旱涝灾害发生频次的上升

中国东部各子区域	灾害种类	1368~1644年间频次	1581~1644年间频次	频次上升幅度/%
华北地区	极端旱灾	12.3	21.7	76.4
	极端涝灾	4.3	4.7	9.3
江淮地区	极端旱灾	8.7	14.1	62.1
	极端涝灾	7.9	9.3	17.7
江南地区	极端旱灾	7.9	9.3	17.7
	极端涝灾	7.9	11.0	39.2

4.气候变化对晚明社会崩溃的影响

现代中国、尤其是华北的农业生产仍然受到气候变化的强烈影响。有研究者估测，对中国而言，年平均温度上升或下降1℃，仅考虑积温变化导致的作物生长期和熟制变化，就会引起粮食作物产量10%的波动。气候转冷带来寒冷期延长和更为频繁的低温，如果不能及时应对，会造成冷害频发，进一步降低产量，对于地处温带、热量资源不甚丰富的中国北方地区而言，其对农业的危害更加不容忽视。例如，在中国东北，中华人民共和国成立以来的5个典型低温年份（1954年、1957年、1969年、1972年和1976年），相对于之前正常年景的平均减产幅度达12.7%。

在冷暖波动之外，降水变率增大的后果是极端水旱灾害的频发，这对于农业生产的影响甚至更为直接和强烈。根据1950~1990年40年间中国粮食产量统计数据及对灾损量的估算，平均每年因灾损失的粮食产量占总产量的11.6%，最高达25%以上，这其中，约86%的减产是由水旱灾害造成的；1960s是粮食灾损量最高的时段，同时也是中国近60年来旱灾最为频发的年代。对于地处半湿润地带的华北地区来说，其因水旱灾害造成的粮食损失占到总产量的约11.3%，高于全国平均水平（约10%）；在旱灾严重的1961年（华北大部地区3~6月生长季降水较常年偏低30%~65%），这一数字超过35%，为历年最高。

由于晚明时期的寒冷程度、低温冷害频次、极端旱灾频次和强度，都比现代（1951~2000年）更高，而前工业社会时期的农业技术对于灾害的抵御能力远低于现代，因此当时的气候恶化（转冷、转干，以及由此引发的极端灾害增多）对于农业生产的影响程度必然远较现代强烈。其影响主要体现在以下三方面。

（1）加速北边军屯体系崩溃，加剧财政恶化

军屯体系创建于明初，其初衷是使戍守边防的军队能够通过屯垦自给自足，从而减轻政府财政及内地百姓的赋役压力。沿着从东北到西北的所谓"九边"，建立了一系列军屯农场，并一度取得了不错的成效。尽管在15世纪大部分时段内，军屯发展陷于停滞甚至有所萎缩，但进入16世纪后又重新获得一定发展。随着晚明气候的快速转冷转干，1570s为始，严重的旱灾和土壤沙化在北边军屯地区变得极为常见，成为对农业生产的巨大威胁；长城（边墙）以外的军屯在此期间几乎完全废弃，长城以内的粮食产量也急剧下降。

根据万历至天启年间（1620~1624年）的内阁首辅叶向高记述，自嘉靖至万历末期（1620

年）的半个多世纪间，北边军屯粮食产量下降幅度达 60%~70%。由于军屯对于边军粮食自给的重要作用，当其农业生产日益萎缩时，便不可避免地引发了北边粮价的飞涨。根据日本学者寺田隆信的研究，明代北边每 50 年平均的米价，1490~1539 年为 1.752 两 / 石，1540~1589 年急剧上涨至 2.658 两 / 石，1590~1625 年更上涨至 4.477 两 / 石，其绝对价格和涨幅均远超内地。北边粮食供给危机迫使明政府拨出更多经费，并向北边运粮，政府财政状况进一步恶化，北方百姓的赋役负担也随之加重。

嘉靖年间，明政府的财政恶化征兆就已显现，其直接原因在于北边军事压力上升导致的军费开支增加。1540s 开始，边境军事危机加剧，蒙古人入侵越来越频繁，对内地甚至京师的威胁明显增强 [如图 9-1（d）所示]，直接导致军费（"京运年例银"）在太仓支出中所占比例的攀升，从嘉靖早期（1520~1547 年）的 31%，猛增至晚期（1548~1569 年）的 64%[如图 9-1（e）所示]。

尽管 1570~1589 年间北边的军事压力有所缓解 [如图 9-1（d）所示]，但由于军屯体系在此期间的加速衰落，政府财政压力不仅没有得到缓解，反而继续增强，表现在京运年例银占太仓支出的比例进一步上升至 76%。这一涨幅（64%~76%）在很大程度上是由同期气候变化对军屯的消极影响所贡献。从 1590 年开始，"万历三大征"导致军费开支再次飙升，1590~1600 年间军费占比达到约 90%。三大征之后的军费开支仍然居高不下，反映出此时随着气候的继续恶化，北边军屯体系已经失灵，丧失了造血功能。

当明末来自北边和内陆的军事危机全面爆发之际，政府财政已经完全失去弹性，而只能一再求助于增加税收，即明末先后于 1618~1620 年（辽饷）、1637 年（剿饷）和 1639 年（练饷）开征的所谓"三饷加派"[如图 9-1（e）所示]。

（2）导致粮食减产，引发生存危机

基于已有的历史人口、耕地及单产研究成果，可以估算出晚明时期 1580 年前后中国北方五省每年的粮食产量约为 393.3kg/ 人，其中山西和陕西粮食产量大大低于平均，分别只有 289.4kg/ 人和 339.9kg/ 人。考虑到使用的单产数据主要是根据气候条件较好、社会比较稳定的 16 世纪中期的历史文献记载，在晚明气候恶化、特别是极端灾害的影响下，这一数字在其后数十年间将有大幅下降。

根据当时人的回忆，在北直隶的真定（今河北正定），在相同的肥料、劳力投入情况下，嘉靖年间（1522~1566 年）平均亩产 1 石（1 石 =100 升），万历年间（1573~1620 年）不足 5 斗（1 斗 =10 升），减产幅度超过 50%；至明清之际（1621~1670 年）更下降至 2~3 斗，再减产约 50%；其相当一部分贡献应来自气候恶化（特别是极端灾害）。尽管这样的减产幅度（70%~80%）不太可能在各地普遍出现，但大部分地区都记录了气候恶化背景下粮食的长期减产。例如，在太湖流域，明末亩产 1~3 石米，减产约 1/3；在浙江桐乡，明末亩产下降约 50%（"十年之耕不得五年之获"）；在湖南长沙，崇祯年间丰收之年不过亩产 2 石米，较之嘉靖年间减产 20%~40%；在广东潮阳，1596 年亩产约 3.8 石谷，至 1625~1635 年间减至 2.5 石。综合上述各地记载，整个中国在 1570s~1630s 的粮食减产幅度约 20%~50%，据此对 1630s 的中国北方人均粮食产量数据进行修正。

巨大的粮食减产幅度，与人口增长叠加，导致华北五省人均粮食产量由1580年的393.3kg/人剧减至1630s的166.6~266.5kg/人，下降幅度高达32.1%~57.5%。

其中，18.4%的人口增长率贡献了约12.4%，剩余的19.7%~45.1%则由气候变化贡献。由此引发了晚明持续数十年的粮食危机，极大地增加了社会系统的脆弱性。

基于现代粮食安全概念，将人均粮食产量300kg/人作为满足温饱的标准，可以看到，1580年北方五省粮食安全尚有保障，但陕西、山西两省已经接近甚至低于温饱阈值，这也是1580s中晚期旱灾中这两个省灾情最为严重的原因（陕西、山西等省死于饥荒者可能超过100万）。而到1630s，各省粮食安全水平均已突破阈值（即使考虑到古代社会的人均口粮需求可能稍低于现代），对灾荒的敏感程度极高。

如图9-1（f）所示，1570s~1580s间，粮价上涨约28%，这一事件发生在气候转干的大背景下，并与1580s发生的持续数年的大旱灾直接相关[图9-1（c）]。极端旱灾引发的严重饥荒，成为这一时期多起民变的导火索[图9-1（f）]。1610s~1620s又是一个快速降温和极端旱灾多发时段，粮价再次飞涨（涨幅110%）；同期民变频次也大幅上扬，且多数与旱灾和饥荒密切相关，1620s爆发的民变达到21起，其中15起发生在1628~1630年间，全部是由旱灾触发[如图9-1（f）所示]。

（3）直接触发农民起义并推动了义军的发展壮大

1627~1643年间北方旱灾影响区域与农民起义军的发展历程、影响范围、行军路线如图9-2所示，它直观地描述了大旱对于起义军和明政府力量此消彼长的影响。

1627年，中国大部地区都遭受了严重的自然灾害，陕西和山西两省为旱灾中心，而山东和湖广则为水灾中心[如图9-2（a）所示]；严重的粮食减产遍及全国，而政府则没有足够的存粮应付即将到来的严重饥荒。作为旱灾中心的晋陕两省粮食安全形势本就是华北乃至全国最为严峻的（人均粮食产量仅在200kg/人左右），社会经济十分凋敝，对灾害高度敏感。1628年陕北全年无雨，灾民秋季食蓬草，冬季食树皮以至石块，不甘饿死者遂成批相聚为盗至次年，部分因缺饷而叛变、溃散的边防士兵加入起义，与饥民合流，构成了早期义军的骨干。最初的起义地点基本都发生在干旱区域内[如图9-2（b）所示]，反映了两者之间的密切联系。

崇祯二年（1629年）初，明思宗为节省政府开支，大量裁撤驿站并遣散驿卒，他们走投无路之下，纷纷加入起义军，其中就包括李自成，局势进一步恶化。此后数年间，旱灾的阴影仍然笼罩在这一区域，饥荒愈演愈烈，成千上万的饥民不断地补充进来，政府无论是招抚还是清剿均收效甚微。1630年义军主力进入山西，当地饥民加入者数以万计，至年底已占义军人数一半以上，起义中心随之转移。这一时期农民起义地点多数（80%以上）仍然在旱区之内，密集于陕北—关中、晋西南等地[图9-2（b）]。

1632~1633年，明政府对于起义军的重视程度明显提升，在洪承畴、曹文诏等将领的进攻下，陕西农民起义军先后遭到失败。至1633年年底，明军终于将山西义军主力压缩包围于豫北太行山与黄河之间的狭小范围内，此时早期义军首领王自用也已战死（一说病死），明末农民起义面临第一次危机[如图9-2（C）所示]。但是，这年冬天极端寒冷的天气使得黄河不同寻常地提前封冻，义军于 12 月下旬踏冰渡河，跳出了明军的包围圈，进入中原地区。

　　1634~1636 年，旱灾扩展至中国中部，整个河南均受大旱，随即引发了严重的饥荒，无数的灾民成为正疲惫不堪的农民起义军最好的兵源。在广大旱区（陕西、河南等地）仅经过数月转战 [如图 9-2（d）所示]，起义军总数就达 60 万以上，并形成了三支主力军，即高迎祥、李自成、张献忠所部，成为明政府的心腹大患。

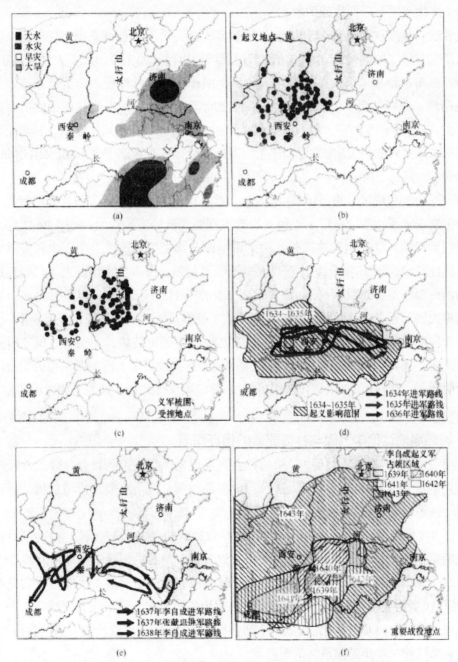

图 9-2　1627~1643 年旱灾影响区域与农民起义军活动的对比

　　义军主力高迎祥所部行军路线显示，起义军已经形成了稳定的流动作战战术，

1634~1635 年，连续两年的夏秋之间，义军主力都出现在旱灾最为严重的陕西关中，吸收饥民、壮大军队。1634 年夏天，当高迎祥穿越秦岭，出现在关中平原时，这里大量的饥民，使他的军队在短短几个月中扩充至数十万人；次年夏天，陕西"残破已极，灾荒异常"，义军再次进入关中时，饥民"从贼者如归市"，参加起义的总人数据说高达二百万人。而青黄不接的冬春季节，则出关向东挺进，活动于黄河以至江淮流域广大相对富庶的平原地区，补充给养、修整军队。这一流动作战战术大获成功，不仅使明军主力疲于奔命，更取得了多次与明军正面作战的胜利。

随着这一规律逐渐被明军掌握，从 1636 年开始，明军开始有意识地切断起义军与华北广大旱灾灾区之间的通道，全力迫使其进入周边山区（如秦巴山区、大别山区），并在这里布置截击。新战术很快见效，1636 年秋，明军在陕西盩厔境内击溃试图进入关中的闯王高迎祥，并将其擒杀；1637 年，在江淮之间击败张献忠，迫使其在秦巴山区边缘的湖北谷城"就抚"；1638 年，最后一支起义军主力李自成部在四川、陕西、甘肃交界的人烟稀少地区反复转战仍无法摆脱追击，主力溃散之后仅率少数部下潜入秦巴山区 [如图 9-2（e）所示]。

但明军的胜利是暂时的。1637~1638 年，严重的旱灾继续在北方蔓延，尽管几支义军主力被截断在灾区边缘，但广大饥民并没有得到明政府的妥善救助；1639~1641 年，明末大旱发展到极致，华北全境连同长江中下游地区全部受旱，这成为李自成和张献忠重整旗鼓的绝佳契机。当 1640 年冬，李自成避开明军封锁、仅率数百部下进入已经连续多年大旱的河南时，"远近饥民荷旗而往应之者如流水，日夜不绝"，仅仅数月之间，其军队就迅速扩大到百万之众；同时，张献忠则冲破了杨嗣昌的围剿，从四川直取襄阳。

与此同时，前来围剿他们的明军由于灾区经济的严重破坏，无法有效保障后勤，屡屡自行溃散。1641~1643 年间，李自成在河南境内连续取得了 5 次与明军主力会战的胜利（"五覆明师"），在很短的时间内就略定北方，奠定了攻破北京、推翻明朝统治的根基 [如图 9-2(f) 所示]。

5. 明朝崩溃过程中气候与社会要素的相互作用

按照一般历史学观点，历史时期的社会兴衰现象，是一系列社会、政治、经济因素综合作用的产物。具体到明朝灭亡这一历史事件，则是政治腐败、边境危机、财政枯竭和社会动荡等问题全面爆发的结果。

据图 9-3 虚线框内所示，政治腐败首先导致政府机构的运转失灵，特别是对社会经济系统的管治失效，由此导致财政恶化和通货膨胀。财政的恶化迫使政府将税率（主要是农业税）无节制地上调，当百姓不堪忍受时，社会便开始动荡（民变乃至农民起义爆发）。镇压民变需要动用军队，与同期发生的边境危机叠加，军事压力便成倍上升。军费的上扬进一步导致财政的恶化，构成一个恶性循环的回路，政府管治失效的问题持续放大，整个社会系统便一步步走向最终的崩溃。

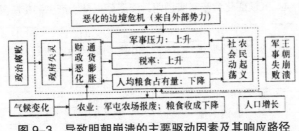

图9-3　导致明朝崩溃的主要驱动因素及其响应路径

　　但是，社会系统的运行，特别是影响其脆弱性的一些关键因素，是和自然环境系统——通过土地承载力（在前工业社会时期可以用农业生产力来衡量）——紧密联系在一起的，而后者受到气候变化的直接作用。在上述导致明朝崩溃的四个主要社会驱动因素之中，糟糕的经济和财政状况不能单纯地归因于政治腐败导致的政府管治失灵，更与晚明时期长期的农业生产衰退（同时存在于北边军屯和广大内地民田）有关（如图9-3所示）。

　　晚明以降的长期农业生产衰落主要是由1570s开始的气候恶化（转冷、转干、更多的冷害事件和极端旱灾）所导致。粮食产量的下降，与人口增长叠加，导致了人均粮食占有量的剧减，随之而来的粮食危机、粮价飞涨、大面积饥荒，成为民变和大规模农民起义的直接触发因素（如图9-3所示）。为了镇压农民起义，明政府于1637年和1639年两次加派兵力，进一步加剧了民怨，对局势反而起到火上浇油的作用。明末农民起义军的主要来源正是在长期旱灾中走投无路的饥民，从1628~1644年农民起义从产生，到发展壮大，直至最终推翻明朝统治的过程，与同期的旱灾背景密不可分。

　　这意味着，至少财政枯竭和社会动荡（特别是农民起义）这两个主要驱动因素，是受到同期气候恶化的强烈影响的，后者主要通过两条传递路径产生作用：一条是气候恶化→农业生产衰落（军屯报废、粮食减产）→财政恶化→无节制增税→社会脆弱性增加；另一条是气候恶化→农业生产衰落（粮食减产）→人均粮食占有量下降→粮食危机、粮价飞涨、饥荒→民变。两条路径最终都指向农民起义爆发和军事压力增加。

　　不过，晚明时期政府受到的军事压力并不仅仅来自农民起义，也来自北方游牧民族、特别是女真（满洲）人的入侵，而这一方向上的军事压力增大同样很可能与气候恶化有关；1619年努尔哈赤的起兵便受到当时东北地区气候恶化导致的生活资源紧张（如牧场萎缩）的影响。军屯农场的大量报废也大大削弱了明军的抵抗能力，对于边境危机的加剧起到了间接作用。对于这一条作用路径，即气候变化对于游牧民族入侵的影响方式和程度，还有待进一步的分析和评估。

6. 气候变化对王朝更替影响的复杂性

　　中国历史上的王朝更替的气候变化和社会脆弱性背景有一定的共性，大多处于百年尺度上气候由暖转冷期与王朝由盛转衰期，但相似的气候背景对王朝更替所产生的影响却因朝代而异。唐、明、清三朝均处于暖转冷的气候背景下，极端干旱事件均导致了不同程度农民起义的爆发，但是不同朝代所面临的北方外族压力及内部政治环境不同，进而相似的气候背景对王朝更替所产生的影响也因朝代而异（表9-4）。

表9-4　气候变化背景对唐、明、清王朝更替所产生的影响异同

对比项	唐	明	清
气候变化百年趋势	暖期转冷期盛转衰	小冰期暖转冷盛转衰	小冰期暖转冷盛转衰
极端事件	大旱农民起义	反复大旱农民起义	大旱灾农民起义
起义后果	危及政权	摧毁政权	影响政权
北方外族压力	军事压力小	军事压力，占领	移民接收地
政治状况	藩镇割据	北方军事压力，党争	海上外敌，洋务清流

历史时期气候变化对社会的影响及响应机制是非常复杂的，即使看上去相似的气候变化背景，由于不同的社会脆弱性和物理暴露条件，会导致社会响应方式及社会后果截然不同。

（1）晚明和晚清气候变化影响的对比

晚明（1560~1644年）和晚清（1780~1911年）的气候变化特征存在一定的相似之处。均为小冰期内由气候相对适宜阶段向恶化阶段（表现为降温、极端灾害增多等）的转折时期，在华北地区（此处限定为现今北京、天津、河北、山西、山东、河南、陕西五省二直辖市辖境）均给当地社会造成了严重的影响，如饥荒和民变事件频次的激增。但两者的社会后果存在显著差别。明朝的灭亡与气候恶化存在密切的直接与间接关联，而晚清的气候恶化虽然对华北地区的社会稳定性和满清王朝的政治经济产生了深刻的影响，但清王朝的灭亡与气候变化并无直接的关系（如图9-4所示）。

从饥荒、迁徙、战乱这三类典型气候灾害响应方式入手，对比分析晚明（1560~1644年）和晚清（1780~1911年）两个气候转折时段的社会响应，发现两者之间存在以下三点不同。

一，在同等灾害强度下，晚明引发的灾荒往往更为严重。

在人相食县次上，1470~1644年间发生人相食901县次，平均5.15县次/a；几乎每个旱灾指数高于10的大旱年份或次年（除1609年外）都爆发了严重的饥荒（人相食县次超过10）。而整个清代华北发生人相食214县次，平均0.80县次/a，1786年、1813年、1877~1878年等极端年份发生了严重饥荒，但同样灾害十分严重的1721~1722年、1743年、1900年等年份则没有发生[如图9-4f)所示]。这说明明代农户生计相比清代更为脆弱。

二，晚清灾害背景下的人口跨区迁徙起了显著的缓冲作用。

作为灾害响应的重要手段，清代人口跨区迁徙的规模远大于明代。清代华北人口向外迁徙贯穿整个朝代，并集中在几个时期：清初的17世纪晚期，鼎盛的18世纪中期，19世纪初，以及1860s之后，最后一个时期规模最大[如图9-4（g）所示]；其主要迁徙方向为向长城以北的内蒙古中、东部以及东北三省，这种难民潮的动态流动很好地分流了气候灾害带来的难民压力。而在晚明时期上述长城以北地区不仅不能吸纳华北地区的流民，而且一直受到蒙古人和女真（满洲）人的军事压力，成为加剧明朝脆弱性的重要因素[如图9-4(i)所示]。晚明华北的人口流动主要集中在15世纪晚期，最重要的人口流动方向是向华北西南边缘的秦巴山区；而灾害日益加重的16世纪晚期以后，无一处新建行政单元，说明已没有合适的区域来安置流民[如图9-4（g）所示]。

三，晚明灾害背景下的难民演变成规模大、影响深远的农民起义。

这一点集中体现在明末李自成、张献忠为代表的农民起义中。起义首先爆发于1628年的陕西，随后十余年间随着旱灾范围的扩大，起义波及华北全境及南方许多地区，发展为全国性运动；并最终成为改朝换代的直接推动力量。而在晚清时期，尽管华北爆发过多次规模较大、有着鲜明政治诉求的农民起义，特别是起于皖北的捻军足迹曾遍及华北五省，但其对整个华北社会秩序的动摇程度始终有限 [如图 9-4（h）所示]。

造成上述差别的原因可以归纳为三个方面：（1）无论是降温速率还是极端灾害频次、强度，晚明气候恶化程度都强于晚清，这是其产生更严重后果的自然基础。（2）晚明华北人均粮食产量尽管高于晚清，但相对单一的熟制和粮食作物品种选择使其对气候变化和灾害更为敏感，而清代两年三熟的推广和美洲作物的引进减少了粮食生产的波动。（3）晚清政府在华北救灾过程中表现得更为积极和高效，反之晚明政府基本无力救灾；而北方边境的平静，使得清政府可以将其作为一个巨大的人口调节器，通过移民缓解救灾压力，这两点决定了晚清华北具有更强的社会响应能力。

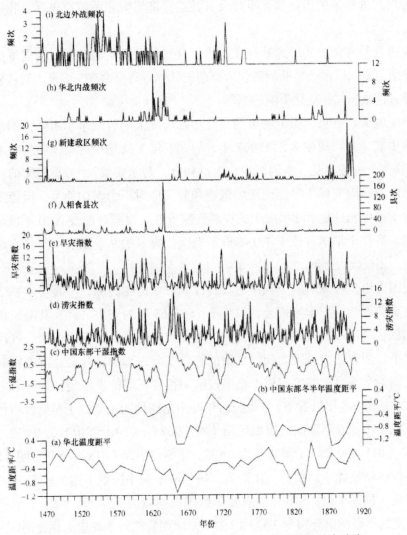

图 9-4　1470~1911 年华北气候变化、旱涝灾害及社会响应

（2）唐朝灭亡与气候变化的关系讨论

关于唐朝灭亡原因，历史学家们公认发生于公元755~763年的安史之乱及其随后相继发生的国内战争和社会动乱，是导致唐朝衰亡的重要原因，爆发于唐末的王仙芝、黄巢农民起义则被认为是唐朝灭亡的导火索。

唐朝灭亡与东亚季风关系是近年学术界争论的一个热点。争论的双方都承认历史气候变化对社会治乱存在影响，彼此争论的焦点是唐朝后期气候是否干旱和唐朝是否亡于干旱。Yancheva 等根据广东湖光岩玛珥湖的沉积记录推断700~900年夏季降雨减少，促成了唐朝的灭亡。张平中等（Zhang et al.，2008）根据甘肃万象洞石笋

δ^{18}80 记录亦推断由夏季风变弱所致的干旱引起社会不稳定，是导致唐朝灭亡的关键因素（keyrole）。对此，张德二等则认为，唐朝后期夏季少雨和长期干旱的推论与中国历史气候记录不符，寒冬—湿夏的对应关系才是唐朝后半期的气候特点，一个朝代的灭亡是多种因素共同作用的结果，气候变化只是影响治乱的重要因素之一，而非关键因素。综合上述观点和近年来的历史气候重建及其社会经济影响相关研究进展，我们得出以下几点结论。

①对晚唐气候变化史实的判断存在矛盾。自然记录推断的唐朝后期夏季少雨和长期干旱，而根据历史气候记录推断的唐朝后半期的气候特点是寒冬 - 湿夏。对气候变化特点认识的差异直接影响气候变化影响的判断。

②对唐王朝灭亡有重大影响的可能只是年际尺度上的极端干旱事件，不是百年尺度的干旱。从史实来看，唐朝灭亡于907年，与875年王仙芝和黄巢领导的唐末农民起义有直接的关联。"巢贼之乱，本因饥岁。人以利合，乃至寔繁"，黄巢起义的兴起、蔓延与赢弱的唐政府对因气候干旱而出现的饥馑和起义应对不力密切相关，但导致黄巢起义爆发的严重干旱可能只是年际尺度上的极端气候事件。根据对过去2000年极端干旱事件的分析发现，唐代干旱事件位于751~800年期间，唐末的9世纪后半叶并不是唐代的主要的干旱期，相反较为湿润。

③唐代国力由盛转衰对应于气候由暖转冷和农业由丰转歉，冷暖与丰歉变化可能对唐朝灭亡有重要影响。史学家们公认发生于755~763年的安史之乱及其随后相继发生的国内战争和社会动乱，极大地消耗了国力，是导致唐朝衰亡的重要原因。气候条件影响农业生产水平，而农业丰歉则为朝代统治的物质基础，影响着社会经济的发展变化，气候变化对王朝治乱兴衰影响的实质上是通过影响粮食资源的供给与社会需求之间的矛盾变化实现的。从图9-5可以看出，9世纪后半叶不是唐代的主要的干旱期，唐代极端旱涝异常期出现在751~800年期间。唐朝后期（811~907年）的干湿指数为0.050，而唐朝灭亡前的20年（811~900年）干湿指数为0.598。唐朝前中期（618~810年）明显暖于后期，社会经济条件也明显优于后期。具体而言，唐朝前中期中国处于隋唐暖期（540~810年）内，气候温暖，同期（618~810年）农业丰歉等级均值为3.58级，为偏丰水平，宏观经济和财政收支的等级均值分别为3.53和3.21。而唐朝后期处于晚唐五代冷期（811~930年）内，气候转冷，农业也由丰转歉，同期（811~907年）农业丰歉等级均值2.7，为偏歉水平，

宏观经济和财政的等级均值分别为 2.50 和 2.25，较唐中前期均低了近 1 级。唐朝灭亡前的 881~900 年，冬半年平均温度较今低 0.87℃，是唐朝最冷的 20 年，同期丰歉等级均值只有 2.5，为唐朝最为歉收的 20 年，而此时的宏观经济和财政收支等级均值也分别只有 1，均为同期最低（如图 9-5 和图 9-6 所示）。由此可以看出，唐代国力由盛转衰对应于气候由暖转冷和农业由丰转歉，冷暖与丰歉变化可能是影响国力衰弱的重要因素。

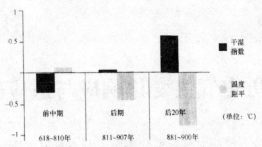

图 9-5 唐朝衰败的气候变化背景

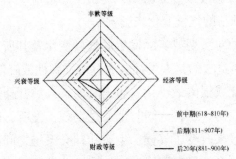

图 9-6 唐朝衰败的社会经济背景

第十章　历史气候变化的适应机制

第一节　历史气候变化响应与适应研究综述

适应和减缓，是当今人类应对气候变化的两大基本对策。基于当前的变暖趋势不可能被停止或逆转，但是可能被减慢的认知，提出了"适应"对策—通过调整自然和人类系统以应对实际发生或预估的气候变化或影响。

适应作为人类社会面对预期或实际发生的气候变化及其所产生的影响而采取的一种有目的的响应行为，其所追求的是人类社会通过增强弹性或降低脆弱性，以有限的投入，使社会、经济收益最大化或损失最小化。历史时期，人类社会通过多种途径对气候信号作出响应，包括崩溃、没落、迁移，同时也通过发现、发明、改变来适应变化。人类对于变化的响应可能又反过来改变了气候，生态和社会系统之间的互馈效应，在时间和空间上产生一个具有多向联系的复杂网络。例如，极端的干旱可能引起了社会的崩溃，也促成了灌溉这一精细的水管理方式使用，其后续对土地利用起着重要影响。在欧洲，小冰期造成了大部分地区食品的短缺，同时促使科技、经济和政治策略的发展以减低社会的脆弱性。响应与适应，不仅能够实现趋利避害的目标，更为重要的是，在适应过程中所建立起的生产技术和社会组织形式成为人类社会系统弹性的一个组成部分，增强了人类应对气候变化的能力。一些响应调整、适应措施，形成了长期且较为稳定的制度，能够促进后续的社会发展进步，可能对人类社会产生长久而深远的影响。

中国历史时期对于气候变化的响应，突出体现在对于极端气候事件（极值变化）所引发的灾害应对方面。季风气候的不稳定性使得我国气候灾害具有频率高、强度大的特点，由此古代中国形成了一套多措施综合减灾的荒政体系。首先，是最高统治者的政治应对。皇帝发布罪己诏、避正殿、减常膳，甚至还自除尊号，以应天谴、自省；并积极开展敬神求雨、祈晴等活动。其次，是整个统治集团开展政策应对。一方面是割除弊端、更新政局，通过政府官员的人事任免变动、调整改善经济政策（如放宽榷茶、榷盐）等措施；另一方面是蠲免赋税、改善民生。此外政府应对最主要、最有效的办法是物质救助，包括发放救灾钱粮、薪炭等物资；从勘灾到赈灾，由严密的制度保障。为避免灾后瘟疫或群体事件，加强善后处理、流行疾病防范、治安管理，也是政府的主要工作。从工程措施上看，开挖沟渠、疏通河道、兴建陂塘等水利工程一直是历代政府重要的基础设施投入。

总体看来，针对极端气象灾害的应对无不在"天人感应"的理念下进行，应对措施涉及社会生活的方方面面，不但使之成为缓解人与自然矛盾的契机，也使之成为缓解社会矛盾的契机，直接或间接地促进了社会生活的和谐。当然，对于少数极端气候或气象事件，农耕社会还是难以做出有效的应对，如清代光绪三年（1877）北方大旱便造成了极为严重的社会经济影响及人口损失。

与此同时，适应也是历史时期中国应对气候变化挑战的主要手段。中国古代人地关系思想的突出特色在于强调人与自然和谐统一，在承认环境对人类制约作用的前提下，通过主动适应求得社会发展。历史上对适应模式的选择具有层序性，大体次序是从生产到经济、再到人口及社会，在区域上的次序是先区内再区际。政府为主导的主动因地制宜适应往往是应对气候变化的有效策略，但政府错误的认知和适应也可能会加剧气候变化的影响。

在生产层次，作物结构、种植制度的调整，是农业社会对气候变化适应的重要方式。中世纪暖期中的北宋时期，中国江南地区主要以干旱为主，华北及北方农牧交错带则相对湿润；南宋 - 元时期，东部地区普遍偏干。为适应中世纪暖期干湿变化的空间格局，在变湿的华北地区北宋朝廷积极推广水稻种植；而在变干的南方，自北宋时期开始积极推广占城稻和稻麦连种，到南宋时，长江流域的水稻产区已广泛种植了占城稻，稻麦连种发展成为江南地区的一种广泛、稳定的耕作制度。占城稻的引进与稻麦连作的建立是中国粮食生产史上的一次革命，它们使得江南粮食生产受气候制约的影响渐趋减少。由于中国幅员辽阔，气候变化和区域社会经济条件差异显著，气候变化的影响也同时存在有利有弊的地区，因地制宜地适应气候变化的例子比比皆是。根据清代北疆地区的农事记录，在 3 个偏冷阶段（1732~1744 年、1776~1796 年、1828~1848 年）其种植结构以青稞、糜子、春小麦等喜凉、温作物为主，在 3 个偏暖阶段（1745~1775 年，1797~1827 年，1849~1860 年）北疆开始试种豌豆、冬小麦、谷子喜温作物成功并逐年扩大种植面积。

人口迁移亦是适应变化的重要手段。中国的农耕民族和世界上多数的农业民族都一样，存在对祖籍地依赖的文化习惯，通过相关分析、多元线性和多元泊松回归分析，以及格兰杰因果分析去验证中国历史上自然灾害和农民迁徙之间的关系，证实了自然灾害导致农民迁徙的影响是短期的，农民对移民的被动和不情愿；尽管人口压力在短期内的影响有限，但是在长期尺度上会通过影响土地承载力进而能够最终导致农民迁徙。气候变化导致土地承载力变化，进而带来的人口压力还可能导致一系列的社会危机，如战争、饥荒和瘟疫，进而导致了人口的长距离、大规模的迁移。这样的迁移会对后世产生深远影响：中国历史上发生气候寒冷时期的魏晋南北朝、唐后期至五代十国、两宋之交三次大规模人口南迁，带动了江南地区的开发和经济中心的南移，使得我国能够在更广泛的空间上适应气候变化的影响。

另外，还会进行灾后政区调整，包括州县政区范围变化、治所迁移变动。州县迁治、裁撤省并等政区调整事件多发生在因暴雨等导致江河洪水损毁城池之后，黄河、淮河水灾影响较为显著，沿岸的州县非迁治无以为政；台风灾害也会对东南沿海地区政区调整有所影响；如果城郭治所屡毁屡建，其根本原因在于城址拥有特殊战略地位难以被取代。

人类应对气候变化手段的选取主要取决于该手段的有效性和潜在的成本一收益之间的权衡，当一种应对手段的调节能力达到其极限时，便会被其他类型的手段所替代。每种应对手段都以一定的社会经济条件为基础，并在时间和空间上均有一定的适用范围。社会应对机制和能力会在长期气候变化中最终被耗尽而无法缓解气候变化影响。在清代的华北平原地区，1730年以前社会尚可以通过扩大耕地面积缓解当地人口压力，对气候变化的不利影响并不敏感；1730s~1780s，政府赈济为主、移民东蒙为辅的适应手段使得社会在面对水旱灾害时仍具有很强的调节能力；自1790s以后华北平原地区开始对气候变化有较高的脆弱性，越来越多的灾民涌入城市（特别是京师）寻求救济，导致了城市治安的恶化，华北平原地区灾后动乱事件的频次增多与性质加重；1860年后，东北开禁政策的出台，开禁的东北接纳大量华北难民成为缓解华北地区气候变化影响的主要途径。

适应，是历史时期人类应对气候变化的主要手段，也是中国古代人地关系思想的突出特色。但历史上适应气候变化策略因时，因地，因主体而异；其中以政府为主导的主动因地制宜适应往往是应对气候变化的有效策略。

第二节　适应气候变化影响策略的区域性

根据区域生产系统受历史气候变化影响的性质，可以将我国农业生产系统划分为连续式发展区和间断式发展区两大类，区别两类地区的标准是生产系统脆弱性的差别，气候变化的影响主要表现在资源保证率的方面。间断式发展区域内生产系统具有高脆弱性，也是社会经济的高脆弱区，气候变化会导致该区域内的全部生产系统或农业系统在特定的气候阶段内发生崩溃，使得人类难以在此区域内维系连续的农业生产模式或居住生活，区域或区域内某些地区出现农牧生产方式的转换甚或发展间断。与间断式发展区相比，连续式发展E内农业生产系统具有相对低的脆弱性，不会因气候变化的影响而崩溃，能够维持人类在此地区内连续的生产模式与居住生活。

我国历史上存在大量因时因地因主体而异的适应气候变化行为，就全国而言传统农业区的适应策略与非传统农业区有显著区别，即与农业生产对气候变化影响敏感性的区域差异有关，也与中原王朝对边疆地区的控制能力有关。

一、东部季风区内的传统农业区

东部季风区的水热条件均能满足农业生产的要求。农业生产系统对气候变化具有相对高的弹性或相对低的脆弱性，表现为连续式发展，不会因气候变化的影响而崩溃。但季风气候变率大，气候变化的影响体现在资源保证率变化与灾害频率和强度变化两个方面。在区内存在若干对气候变化与极端气候敏感的地带和类型区，表现为极端气候事件导致的旱涝和冷冻灾害频发，饥荒发生的概率大。

历史上东部地区适应气候变化的主要策略是：应对不同冷暖期的气候波动，以及相应干湿格局的改变，通过选择合适的作物品种，优化农业种植结构，调整作物熟制，达到有效利用水热条件的目的，如为适应中世纪暖期南干北湿变化的空间格局，宋朝选择在变湿的华北地区积极推广水稻种植，而在变干的南方积极推广占城稻和稻麦连种的策略，是这一地区成功适应气候变化的例子。在东部地区中的旱涝灾害高发地区，加强对水旱灾害的应对也是十分重要的适应策略，如生产环节的各种水利工程、消费环节的仓储和灾害救济制度等。

东部季风区内农业生产的连续式发展及生产能力随气候变化的周期波动是我国社会经济在波动中连续发展的基础，在适应气候变化过程中所建立起来的各种适应能力，成为社会经济系统弹性的组成部分，在降低生产和社会经济对气候变化的敏感性方面起到了重要作用。

二、北方农牧交错带

我国著名的北方农牧交错带位于长城沿线的气候半干旱区，空间上与中温带—暖温带过渡带部分重合，是我国境内对气候变化、特别是降水量变化反应敏感的过渡带之一。区内 400mm 年降水量保证率为 20%~50%，降水量稍有增减，干草原的界线即在本地带范围内发生摆动；过渡带也是人地关系不稳定的地带，环境变化对文化发展的影响在过渡带地区表现最为明显。受自然环境及其变化的制约，目前这一地带以半农半牧为特征，而历史上则时而农、时而牧，因此这一地带也被称为农牧交错带。在北方农牧交错带，雨养农业对气候变化、特别是降水变化有较高的脆弱性，气候变化可能会导致该区域内在特定的气候阶段的农业气候资源难以满足作物生长的需求，造成部分甚或全部农业生产系统发生改变或崩溃；而在气候条件转好时，农业生产又能够重新得到发展。因而，历史上该区域的气候变化总体上为暖期多雨、冷期少雨，呈现"暖湿冷干"组合的特征，农牧交错带的位置随气候变化南北摆动，雨养农业生产系统表现为间断式发展，是历史时期连续农业生产区和间断式生产区之间的过渡区。

历史上农牧交错带地区适应气候变化的主要策略是：应对特定气候阶段内冷暖、干湿地带性摆动，通过适当改变农牧生产方式的策略，适应变化了的气候条件，农牧交错带的位置因此随气候变化南北摆动，呈现出时农时牧的特点。在维持农业生产阶段，节约用水并提高水资源利用效率也有助于农牧交错带地区适应气候变化。与农业生产方式相伴出现的大量城乡聚落，随着农业生产方式为牧业所替代而被遗弃，现今分布在我国北方地区的大量过去 2000 年的古城遗址与这种变化密切相关，百年尺度冷期古城遗迹分布的北界较暖期明显偏南。

在北方农牧交错带地区历史上多次出现的农业和牧业交替变化，既体现了气候变化影响下传统农耕区北界的扩张与收缩，也反映了中原王朝与北方游牧民族对该区域实际控制能力的此消彼长。

三、西北干旱半干旱区的绿洲农业区

相对于东部季风区，西北干旱半干旱区对历史气候变化影响更为脆弱，河西走廊以西的绿洲农业生产系统散布于受高山冰雪融水补给的河流绿洲之上，深受绿洲的生消和规模大小变化的影响。气候变化通过影响冰雪融水的多寡进而影响绿洲的数量和规模，较多的冰雪融水使得绿洲的数量增多、规模扩大，有利于发展绿洲农业；相反较少的冰雪融水，不仅会导致绿洲面积的收缩，而且可造成一些小绿洲的消亡，不利于发展绿洲农业。在特定的气候阶段内，某些绿洲上的农业可因水资源保证率过低而发生崩溃，相应地，农业聚落因生活难以为继而被迫放弃。

历史上西北地区以人口迁徙为适应气候变化的主要策略。气候温暖湿润、绿洲扩张时，选择条件相对较好的绿洲区域发展农业或者城镇；而气候寒冷干燥、绿洲萎缩时，放弃原有的生存区域。需要说明的是，历史上西北绿洲农业的发展多与中原王朝势力控制下的移民屯垦有关，除气候因素之外，中原王朝对西部绿洲区的实际控制力以及相应的屯垦政策也是影响绿洲农业系统发展的一个重要因素，东部季风E气候变化对中原王朝兴衰的影响，间接地影响到西北地区绿洲农业开发策略的实施。古代西北地区聚落及农耕的兴废与气候变化存在较好的对应关系，是适应策略和中原王朝势力兴衰的综合反映。现代社会，通过合理配置水资源，发展节水农业，保护和改善生态环境，能够提高西北地区农业适应能力。

第三节　清代华北平原气候变化影响与适应行为的层序性

本节讨论的华北平原，包括清代直隶省长城以内部分、河南东北部及山东西北部，总计为22府198县。在现代，这一区域大致相当于北京、天津全部、河北大部和河南、山东各一部分。这一区域北界燕山，南抵山东丘陵，基本地貌单元为太行山东麓海河、黄河等河流的冲积泛滥平原。尽管地跨三省两直辖市，但由于地形均一，各地之间的交流互动十分密切，社会经济条件也十分相近。

华北平原有史以来就是一个人口密集、农业发达的地区，地处暖温带季风气候区，气温和降水的年内、年际变化十分剧烈，相对于北面的农牧交错带和南面的江南地区，该地区的社会经济对气候变化影响既具有较高的敏感性同时又具有一定的适应能力，气候变化的影响在从生产到社会的不同层次上均能有明显的表现。作为清代政治中心区，当地气候变化影响与响应过程直接关系到国家根本，区域社会秩序的稳定，得到政府的优先考虑，历史上每当遭遇自然灾害时，救灾活动往往直接置于皇帝领导之下，其救灾物资也直接来自国家储备，因此在该区域可以见到从民众个体直至中央政府的多个社会层次上对气候变化影响的响应。华北平原与周边地区的关联密切，粮食供需平衡仰仗江南地区的调剂，北面内蒙古和东北则是华北地区难民的接收地，发生在华北地区的气候

变化的社会影响和响应不仅局限在华北平原内部，还分别通过粮食调运和大规模难民迁徙分别与江南、内蒙古东部及东北三省等周边地区发生密切的联系。

以粮食安全为切入点，考虑到相关信息在历史文献中的可获得性以及前人的研究基础，选择人均粮食产量、灾荒救助能力、移民目的地的接收能力作为指标，刻画社会系统的脆弱性，选择流民与社会动乱事件刻画社会系统的稳定性（如图10-1所示）。据此对气候对华北地区社会影响的形成机理进行分析。

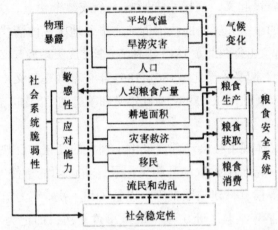

图 10-1　基于粮食安全的华北地区历史气候变化社会影响过程及指标体系

一、清代华北平原社会稳定性的变化

1. 社会稳定性指标序列与气候变化序列

以《清实录》为主要信息源，《清实录》又称《清代历朝实录》，是清代官修的编年体史料长编，共4433卷。实录起自太祖（努尔哈赤），终于宣统，其中又以顺治至宣统（1644~1911年）的268年记载特别详尽，地域覆盖全国，内容涉及政治经济文化、对外关系、自然现象等，不论在时间上，还是空间上，以及内容上，都全面反映了清代的历史情况。《清实录》的资料来自内阁及各部院衙门所存档案、清史馆所藏资料和著作，以及皇帝的文集、御笔等，是清史研究中不可多得的原始文献资料（得勒洪等，1985~1987）。同一来源的记录能够保证资料的可比性和信度的前后一致性。

社会稳定性的变化用华北难民原地待赈、背井离乡（流民）和铤而走险（动乱）三种行为类型的阶段性变化来刻画。流民的大量出现意味着难民在原居住地的粮食安全已难以得到保障，动乱的爆发标志着社会进入不稳定（或高风险）状态，而动乱事件的主导类型及每种类型发生频次的差别可进一步反映社会不稳定性程度及安全风险的高低。

《清实录》中各类动乱事件按与政府对抗的严重程度可分为以下三类。

一，民变事件：处于社会法制框架边缘的各类群体性事件，如聚众抗税、抗租、抗粮、民间秘密拜会、传教，流氓恶棍聚赌讹诈、欺压一方等。综合来看，民变事件与政府的对抗程度较低，有些群体事件虽声势较大，也仍是将希望寄托在官府秉公处理上；民间结社或传教事件有清一代不曾断绝，晚清的多场大规模农民起义均与民间秘密宗教、会党有关，但当其初起之时，只是百姓因生存环境恶化而寻求互助的一种手段而已，其教主、会首也多以惑众敛钱为目的，并不寻求推翻政府。

二，盗匪事件：形成团伙的盗贼、土匪、游匪等参与的抢劫、杀人、越狱等恶性事件，规模不大，单纯以破坏者的面目出现。盗匪事件性质要比民变严重，表现为公然对抗官府权威，践踏社会秩序，其规模往往不大，多为十数人至百十人不等的小股，满足于从事打家劫舍、武装贩毒贩盐等犯罪活动，缺乏政治上的诉求。

三，起义事件：农民起义，规模小者影响一个或数个州县，大者波及整个研究区，一般都具有较为严密的组织和鲜明的政治诉求。华北地区区内清代规模较大的农民起义主要有：1763 年王伦起义（鲁西北）、1813 年林清、李文成天理教起义（京师、冀南、豫北）、1854~1855 年"联庄会"起义（豫北）、1861~1863 年丘莘教军起义（冀南、豫北、鲁西北）、1891 年"金丹道"起义（热河）、1899~1900 年义和团运动（畿辅、东蒙全境）、1902 年景廷宾起义（冀南）等。

民变、盗匪和起义体现了社会动乱规模由小到大的变化，反映了社会不稳定性程度的增加。从《清实录》记录中提取动乱相关记录，辨识动乱事件发生地点、波及范围、起止时间、动乱性质等信息，建立数据库。以县（州）次／年为指标，分别统计三类动乱事件的爆发频次，某年某县（州）发生动乱事件 1 次，即记为 1 县（州）次／年（1县 1 年发生不同事件多起，1 起记为 1 次；1 县 1 年同一事件波及多次，统一记为 1 次）[如图 10-2(f) 所示]。由于历史原因，《清实录》中关于义和团运动的记录很不完整，1899~1901 年间有关义和团的动乱事件据《义和团运动史事要录》进行补充。

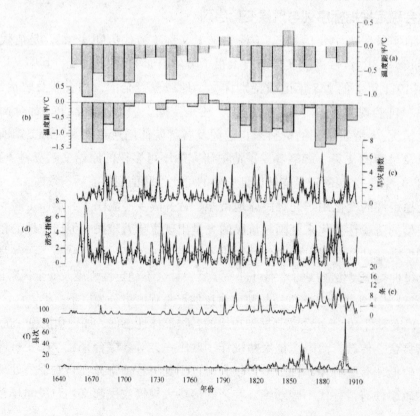

图10-2 1644~911年华北平原动乱事件和京师煮赈频次序列

京师煮赈与流民问题直接相关，煮赈记录的增寡可以反映流民问题的轻重。清廷每年在城内外设立粥厂救济在京城的难民，当大量流民涌入京城时，清政府会在常例煮赈的基础上，通过延长煮赈时间、增给银米等措施来缓解规模不断增加的外来流民带来的压力；随着常规赈灾手段的难以为继，这一辅助性赈灾措施越来越受到政府的重视，煮赈记录的增多也反映出流民问题的加重。从《清实录》中提取清代京城煮赈相关记录并进行频次统计 [如图 10-2（ e ）所示]。

用来与社会稳定性代用指标序列进行比对的历史气候变化重建序列包括两类。10 年尺度上的温度变化以王绍武华北气温距平序列和葛全胜等中国东部冬半年温度距平序列进行描述。降水变化和水旱灾害则根据《中国近五百年旱涝分布图集》中 10 个站点（分别为北京、天津、唐山、保定、沧州、石家庄、邯郸、安阳、德州、济南）的旱涝等级数据（分为 5 级，1 级为大涝、2 级为涝、3 级为平、4 级为旱、5 级为大旱），分别计算研究区清代逐年的涝灾指数 [如图 10-2（ d ）所示] 和旱灾指数 [如图 10-2（ c ）所示]，计算方法

$$Z = M_1 \times W_1 + M_2 \times W_2$$

式中：从为重灾站点数，即旱涝等级为 1 级或 5 级者；W_1 为权重，赋值 0.8；M_2 为轻灾站点数，即旱涝等级为 2 级或 4 级者；W_2 为权重，赋值 0.2。

2. 社会稳定性变化的阶段性

以社会动乱 [如图 10-2（ f ）所示] 与京畿煮赈 [如图 10-2（ e ）所示] 描述的清代华北平原社会稳定性经历了比较明显的阶段性变化。无论是京畿煮赈记录频次所反映的流民迁徙，还是动乱事件频次，在 18 世纪晚期之前都比较零星，说明当时华北平原社会总体较为稳定。这一状况在 18~19 世纪之交发生显著转折，首先是 1792 年京畿煮赈频次序列出现显著峰值，反映流民规模超出预期；接着到 1813 年，随着林清天理教起义的爆发，动乱事件频次亦出现峰值。

此后的整个 19 世纪，华北平原进入一个长期动荡阶段，这一阶段又可以分为前后两段，以 1860 年为界，19 世纪前半段的流民和动乱规模相对较小；而后半段则出现持续的流民迁徙（体现为 1860s~1890s 煮赈记录频次的急剧上升）和大规模的武装暴动（两个峰值分别对应 1860s 的丘莘教军起义和 1899~1900 年的义和团运动），反映此时整个区域社会秩序已陷于崩溃。义和团运动之后，又进入一个相对平静的阶段。

3. 社会稳定性的阶段性与气候变化阶段的对应关系

将华北平原动乱事件频次与京畿煮赈记录频次序列与同期温度变化 [图 10-2（ a ）、（ e ）、（ f ）] 及旱涝灾害 [图 10-2（ c ）、（ d ）] 进行对比，可以发现：清代早期（18 世纪末之前），社会稳定性对于气候灾害因素的变化较不敏感。尽管在一些极端灾害的背景下，出现了明显的难民迁徙现象（反映为煮赈记录频次的暂时上升），但规模总体有限，后续影响不超过 1 年；动乱事件频次与旱涝灾害指数亦不存在显著的相关关系。

转折点同样出现在 18~19 世纪之交，华北平原气候由 18 世纪的相对温暖急剧转冷，进入 19 世纪冷期，同时极端旱涝事件频次和强度均有提升。在此气候背景之下，气候灾害对于社会稳定性的影响日趋明显，反映为 1792 年旱灾和 1801 年水灾背景下大规模的流民迁徙，以及 1812~1813 年旱灾背景下天理教起义的爆发。关于这一时段华北平原社会对于气候变化响应机制转折的发生机制，后文中会做更进一步的讨论。

19 世纪为小冰期最后一个冷期，气候寒冷，极端旱涝灾害频发，灾害对于流民迁徙和动乱事件的触发作用也十分显著，不过两者的触发条件存在一定差异。大规模的武装暴动多发于极端旱灾背景之下，如 19 世纪的 3 次动乱事件频次的峰值，均对应于同期的极端旱灾；相比之下，流民迁徙在极端旱灾和涝灾之后均会出现。这种差异反映出极端旱灾对于当地社会稳定性的威胁更大。

在长达近一个半世纪（清初至 18 世纪末）的时间内，气候变化和极端灾害对于社会稳定性的影响并不明显，说明这一时期社会对于气候影响有着更为和平的应对方式，这些方式在社会经济系统的不同层次（生产、经济、人口）发挥作用，有效缓解了气候变化的消极影响，使之并未传递到社会稳定性层面。

二、气候变化影响响应行为的层序性

发生在不同社会经济子系统的几种主要响应行为（开垦、赈济、迁徙、动乱）存在此消彼长的变化，呈现出从生产子系统到社会子系统的层序性特点，选取不同代用指标，对这些响应行为进行量化，并重建序列（如图 10-3 所示）。基于各类指标的变化及组合特点，在 10 年尺度上，大致可以将清代华北平原社会的响应机制变迁分为以下 4 个阶段。

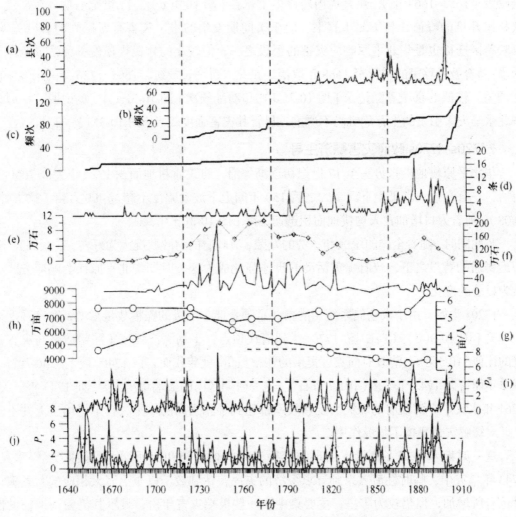

图 10-3 清代（1644~911 年）华北平原水旱灾害社会响应的阶段性变迁

1. 1720s 以前耕地扩展主导

经历明末大规模战乱和饥荒，清初的华北平原人口锐减，以直隶为例，清初人口约730 万（不含满族征服者及随其入关的东北居民），较 1630 年减少 1/3；耕地面积至 1661年 4597.72 万亩，仅为明代鼎盛时（1583 年，6157.55 万亩）的 74.7%。

如同中国历史上其他朝代一样，清朝统治者的首要任务是恢复生产。清初的几位皇帝任期内，垦辟荒地始终是政府最重要的任务之一，新垦耕地会得到连续多年赋税减免的优惠，辖区新垦耕地面积直接与地方官吏政绩考评挂钩。由于政府财政困难（赋税不足，统一战争仍在持续），当遭遇水旱灾害时，政府对灾区的赈济强度很小 [如图 10-3（e）、（f）所示]，主要还是采取减免赋税的手段。在这样的税收和救荒政策之下，拥有越多的耕地，意味着农户对水旱灾害的抵御能力越强，其开荒的积极性因此大大增强。至 18 世纪初，区内耕地面积一直处在高速增长之中 [如图 10-3（h）所示]。

由于辽东地区大批农民随清军入关，使当地农业开发衰退，清政府一度对其实施招垦政策（1653~1667 年），在其境内新设多个州县 [图 10-3（ c ）]。17 世纪后期辽东出现多次移民开垦的峰值，与华北（直隶、山东）同期发生的水旱灾害有着良好的对应关系，反映跨区迁徙也是华北平原响应灾害的手段之一，但较小的移民规模使其无法成为主导手段；随着鼓励移民的政策至 1668 年取消，东北人口增长放缓，1665~1726 年间未发生政区调整。较低的京城煮赈记录 [图 10-3（ d ）] 和动乱频次 [图 10-3（ a ）]，也说明这一时期华北水旱灾害引发的生存危机尚不严重，尽管其灾害强度较大 [图 10-3（ i ）、（ j ）]。

2.1720s~1770s 政府灾害赈济主导

华北平原耕地扩张势头至 17 世纪初逐渐停滞，直隶省耕地面积 1724 年突破 7000 万亩后，一直在这一水平上下浮动，之后 150 年间上下波动幅度不超过 400 万亩（梁方仲，2008）。随着人口增加，人均耕地面积迅速下降 [图 10-3（ g ）]。

与此同时，随着全国的统一和经济的繁荣，清政府的财政状况大为好转，在仓储充裕、漕运畅通的背景之下，政府赈灾活动的迅速强化成为这一时期华北平原社会响应方式中最为显著的变化。

1720s 为始，由中央仓储系统（漕粮、京师仓储）下拨的赈粮数量猛增，赈济强度显著上升 [图 10-3（ e ）、（ f ）]，至 1770s 达到清代顶点，平均赈济强度（赈粮数量与灾害强度的比值）10.5 万石；清政府向灾区提供的赈粮数量，就年代而言以 1740s 最多（ 260 万石 ），就单年而言以 1743 年最多（ 191.7 万石 ）。这一时期区内的极端旱涝灾害，如 1743 年旱灾、1761 年水灾中，清政府的赈灾力度和效率都达到了相当高的水平，在中国历史上并不多见，对缓解灾情发挥了积极作用。

这一时期水旱灾害背景下出现的难民流动规模较清初有所增大，如 1725 年水灾、1743 年旱灾中，临时性流入京师寻求赈济的灾民曾达到数千以至上万人相应的，煮赈记录也有所增加，但仍较为零星，主要集中在一些极端灾害年份，显示其仍为一项辅助性和临时性的赈灾措施 [图 10-3（ d ）]。

尽管 1740 年清政府加强了对东北的封禁政策，但一方面，政府在发生水旱灾害时，会在一定程度上放松封禁，默许流民出关（如 1743 年旱灾中），另一方面，对蒙古的封禁一向不如对满洲严厉，因此，华北平原水旱灾害驱动下的永久性跨区人口迁徙（特别是向东蒙境内）在这一时期也较为活跃。1720s~770s 年间东蒙发生政区调整 19 次（其中16 次发生在承德周边），同期东北境内仅为 7 次 [图 10-3（ b ）、（ c ）]。以承德为中心展开的移民开垦活动，成为对华北平原异地响应的形式之一。

尽管如此，从东北和东蒙的人口增长来看，承德府辖区（东蒙主要移民迁入地）的移民过程自 17 世纪晚期即已开始，至 1782 年人口总计 55 万；东三省 1780 年人口 95 万，相比 1724 年增加 42 万，年均增长率 10.4%）；如果考虑当地人口的自然增殖，两地这 60 年间的迁入移民的绝对数量均不很大。

这反映出 1720s~770s 年间，华北平原发生水旱灾害的情景下，由于政府救灾得力，水旱灾害情景下的粮食短缺并未引发大规模生存危机，绝大部分灾民的选择是原地待赈，迁徙（无论临时性或永久性）和暴动 [图 10-3（a ）] 均不是主导行为方式。

3. 1780s~1850s "气候难民"问题凸显

气候恶化的压力与政府响应措施的无力（赈济力度下降、对外移民受阻），导致这一时期"气候难民"问题凸显，大量灾民流离失所。针对这一问题，清政府的主要应对手段是加强京城周边的煮赈规模；此后，本为辅助性救灾措施的煮赈在清政府荒政体系中的地位逐渐上升，甚至在一段时期内作为唯一的救灾手段存在 [图 10-3（d ）]。

4. 1860s~1900s 大规模人口外流及动乱主导

华北平原 18 世纪晚期以来的难民危机至 1850s 晚期、1860s 早期全面激化,，随着 1855 年黄河发生大规模改道（由苏北转向鲁西北入海），及之后持续数年的旱灾，华北平原境内爆发大规模农民起义，至 1860s 晚期方逐渐平息 [图 10-3（a ）]。

灾荒和战乱引发了更大规模的难民潮。京城煮赈记录频次的急剧上升（1860s~1900s 年间出现煮赈记录 280 条，占总数的 58.9%），反映出晚清大量难民涌入京城并长期滞留的事实 [图 10-3（d ）]。1860 年，内外交困的清政府再一次放松对东北的封禁，试图在"移民实边"、抵御俄国侵略东北的同时，对华北境内的社会矛盾亦能有所缓解。由华北向东北的移民进程因此再次加速，水旱灾害同样发挥了重要的驱动作用。1876~1878 年华北大旱期间及之后，数以百万计的华北灾民（来自直隶、山东、山西、河南等省）向东北展开空前规模的大迁徙，据估计，整个旱灾期间仅山东省向东北输出难民数量可达 300 万；1876~1882 年间，东北 3 省境内发生政区调整 14 次（同期东蒙 4 次），空前的调整频率反映出大量移民迁入的事实 [图 10-3（b ）、（c ）]。根据 1900 年数据，东北人口 1200 万，相比 1860 年增长两倍有余，如果以 10%。作为年均自然增长率，则其中有超过 600 万为新增移民。

尽管随着太平天国、捻军起义在 1860s 的平息，漕运逐步恢复，清政府财政一度好转，赈济力度也在 19 世纪晚期（特别是 1880s）一度增强 [图 10-3（e ）、（f ）]；但进入 1890s，随着华北平原连年水灾和中日甲午战争（1894~1895 年）的惨败，局面又一次失控；1899~1900 年，义和团运动再次在旱灾背景下爆发 [图 10-3（i ）]。其后，在 1904 年开始的以全面放垦蒙古、满洲为标志的"新政"驱动下，华北人口加速外流。

在清代最后的半个世纪中，华北平原局势极为动荡，大规模人口迁徙（如 1876~1878 年旱灾）和动乱（如 1899~1900 年旱灾）是当地社会对极端水旱灾害的最显著的响应形式。

三、18~19 世纪之交华北平原气候变化响应方式的转折

18~19 世纪之交，以由暖到冷为主导的气候变化所引发的农业生产危机迅速波及经济、社会层次，从而加速了华北平原地区的人地矛盾激化过程，是一个典型的区域案例。基于历史文献资料及历史气候研究成果重建的清代华北平原的气候变化及其社会影响与响应序列（如图 10-4 所示）反映出，相比于整个清代前后时段，华北平原水旱灾害社会响应机制在 18~19 世纪之交的数十年间发生了显著转折，灾害对于社会稳定性的消极影响日趋明显。

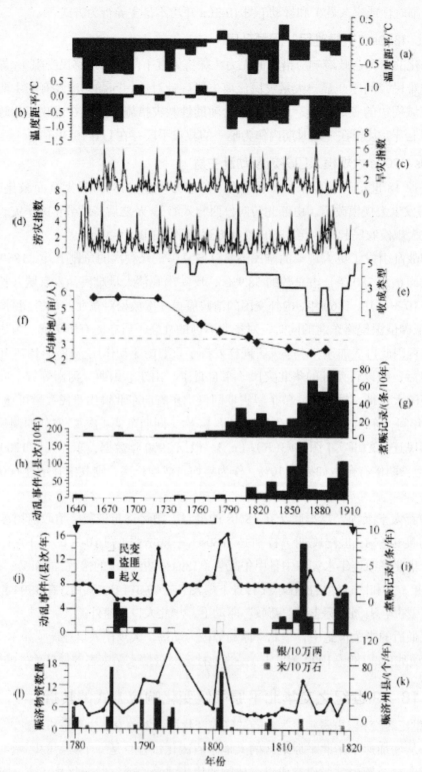

图 10-4　18~19 世纪之交华北平原的气候转冷与社会响应

1.18~19 世纪之交社会稳定性的恶化

1780~1819 年间，水旱灾害之后的难民问题逐步失控；特别是 1803 年东北重申禁令之后，华北平原地区社会稳定性趋于恶化，突出表现为流民数量增多、动乱事件频次增加显著，以及动乱事件的级别逐步升高。随着清廷政策调控侧重点的变化，因各种原因特别是在极端水旱灾害中破产的华北难民的行为可分为原地待赈（1780s）、背井离乡（流民）（1790s~1800s）、铤而走险（乱民）（1810s）3个阶段。

1785年旱灾中多数灾民仍选择原地等待救济，但流民问题已开始显现。1792年旱灾和1801年水灾中，有大量难民背井离乡，或进入京城暂时栖身，或向境外流动，其中涌入京师的灾民均达数万之众。清政府被迫一再扩大粥厂规模、延长煮赈时间 [图10-4(i)]，流民增加给京城社会治安带来严峻挑战。同时，由于东蒙的衰落和东北的开禁，大批难民沿柳条边一线迁徙和定居。

华北平原的流民行为转向暴力的趋势，1780s即已显露，1785年旱灾之中、之后，动乱事件相对多发。在1790s~1800s期间的相对平静之后，从1800s末开始，流民的暴力行为问题重新成为华北平原社会的严重威胁。1810s由武装流民团体参与的盗匪事件达24县次，占1780~1819年40年总数（37县次）的64.9%[图10-4(j)]，发生地点遍及华北平原。1813年旱灾中爆发的天理教起义，为本地清代以来第一次大规模武装起义，涉及本区的12个州县，大批破产灾民加入起义军。

2.18~19世纪之交气候变化对粮食安全的影响

18世纪为小冰期中最后一个持续时间较长的温暖时段，至18世纪末、19世纪初结束，并进入小冰期最后一个寒冷时段。此次气候转冷是小冰期气候阶段性变化的具体体现，在全国以至全球各地均有不同程度的表现。

华北10年分辨率的年均温距平序列中，降温开始于1790s，1800s降至现代水平以下，至1810s降至谷底，30年间降温幅度约1℃，1780s~1810s与1740s~1770s的平均温度比较下降约0.8℃ [图10-4(a)]；中国东部冬半年温度距平序列显示，降温开始于1770s，1780s降至现代水平以下，1790s急剧降温至谷底（10年间降温0.9℃），30年间降温幅度1.4℃ [图10-4(b)]。1724~1982年北京7月平均温度序列在18世纪前后也出现一个突然的降温阶段，持续约40年（1780s~1820s）；华北地区重建的其他历史冷暖序列的转折点也集中在18世纪和19世纪之交的一段很短的时间内，且降温幅度很大。在我国其他地区重建的历史温度序列也体现出相似的特点。

同期降水的变化也十分明显，1780s以后的数十年，华北平原降水量较之前有所增多；但年际变率的增大，使得旱涝灾害发生的频率和强度都有提升。石家庄、河间、济南、安阳四站年均降水量序列的标准差由1740~1779年的91.89mm增大到1780~1819年的112.3mm。

根据华北平原内10个站点旱涝等级计算的旱灾指数由1740~1779年平均的0.94增加到1780~1819年的1.08，涝灾指数由1.00增加到1.16[图10-4(c)、(d)]。1780~1819年间极端旱涝灾害增多，表现为1级、5级（大涝、大旱）站点数（32个和33个）较1740~1779年间（29个和26个）明显上升，如1785年旱灾、1801年水灾、1813年旱灾，均为此前罕见的大灾。

18~19世纪之交华北平原的气候变化对同期社会水旱灾害响应机制转折的影响，主要通过对粮食安全的影响体现。

气温变化直接影响粮食单产水平。华北的秋收收成从1810s开始变坏，歉收年份大量增加，至19世纪末几乎年年歉收[图10-4（e）]，平均亩产较18世纪有明显下降（张丕远，1996）。根据我国现代（1950s~1980s）气温变化与粮食产量的关系推算，气温升高1℃，仅积温变化带来的农作物熟级调整，即可产生10%的增产潜力，如果考虑到升温可能减少冷害，则幅度可能更大，反之亦然。1780s~1810s的40年间平均温度较1740s~1770s下降约0.8℃，据此估计至少可导致8%的减产。

如果进一步考虑降水变率增大使得极端旱涝事件多发而造成的减产，则气候变化对粮食单产的影响程度更大，如1801年水灾直隶全省收成仅为正常年景的25%（李克让，1990），为近300年最低，仅此一年就可将1780~1819年平均的粮食单产水平拉低1.88个百分点。1780~1819年间旱涝指数>4的极端旱涝年份有5个（1790年、1794年、1801年水灾，1792年、1813年旱灾），而1740~1779年间仅2个（1743年旱灾、1761年水灾）。在现代农业灾情统计中将较常年减产30%定义为成灾，按上述灾害年份较常年平均减产50%（相当于现代中等成灾水平）计算，仅多出的3个极端旱涝灾害年份，即可使1780~1819年间的平均单产水平在变冷导致减产的基础上再下降3.75%。

综合考虑气候变化带来的温度降低及降水年际变率加大、极端旱涝事件频发，两者合计至少使1780~1819年间的平均单产水平较常年下降11.45%。

清代华北平原境内人口持续增长，随着人口的增加和耕地拓垦的停滞，人地矛盾逐步激化。不考虑气候变化的影响，1781年，直隶省人均耕地面积降至3.71亩，按当时粮食单产水平93kg/亩（薛刚，2008）计算，人均粮食产量345kg，略高于现代维持温饱水平的安全临界粮食占有量300kg/（人·年）；至1820年，人均耕地面积进一步下降至3.03亩，人均粮食产量则降至281kg，已低于现代粮食安全的临界值[图10-4（f）]。如果考虑气温降低和水旱灾害导致减产11.45%，则1820年人均粮食产量约249kg。

清代人均口粮消费量按照吴慧估计约为206kg/a，加上口粮之外的生活用粮（糕点、调料、酒等）和生产用粮（种子、饲料等），至少需要295kg/（人·年）才能满足基本生活所需，与现代标准相近。上述249kg的人均粮食年产量已经大大低于维持基本生活所需，而仅高于口粮消费线，无疑是极不安全的，可视为在当时社会响应能力下，社会进入不稳定状态的临界产量。对理想状态下的直隶人地矛盾发展（气候转冷不发生，粮食单产不变，人口自然增长，不考虑地主和官府剥削造成的粮食分配不公）进行估算：取1776年直隶人口1779.9万为起点，按照1776~1820年间的人口增长率5.92‰计算逐年人口数量；再根据1820年耕地面积值（69860981亩）计算逐年人均粮食产量，达到250kg的年份发生在1841年。

受气候变化影响，1820年人均粮食产量已低于250kg。换言之，气候变化直接导致的粮食减产，相当于人口增加对人均粮食产量减少贡献率的一半，它将华北平原当地人地矛盾激化的时间提前约 20 年（如图 10-5 所示）。

清代华北平原社会在人均粮食产量突破温饱阈值后面对外来压力（如极端气候灾害）时的敏感性倍增，而同期社会经济条件发生的变化，也使得整个区域社会在面对气候压力时的响应能力严重不足，这就进一步放大了气候变化的消极影响。

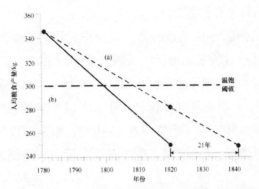

图 10-5　两种情景下的直隶人均粮食产量变化

（a）仅考虑人口增长；（b）叠加气候变化影响

3. 18~19 世纪之交转折发生的社会经济条件

（1）政府救灾能力显著下降

18 世纪末至 19 世纪初适逢清代的黄金时期（所谓"康乾盛世"）结束之时，各级政府钱粮亏空严重，国用不足，持续 9 年（1796~1804 年）的白莲教起义耗去军费 1 亿余两，并有大量漕粮转运前线，直接导致了进入 19 世纪后清廷国库、京仓储备下降，政府能够支配的救灾钱粮数量锐减。

进入 18 世纪晚期之后，面对日益增多、加重的旱涝灾害，在华北灾害救助中扮演着关键角色的清政府赈济力度反而日益下降。特别是以 1801 年水灾为分野，前后差别巨大，使得华北平原地区的粮食危机以及更严重的社会危机未能得到有效地缓解 [图 10-4（k）]。

1780~1819 年间受灾站点（旱涝等级 1 级，2 级，4 级，5 级）计 252 站次，重灾（旱涝等级 1 级、5 级）65 站次，其中 1780~1801 年间受灾 138 站次，占 54.8%，重灾 41 站次，占 63.1%。1780~1819 年间总计 674 县次获得赈济，其中前 22 年 482 县次，占 71.5%，高于受灾（重灾）站次所占比例，而后 18 年赈济县次占总数的比例低于受灾（重灾）站次所占比例，说明在后 18 年中，很多受灾州县未能得到应有的赈济。

即使获得赈济的州县，其赈灾力度亦大不如前。清廷拨发华北灾民的赈济物资包括银、米（原粮加工后的口粮）两类，其数量可用以量化评估政府的救灾力度，由《清实录》中提取相关记录，统计 1780~1819 历年接受政府赈济的州县数 [图 10-4（k）] 和赈济物资数 [图 10-4（l）]，并将赈济银数折算为米数，计算赈济密度 Q，公式如下：

$$Q = \frac{F_1/1.5 + F_2}{C}$$

式中：F_1 为银数，F_2 为米数，根据 Li（2007）给出的当时主要粮食价格数据，两者之间大致以 1.5 两银 =1 石米折算；C 为赈济州县数。

1780~1801 年，清廷下拨华北平原地区的赈灾银近 500 万两、米近 380 万石，而后 18 年间仅银 30 万两、米 73 万余石 [图 10-4(1)] ；1780~1801 年间的赈济密度 1.47 万石 / 县，后 18 年下降至 0.48 万石 / 县，接近原来的 1/3。

（2）向东蒙、东北的移民受到限制

自发性的或有组织的向区外移民是缓解人口及粮食压力、降低社会脆弱性的重要手段之一。相对于封禁更为严厉的东北地区，长城以北的东蒙地区在 18 世纪时期是华北平原破产流民跨区迁徙、移民的主要目的地。1720~1779 年，因移民聚落的增长，在长城以外新建的州县（16 处）中，东蒙境内占多数（10 处），尤以承德最为突出（7 处）。《清实录》中东蒙有记载的 15 个丰收年份有 14 个集中在 18 世纪，东蒙不仅实现粮食自给，且有剩余粮米直接支援华北平原救灾，《清实录》中 7 条由东蒙向华北调运粮食的记录都集中在 1720s~1760s 的 50 年间。

但在 1778 年完成承德府 1 府 6 县的行政区划调整之后，当地发展开始放缓，近百年间（至 1876 年设围场厅）无新设行政单元。1782~1820 年间，承德府的人口由 557222 人增长至 783897 人，年均增长 9%，接近当时的人口自然增长率，显示这里已经不再是移民的主要目的地。18 世纪晚期之后承德周边农业开发的由盛转衰，与封禁政策的执行、农业人口的饱和等因素有关，而气候变化也在其中扮演了重要角色，18 世纪末开始的降温导致的农牧交错带南移，在相当程度上限制了当地农业的发展。

随着承德等地对华北难民吸纳能力的逐步减弱，流向东北地区的难民开始增加。1792 年旱灾发生后，清政府自清初以来首次公开放松禁令，允许甚至鼓励灾民前往长城及柳条边外的东蒙及东北各地谋生，以分流难民潮。这一措施随即引发了规模空前的难民迁徙，难民目的地也发生显著转移，"西北一带关口（注：指张家口、古北口等长城各口）自九月下旬以来，携眷外出之民日渐稀少；惟出山海关者，依然络绎"。东北三省、特别是柳条边沿线地区从此开始大量接收关内移民。据清政府事后估计，1792 年旱灾期间，灾民"前赴盛京、吉林及蒙古地方就食，不下数十万人"，这一数字可能有夸张，而且包括了临时性的迁徙，但规模之大仍然空前。经政府安置定居吉林省的灾民即达 1 万 5 千余人，为数更多的未申报者、留居盛京蒙古等地者尚不在内。

1792 年旱灾后的短短 10 余年间，清政府即在东北柳条边沿线地区新建 4 个行政单元（长春、昌图、伯都讷、新民）以管理移民，大凌河东岸、养息牧厂、拉林、双城等官垦聚落也分布在附近。1780 年东北人口约 95 万，至 1820 年猛增至 247 万人（赵英兰，2004），较 1780 年增长 1.6 倍，年均增长率 24.2%，增长人口中大部分来自移民（约 100 万），其中吉林省接收移民 30 万人。以长春地区为例，1800 年设长春厅后 6 年间移入 7000 余口；其后两年间，移入 3010 户；又过两年，又移入 6953 户；气移民增加的趋势极为迅猛。

但清政府 1792 年对东北的开禁只是一种应急的措施，而非长远的政策。为控制移民的激增，清政府自 1803 年起重申封禁政策，并对边外地区的私垦聚落进行大规模清理，《清实录》中关于私垦的记录即主要分布在 1800s 前后十余年间。1811 年以后，《清实录》中清查私垦的记录告一段落，东北人口经过 1781~1820 年间的高速增长后，在 1820 年后增速显著放缓，道光三十年（1850 年）东北的人口约 340 万人，年均增长率下降至 10.7‰.；东北的行政建置也处于停滞状态，1813 年建新民厅后，至 1862 年设立呼兰厅，50 年间东北再未增加新的州县。

社会响应能力的不断下降，使得气候变化和极端灾害引发的农业生产危机（粮食减产）引发连锁反应，消极影响在粮食供给—分配—消费各个环节逐步传递并积累，导致大面积的饥荒和大规模的难民迁徙，最终引发社会动乱。

总之，清代的华北平原是一个既对气候变化和极端水旱灾害较为敏感，又因为活跃的社会响应和区际互动而具有一定适应能力的区域。将这一区域放在整个清代进行考察，不难发现在不同的阶段，区域社会对于主导响应方式进行了或主动、或被动的调整，使其适应不同的主客观条件（如灾害强度、政府财政状况、区际交流等）。在清代早中期，人地矛盾相对缓和的背景之下，以开垦和赈济为主导的响应机制发挥了良好的作用，使得气候变化的消极影响被限制在生产层次，而不至于危及社会稳定性；而到了清代晚期，相对和平的响应方式逐渐失效，持续的流民迁徙和大规模的武装暴动成为极端水旱灾害的主要响应手段。区域响应机制的破坏与崩溃，除了人地矛盾激化、区域互动受限、政府救灾不力等社会因素，18 世纪末开始、并持续到 19 世纪的气候恶化（总体转冷、极端水旱灾害增多），则在其中起到了推波助澜的作用。这一点在 18~19 世纪之交华北平原社会响应机制转折案例中体现得十分明显。

特别需要指出的是，清代长城以北的东蒙地区（河北北部和内蒙古东部）及东北三省地广人稀，作为华北平原因气候变化与水旱灾害导致的难民跨区迁徙、农业开发的主要目的地，是华北平原地区气候变化社会响应机制中的重要调节因子。在晚清人地矛盾日益激化的情况下，政府逐步放松对东北的封禁，使大量饥民向地广人稀的东北地区流动，这一事件客观上减少了因气候原因导致的人口损失规模，也使得晚清边疆危机加深的时候，中国得以保留住东北固有领土的大部分。

第四节　宋辽时期不同区域农业对中世纪暖期气候影响的适应

中世纪暖期是地球气候变化史上距今最近的长达数百年的温暖时段，起讫时间约为 10~13 世纪，该暖期出现在工业革命之前，对全球许多地区的社会经济都曾有过不同程度的影响，可作为评估气候变暖对未来社会影响的历史相似型。中国的中世纪暖期出现在宋代及元代的前半叶，即 940s~1300s，与欧洲及北半球的其他许多地区基本吻合。

宋辽时期，中国呈现北宋（960~1127 年）、南宋（1128~1279 年）与辽（916~1125 年）、西夏（1038~1227 年）、金（1115~1234 年）等相互对峙的多个政权并存的局面。北宋是中国历史上继五代十国之后的一个朝代，占据中国东部大部分疆域。辽朝是中国五代十国和宋朝时期，以契丹族为主体建立的政权。辽朝占据幽燕十六州，大致囊括了今辽宁、吉林、黑龙江、内蒙古、北京、天津六省（直辖市、自治区）和蒙古国的全部，河北、山西两省的部分，以及俄罗斯远东地区。宋真宗（998~1022年在位）时辽大举攻宋，辽宋议和达成澶渊之盟，两政权的分界在河北、山东交界地区。西夏是中国历史上由党项人建立的一个政权，主要占据宁夏北部、甘肃小部、陕西北部、青海东部及内蒙古部分地区。夏毅宗（1047~1067年在位）与夏惠宗（1067~1086年在位）时，西夏对外常与宋辽两国处于战争与议和的状态。1114年童贯率领六路宋军伐夏，夏崇宗再度向宋朝表示臣服。1115年金朝兴起，辽朝、北宋先后被灭，西夏经济被金朝掌控。

　　宋辽时期恰好处于中世纪暖期的温暖时段，且在中国发展历史上占有重要地位。大多国内外史学者都认为宋代在中国历史上占有关键性的地位，不论是政治、经济和新变化诸多方面，宋代都不比他朝逊色，甚至还时显优势。本节有关气候对农业的影响与社会适应的研究资料主要来自宋、辽两朝正史、《资治通鉴》、《续资治通鉴》、《建炎以来系年要录》、农书、宋代笔记、文集等。从这些史料中系统收集农业种植界线、作物种植制度、农业收成、社会经济等方面信息，梳理出反映气候变化对社会经济产生影响以及社会适应气候变化的史实；分析宋辽时期农业生产对当时温暖气候与干湿格局的响应与适应，包括农耕区北扩、北方地区水稻种植、江南地区占城稻的推广和稻麦连作制的形成等；剖析农业适应过程中政府的作用，及农业适应行为对辽朝兴起、南宋经济起飞的后续影响。

一、北宋暖期的气候特征

　　根据中国过去2000年温度序列确定的百年尺度冷暖阶段，中国的中世纪暖期划定为940~1300年，中国东部冬半年平均气温较今高约0.2℃，其中第一个暖峰960s~1100s平均较今高0.3℃，第二个暖峰1200s~1310s平均较今高0.4℃；1110s~1190s较今低约0.3℃（如图10-6所示）。宋辽时期主要处于中世纪暖期的第一个暖峰中，期间最暖的30年出现在1080s~1100s，较今高0.5℃，1000~1100年百年平均较今高0.2℃。

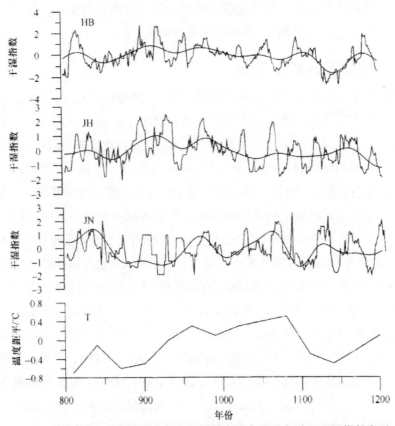

图 10-6 800~1200 年中国东部地区冬半年温度与分区干湿指数序列

根据 Zheng 等华北、江淮、江南干湿指数序列，在百年尺度上，中国东部地区中世纪暖期期间经历了两个湿润期和一个干旱期，分别是 880s~990s 湿期、1000s~1230s 干期和 1240s~1420s 湿期。宋辽时期对应于东部地区经历整体偏湿和偏干两个时期，干湿的转折点在 1000s 左右。从分区来看，中世纪暖期华北与江南干湿变化不同步，华北地区经历了 880s~1000s 湿期和 1010s~1280s 干期，江淮地区经历了 890s~1010s 湿期和 1020s~1220s 干期，江南地区经历了 990s~1020s 干期、1030s~1060s 湿期和 1070s~1200s 干期。

根据中国过去 2000 年温度序列，在中世纪暖期中选择 1000~1100 年的百年温暖时段，该时段为过去 2000 年百年际温度波动的暖峰之一。基于过去 2000 年旱涝等级数据集，以各站各级旱涝发生概率的比率差（简称"DDF"）为指标，重建北宋暖期中的百年温暖时段（1000~1100 年）的旱涝格局，该旱涝数据集中各站的旱涝等级根据历史文献记载的各地每年旱涝状况（包括旱涝灾害强度、持续时间及影响大小等）分 5 个级别（1 级为重旱，2 级为旱，3 级为正常，4 级为涝，5 级为大涝）评定。DDF 指标算法能有效消除资料缺失对旱涝状况偏离程度计算结果的影响，从而保证了不同时段之间的可比性。根据重建的北宋暖时段（1000~1100 年）旱涝格局，分析各站干湿状况的偏离程度。结果表明，该时段大致自南向北呈"涝（江南及西南东部）- 旱（28° ~37° N 间的大部分地区）- 涝（河北和山西大部）"分布，但 105° E 以西却南北皆旱。南方江南地区主要以干旱为主，北方河北、山西大部则降水增多，相对湿润；陕西、四川等地相对偏干，呈南干北湿、西干东湿的格局。旱中心在江淮地区，涝中心在北方河北、山西大部。

二、辽朝农耕区北扩至漠北

辽朝腹地的农业发展于907~926年，形成了西拉木伦河流域、医巫闾山北端及辽中京（遗址在今内蒙古赤峰市宁城县境内）等3处相对集中的农业开发区。辽朝农业在其后有两次大规模北扩期：第一次农业北扩期（926~947年），农业区从潢河（今西拉木伦河）、土河（今老哈河）流域延伸到海勒水（今内蒙古海拉尔河）、谐里河（今俄罗斯石勒喀河）、胪朐河（今内蒙古克鲁伦河）流域，纬度北扩近10°；第二次农业北扩期（982~1055年）的突出特点是西进北扩，建置了一系列以镇州（今蒙古国可敦城）为中心的垦戍并行的边防城（大致位于今蒙古国首都乌兰巴托以西或以东地带），以及招州（今蒙古国鄂尔浑河上游东岸）、静州（今内蒙古扎兰屯市以南）、河董城（今蒙古国乔巴山城以西、克鲁伦河北岸）等边防城镇。漠北农业繁盛期一直持续到12世纪初（1055~1125年），形成以上京道胪朐河—镇州为中心的漠北屯垦区，该区亩产稳定且粮食储备充盈气辽朝农业的两次大规模北扩期处于920s~1050s，并繁盛到1125年，正处于中世纪暖期的第一个暖峰期，可能是中国北方对北宋暖期相对温暖气候的响应。930s~1100s，冬半年平均温度较现代高0.27℃，为辽朝农业区的北扩和农业开发提供了有利条件。蒙古可耕地主要分布在水分条件相对较好的色愣格河及其支流鄂尔浑河和克鲁伦河流域，现代农业仍集中在薛灵哥河（今色楞格河，47°~50° N）和鄂尔浑河流域，该区无霜期短、平均气温偏低，≥10℃的年有效积温为2093℃，年降水量300mm左右，绝大部分旱田还是依靠自然降水，主要农作物为大麦、春小麦、燕麦、糜子、马铃薯。10~12世纪辽朝掌控的北方农业区北界（50° N）与现代蒙古国农业区北界相当。

辽朝农业的显著北移与我国东中、西部种植业北界变化具有同步性。10~13世纪的中世纪暖期期间，东部地区多种作物种植北界北扩显著。其中，10世纪30年代，越冬麦类和豌豆的界线位于延州（今陕西延安）、庆州（今甘肃庆阳）、振武军（今山西朔县）、大同军（今山西大同）和威塞军（今河北涿鹿）一线，北宋中后期，冬麦类种植已推广到黄土高原地区的临洮、固原至延安以北一带。

三、宋辽华北地区水稻种植扩张与北宋江南地区占城稻和稻麦连种的推广

华北地区水稻种植有悠久的历史，但水稻是耗水量较大的作物，水资源是制约华北地区水稻种植的最关键的因子。

880s~1000s是华北地区的湿润期，降水普遍偏多，1000~1100年河北和山西大部总体上仍保持偏湿的状况。北宋暖期北方降水的增多增加了华北地区的洪涝灾害，在920s~1020s和1040s~1100s两个华北地区降水峰值期间，黄河水患频繁。但丰富的降水为水稻的种植提供了条件，在北宋和辽控制的黄淮海流域燕南地区、河北中南部、京西北

以及黄河流域、西北地区、陕西沿边等地水稻种植都形成了一定的规模，上述区域均主要位于当时北方的湿润区内，在时间上与华北地区年代际尺度的湿润时段相对应。

在920s~1020s华北湿期中，黄淮海地区、燕南、西北地区都有水稻的推广。辽朝在其统治的南京道地区（大致相当今北京市和唐山地区），最初为便于辽骑活动，禁止决水种稻。辽景宗（969~982年在位）时，南京（今北京市）水源极为丰富，979年燕京留守高勋奏请在南京（今北京市）垦辟稻田。北宋初年，宋军在其掌控的河北中、南部地区利用丰富的水资源，沿东起沧州，西至保州长约500里的交界，挖掘了一系列塘泊池淀用以开辟稻田，并接纳了滹沱河、漳河、淇河、易河、白（沟）和黄河诸水形成稻田广布的淀泊带，以抵御辽朝南下骑兵。太宗淳化四年（993年），宋太宗命在今河北的雄州、霸州等地筑堤堰工程、开辟稻田，引淀水试种江东早稻获得成功，在沿边塘泊池淀各州也相继种植水稻，种植范围颇为可观。水稻在河南水利条件好的地区推广，也始于北宋。宋太宗时一些地方官就在洛阳、许州、孟州河阳县、卫州等地试种并推广种稻，还在唐州大力兴修塘陂水渠，许多农田改成了水田。

在黄淮地区，宋太宗（976~997年在位）后期开始，水稻进入蓬勃发展时期。端拱（988~989年）年间，太宗用免租政策鼓励在黄淮流域种植水稻，使京西北部地区（今河南、安徽部分辖区）水稻种植得到了推广。在西北地区，陇州吴山县（今陕西宝鸡北）"种稻连荆泊……风物似江乡"，仿佛又是一处高原江南。即使陕北的保安军，也设置有专门种稻的官方组织"稻务"，如宋真宗（997~1022年在位）曾令"保安军稻务旬具垦殖功状以闻"，每旬都要上报一次种植情况；薛奎（967~1034年）知秦州（今甘肃天水市）时，曾"教民水耕"。

在1040s~1100s华北第二个湿期中，水稻种植在北方地区得到进一步推广。在燕南地区，至辽道宗咸雍四年（1068年），原有的种稻限制令被彻底解除，水稻生产得到了明显的发展。在西北地区，在黄淮海地区，宋仁宗明道二年（1033年），朝廷复"遣尚书职方员外郎沈厚载出怀、卫、磁、相、邢、洺、镇、赵等州，教民种水稻"，水稻面积得到了进一步扩展。其中，在黄河北岸的卫州（今河南汲县），宋仁宗（1022~1063年在位）时水稻种植面积进一步扩大，普及于民间；仁宗皇祐三年（1051年）孟州河阳县知县陈襄于当地试种粳稻，都获得了成功。宋神宗熙宁（1068~1077年）年间，水稻得到了进一步向西推广。熙宁三年（1070年），王韶在经营熙河地区时，认为洮河一带可以引水种稻，预期"岁收不下三百万石"，请求朝廷调发一批稻农前来从事此项生产，神宗诏令增加筹划开垦渭水上游的八百里秦川的力量，这一诏令下达，对陕西沿边推广种稻起了极大的促进作用，足见当时这里的水稻种植具有一定的规模。

在宋代农业结构变迁中，气候变化最显著的影响莫过于占城稻的推广和南方稻麦连种制的形成。

占城稻的优点是"不问肥瘠皆可种"，对生长的田地不挑剔，而且"得米多，价廉"。其引种始于宋太祖时期，史载宋太祖建隆四年（963年），"甲戌，占城国遣使来献（占城稻）"。当时占城稻引种仅于福建一带。11世纪以后，占城稻开始在长江流域得到大面积推广，江南地区干旱频率增加是重要的气候背景。

11世纪初，我国气候总体温暖，江、淮、两浙一带经常发生旱灾，稍遇干旱灾害水稻就失收，以至于农业生产形势不稳，国家粮食储备逐渐匮乏。作为对气候转旱的一种有效应对，北宋朝廷遂于江南地区推广种植占城稻，且在推广过程中人们逐渐总结出了适合不同积温区的多种生长期的占城稻播种方法，培育出了一系列适应不同气候和土壤条件的占城稻品种气占城稻在江南地区的大面积推广始于大中祥符五年（1012年），"给占城稻种，教民种之"；气正处在990s~1020s干旱阶段。北宋中、后期（11世纪中期至12世纪初）是占城稻在我国长江中下游流域又一次大面积推广的时期，处于1070s~1200s干旱阶段中。

北宋自太宗朝（976~997年间）开始在南方推广种麦也与干旱的气候背景有关。990s~1020s干旱阶段，宋太宗听从谏言，诏江南、两浙、荆湖、岭南、福建诸州长吏劝民益种诸谷，江北诸州广种粳稻，并发民种子免其租税以推广稻麦连作。真宗大中祥符（1008~1016年）中，润州屯田收获品有二麦和粳稻气此后种麦在南方继续推广，仁宗康定至庆历年（1040~1048年）中，苏州"冬温晓得雪，宿麦生者稀"；仁宗末年（1063年），惠州知州陈称试种二麦成功；是长江流域及以南农业区开始确立稻麦连作制的事例。在朝廷的积极倡导下，从北向南，部分地区小麦推广得到了很好的业绩，但终北宋一朝，二麦的种植在南方并不普遍，长江中下游地区稻麦连作制仍处于不稳定期。但北宋在江南种植小麦的努力，为南宋小麦在南方的成功推广、并成为一种稳定的种植制度提供了基础。

总之，北宋暖期南方偏旱的气候是占城稻的推广与稻麦连作制在南方实现的气候背景，占城稻与稻麦连作制的推广与两个干旱时段对应，且推广区长江流域及以南恰好是位于北宋的干旱中心，在江南地区引种占城稻并培育不同生长积温的品种，试种推广小麦，确立稻麦连作制，体现了人们对气候变化所带来的影响的积极适应。

北宋暖期期间南干北湿的空间格局是我国东部地区作物种植结构变化的重要自然背景，农业生产针对干湿变化阶段性与区域差异进行了适应性调整，在此过程中政府鼓励和推广政策起到了重要的引导作用，使得这些适应性措施能够顺利地执行（如图10-7所示）。

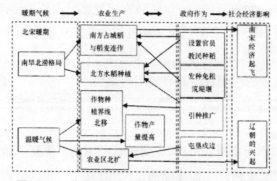

图10-7　北宋暖期气候影响与农业生产适应过程

为适应气候的变化，北宋朝廷多次要求南北方农民改变旧的耕作制，种植各种作物，"以防水旱"。在北方地区推广水稻种植有效利用了北方湿润气候所带来的机会，在此期间，政府通过教民种稻、筑堤堰开辟稻田、设置官方组织每旬上报、免租税等政策大大提高了水稻形成规模的速度。在黄淮流域，地方官还请求朝廷调发一批稻农来从事水稻生产。南方干旱气候背景下，政府为大规模引种推广占城稻，朝廷特设置转运使具体负责，并提供稻种、教民种稻、采取经济优惠政策等手段，有效鼓励和促进了农民的农业生产性适应行为，使得占城稻和稻麦连作制的推广得到了较好地执行。

四、宋辽农业的适宜性调整对社会经济发展的意义

宋辽时期，农业区北扩（图10-7）、北方种植水稻、南方推广占城稻和稻麦连种的农业调整，充分体现了"因时、因地、因主体而宜"的气候变化适应。农业区北扩是对温暖气候的适应。占城稻与稻麦连种耕作制的推广是对南方气候变干的适应，主要推广区位于北宋暖期的干旱中心，两个主要推广阶段与干旱时段相对应。北方水稻的种植与气候偏湿有关，水稻种植推广区域均位于北宋暖期时的北方湿润区内，且在时间上与华北地区年代际尺度的湿润时段相对应。

北宋暖期农业的适应性调整引发了社会经济的后续影响，包括辽朝农业北扩与社会兴起、南宋经济起飞，乃至江南经济革命都与之有关。

辽朝北方地区农业的空前北扩与稳固，除领导者具有远见卓识的政治抱负与经济智慧外，使农垦区得以大规模西进东扩的自然背景则是持续的大幅升温。宋辽农业的适宜性调整促进了辽朝农业北扩和社会经济的兴起。尤其值得注意的是，在很短的时间里，辽朝经济从单一畜牧经济到农牧并重的二元经济结构的转型，这是历史时期其他掌控北方的政治实体所不具备的。

北宋对农业的适宜性调整对南宋的经济起飞起到了促进作用，并影响了南方后续发展。宋代被国际学术界公认为是中国经济发展史上的鼎盛时期，人口突破一个亿，经济上出现所谓的"农业革命"。目前，学术界对"宋代江南经济革命"产生的动因尚存在较大争议。何炳棣提出占城稻的推广与普及是宋代江南经济革命产生的主要原因。宋室南渡后，我国长江中下游流域的气候在较长一段时间内相对冷干，旱情不断，朝廷再度强调杂种诸谷的防灾意义，晓谕农民种植二麦及旱地杂粮。为了鼓励农民稻麦复种，南宋一朝，上至朝廷，下至地方官，几乎从未间断过推广种麦的努力。同时朝廷还出台了一系列经济优惠政策激励农民种植的积极性，以达到抗灾保收，备青黄不接及水稻歉收时的民生问题。推广于北宋初年的稻麦连作，随着12世纪我国长江中下游流域再次出现的气候干旱而得到发展，并逐渐成为江南地区的一种广泛、稳定的耕作制度。在12世纪末期的文献中开始出现南方地区稻麦复种的确切记载，如杨万里的诗句："却破麦田秧晚稻"。宋代稻麦两熟制的形成，使农业生产走上了利用提高复种指数以提高粮食产量的新途径，不仅提高了土地利用率和粮食的产量，也使日趋严重的人多地少矛盾得到了缓和。

参考文献

[1] 汤懋苍, 汤池. 历史上气候变化对我国社会发展的影响初探 [J]. 高原气象, 2000, 19（2）: 159-164.

[2] 葛全胜, 方修琦, 郑景云. 中国历史时期气候变化影响及其应对的启示 [J]. 地球科学进展, 2014.

[3] 方修琦. 气候变化对中国历史社会经济影响研究进展 [C]// 中国灾害史年会暨"灾害史的理论与方法"学术研讨会. 中国水利学会水利史研究会; 中国灾害防御协会灾害史专业委员会; 中国可持续发展研究会减灾专业委员会, 2014.

[4] 王倩. 中国过去 2000 年气候变化对社会变迁的影响 [D]. 2010.

[5] 王铮, 张丕远, 周清波. 历史气候变化对中国社会发展的影响—兼论人地关系 [J]. 地理学报, 1996, 000（004）: 329-339.

[6] 李美娟. 气候变化对我国粮食单产影响的实证分析 [D]. 中国农业科学院.

[7] 裴卿. 历史气候变化和社会经济发展的因果关系实证研究评述 [J]. 气候变化研究进展, 2017, 013（004）: 375-382.

[8] 方金琪. 气候变化对我国历史时期人口迁移的影响 [J]. 地理环境研究, 1989（02）: 41-48.

[9] 黎华群, 王铮. 气候变化对中国环境经济影响计算分析的历史比较 [J]. 2004.

[10] 魏柱灯, 方修琦, 苏筠, 等. 过去 2000 年气候变化对中国经济与社会发展影响研究综述 [J]. 地球科学进展, 2014, 29（003）: 336-343.

[11] 吴林华. 历史时期气候变化对中国古代农业影响探究 [J]. 中国农业信息, 2014（5S）: 175-176.

[12] 任美锷. 气候变化对全新世以来中国东部政治、经济和社会发展影响的初步研究 [J]. 地球科学进展, 2004.

[13] 兰伊春, 江旅冰. 浅述气候对中国古代政治经济格局的历史影响 [J]. 青海民族学院学报, 2005, 31（001）: 44-47.

[14] 路琪, 沈春蕾. 中国历史气候变化与社会文明的互动关系 [J]. 文学教育, 2016.

[15] 刘嘉慧, 查小春, 石晓静, 等. 北宋时期气候变化及其对应社会影响 [J]. 中山大学学报（自然科学版）, 2018, 57（001）: 121-129.

[16] 吴宏岐, 雍际春. 中国历史时期气候变化与人类社会发展的关系 [J]. 天水师专学报, 1999（4）: 51-56.

[17] 萧凌波 . 清代气候变化的社会影响研究：进展与展望 [J]. 中国历史地理论丛，2016，31（002）：27-39.

[18] 江旅冰，孙艳敏，巴明廷 . 论气候对中国政治经济历史格局演化的影响 [J]. 教育与教学研究，2004，018（006）：3-4，10.

[19] 翟乾祥 . 清初气候变迁对社会经济的影响 [C]// 全国天地生相互关系讨论会 . 1986.

[20] 李伯重 . 气候变化与中国历史上人口的几次大起大落 [J]. 人口研究，1999（01）：15-19.